Israel Orbach

Kinder die nicht leben wollen

Vandenhoeck & Ruprecht
in Göttingen

Sammlung Vandenhoeck

Übersetzung aus dem amerikanischen Englisch von
Ute Schneider

CIP-Titelaufnahme der Deutschen Bibliothek

Orbach, Israel
Kinder, die nicht leben wollen – Israel Orbach. –
Göttingen : Vandenhoeck und Ruprecht, 1990
ISBN 3-525-01413-9

Umschlagbild: Emile Claus, Morgentau; Galleria d'Arte Moderna, Rom;
Foto: Scala, Florenz

Printed in Germany
Satz: Text & Form, Hannover
Druck und Bindearbeit: Hubert & Co., Göttingen

Inhalt

I

Kinder, die nicht leben wollen

Zwei Fallbeispiele

Man begibt sich nicht ohne eine führende Hand auf den Weg in die dunkle Nacht der Kinder, die nicht mehr leben wollen. Die erste, die mir den Weg wies, war Rina. Als ich sie traf, war sie sieben Jahre alt und galt als entwicklungsretardiert. Als neuer Schulpsychologe sollte ich den Fall beurteilen. Verängstigt von der Situation, wurde Rina nur langsam warm. Sie nahm ihre Mütze ab und öffnete den schweren Wintermantel, der sie zu erdrücken schien. Meine Reise in die Welt des Kinderselbstmordes hatte begonnen. Rina fragte, ob sie das Papier und die Stifte benutzen dürfe, die ich bereitgelegt hatte. Als ich nickte, zeichnete sie zwei parallele Linien, die eine Straße darstellen sollten, welche sich schnell mit Autos füllte. Dann zeichnete sie auf die eine Straßenseite ein kleines Mädchen, und eine Frau auf die andere. Zufrieden mit ihrem Werk fragte sie mich, ob ich wisse, was es darstellen solle. Als ich zögerte, weil ich nichts Falsches sagen wollte, fuhr sie selber fort: "Dies kleine Mädchen will überfahren werden."

Das war das erste Mal, daß ein kleines Kind mir etwas über Selbstmordgedanken mitteilte. Erstaunt fragte ich sie, warum das Kind denn überfahren werden wolle. Rinas Antwort kam wie aus der Pistole geschossen: "Weil die Frau will, daß es tot ist." Völlig schockiert bat ich sie, mir doch zu erklären, warum diese Frau das denn wolle. Ihre Antwort: "Genau das ist die Frage. Warum will die Frau, daß das Kind überfahren wird?" Nachdem sie wohl weiterhin mein Befremden spürte, schossen ihr Tränen in die Augen, und sie wiederholte voller Verzweiflung: "Warum will sie, daß das Mädchen stirbt?" Ich versuchte, auf sie einzugehen, aber Rina brach hier ab. "Ich muß jetzt gehen, aber ich komme wieder." Dann ging sie hinaus.

Wie ich später erfuhr, war Rina die älteste Tochter der Familie; die Mutter war bereits in zahlreichen Einrichtungen als paranoid behandelt worden, der Vater war ungelernter Arbeiter, und die beiden jüngeren Geschwister galten als zurückgeblieben.

Rinas Probleme hatten drei Tage nach ihrer Geburt begonnen, als sie von der Säuglingsstation nach Hause kam. Nach einem kurzen Blick auf das Kind behauptete die Mutter, daß Rina nicht ihre Tochter sei, im Krankenhaus hätte eine Verwechslung stattgefunden. Trotzdem war es in der Familie niemandem als der Mutter erlaubt, Rina zu berühren.

Ein Verhältnis der Abhängigkeit und Zerstörung entstand zwischen Mutter und Kind. Als Rina anfing, Lesen und Schreiben zu lernen, zeigte sie stolz ihr Können. Die niederschmetternde Erwiderung der Mutter war: "Was glaubst du eigentlich, wer du bist? Glaubst du, du bist besser als der Rest der Familie, oder was?" Das mag der Moment gewesen sein, an dem Rina begann, das zurückgebliebene Kind zu spielen, um ihren Geschwistern ähnlich zu sein und die Liebe der Mutter zurückzugewinnen.

Oft kam Rina mit blauen Flecken in die Schule. Anfangs versuchte sie, diese während unserer Treffen vor mir zu verbergen. Erst später hatte sie genügend Vertrauen gefaßt, um die erschreckende Sammlung von Wunden und Blessuren zeigen zu können. Alle waren das Ergebnis von Mißhandlungen durch die Mutter, die ohne Grund und unvorhersehbar über Rina hereinbrachen. Manchmal verweigerte ihr die Mutter das Essen oder ließ sie über Nacht in der Ecke stehen. Einmal wurde Rina von ihr sogar im Hühnerstall eingesperrt. Für jeglichen Ärger, jede Furcht und alle Frustration der Mutter schien das Mädchen die Zielscheibe zu sein.

Mit der Zeit fand ich heraus, daß Rina über Monate hinweg ein kompliziertes Netz von Selbstmordplänen und -spielen entworfen hatte. Sie hatte oft versucht, vor ein fahrendes Auto zu laufen, um überfahren zu werden. Ihre Todessucht war ein offenes Geheimnis, so daß die Lehrer Angst hatten, sie auf Schulausflüge mitzunehmen. Bei einer solchen Gelegenheit wurde sie wirklich angefahren und erlitt leichte Verletzungen. Als Rina daraufhin medizinisch versorgt wurde, war es wohl das erste Mal, daß sie Zuwendung erfuhr.

Ich wurde in Rinas Therapie von Mira unterstützt, einer ihrer Betreuerinnen in der Schule. Unser Ziel war, ihr so viel "starke elterliche Liebe" wie möglich zuteil werden zu lassen. Während der ein oder zwei Stunden, die wir sie in der Woche sahen, versuchten wir, ihr Wärme, Liebe, Akzeptanz und Sicherheit zu bieten. Rina war nur zu gern bereit, uns als Ersatzeltern zu akzeptieren. Sie wollte sogar, daß wir sie mit zu uns nach Hause nehmen. Sie forderte uns auf, unsere Liebe zu zeigen. Sie war so eifersüchtig auf andere Kinder, die sich ebenfalls in Behandlung befanden, daß sie sie sogar schlug. Kurz gesagt, sie testete unsere Möglichkeiten und unsere Geduld bis aufs Äußerste aus und empfand Freude über diese neu gewonnene Macht.

Während der ersten Monate verlief unsere Beziehung zu Rina auf einer Basis direkten Gebens und Nehmens. Wir gaben und Rina nahm – hungrig, gierig und ohne Ende. Es war, als ob wir längst überfällige

Schulden bezahlen müßten. Die Therapie diente nur dazu, alles offensichtlicher und drückender zu machen, und zerstörte Rinas Fassade der ruhigen Selbstgenügsamkeit. Sie forderte hemmungslos und mit großer Vehemenz; auf jede Weigerung unsererseits reagierte sie mit einem Wutanfall.

Zum Beispiel rannte sie zum Fenster, kletterte auf einen Stuhl und wollte sich aus dem dritten Stock stürzen, wenn Mira und ich einen ihrer Loyalitätstests nicht bestanden hatten. Dabei beobachtete sie genau jede unserer Reaktionen. Anfangs neigten wir dazu, diese Ausfälle nur als einen Versuch anzusehen, Aufmerksamkeit zu erregen. Erst später begannen wir zu ermessen, wie bitterernst es ihr war. Durch ihr Verhalten übermittelte sie uns die Botschaft: "Wenn ihr mich nicht liebt, gibt es kein Leben." Wir Therapeuten gingen mit diesen Vorfällen auf eine Art um, die jedem Standardlehrbuch widersprach. Einer von uns hob sie vom Stuhl, dann nahmen wir sie in den Arm und versicherten ihr, daß wir es nicht zulassen würden, daß sie sich verletzte. Rina war selig über diese Reaktion, und manchmal fiel es ihr schwer, ihre Freude zu verbergen, wenn sie drohte, aus dem Fenster zu springen. Nicht ganz unerwartet wurden diese Drohungen durch unser Verhalten nur häufiger.

Manchmal nahmen Rinas Todesspiele auch bizarrere Formen an. Zum Beispiel konnte sie das Zimmer ärgerlich und bestimmt betreten, in sich selbst verschlossen. Dann zog sie etwa einen Nagel aus der Tasche und versuchte, ihn in eine Steckdose zu stecken, um einen Stromschlag zu bekommen. An einem Wintertag versuchte sie, sich auf einen Elektroofen zu werfen. Dieses Verhalten diente nicht nur dazu, Aufmerksamkeit zu erregen, sondern drückte ihre Wut, ihre Auflehnung und ihre Verzweiflung aus. Sie wollte sich töten, um den Tod mit der ganzen Welt zu teilen. Dieses Verhaltensmuster trat oft nach Nächten auf, in denen sie von ihrer Mutter mißhandelt worden war, während der Vater hilflos zusah. Einmal kam Rina zu mir, setzte sich und brach in Tränen aus. "Ich will sterben, ich kann es nicht länger aushalten." Solche Todeswünsche waren nicht nur dazu da, auf sich aufmerksam zu machen, sondern offenbarten einen ernsten Kampf zwischen Leben und Tod.

Nach folgendem Gespräch fanden die Todesspiele eines Tages ganz plötzlich ein Ende. Ich hatte sie gefragt: "Rina, hast du schon mal einen Toten gesehen?" "Ja." "Was bedeutet es, zu sterben?" "Sterben ist wie schlafen." "Und was geschieht mit jemandem, der stirbt?" "Sie bringen ihn ins Krankenhaus." "Und was machen sie dann?" "Sie sorgen für ihn und geben ihm Medizin." "Und dann?" "Dann geht er nach Hause." "Wann hast du einen Toten gesehen?"

"Einmal auf dem Gehweg." "Hast du schon mal einen toten Hund gesehen?" Bei dieser Frage erbleichte Rina, sie schien zusammenzuschrumpfen. Sie war still. "Was passiert mit einem sterbenden Hund?", fragte ich weiter. Sie wandte sich mir mit einem Ausdruck von Panik zu: "Sie begraben ihn?" An diesem Punkt griff sie zu dem bekannten Ausweg, den sie suchte, wenn die Angst überhand nahm: "Ich muß jetzt gehen. Ich werde später wiederkommen." Es war, als habe Rina plötzlich die Verbindung zwischen ihren Selbstmordversuchen und dem Tod wahrgenommen, einen Zusammenhang, der ihr bis dahin nicht bewußt war. Anscheinend hatte sie einfach ihr Wissen über tote Tiere und Menschen und ihre Selbstmordspiele nicht zueinander in Beziehung gesetzt.

Von da an verfolgte Rina ihre Selbstmordspiele nicht weiter. Sie begann, ihre Todeswünsche verbal auszudrücken, sie sprach ihre Verzweiflung also offen aus. Rinas Therapie wurde dadurch nicht weniger schwierig, aber sie bekam eine andere Richtung. Es war, als habe ihre Angst vor dem Tod das impulsive Verhalten weggewischt und neue Bewältigungsprozesse hervorgelockt.

Nach eineinhalb Jahren Therapie wurde Rina aufgrund eines behördlichen Beschlusses in ein Internat eingewiesen. Im Laufe dieses Verfahrens kamen wir mit den Eltern in Kontakt und konnten sie dabei unterstützen, die so dringend erforderliche Hilfe zu erhalten. Rinas Leben wandelte sich grundlegend zum Positiven. Die sadomasochistische Beziehung zwischen Mutter und Tochter fiel völlig weg. Wie im Märchen entwickelte sich das Mädchen, das einstmals als zurückgeblieben gegolten hatte, zu einer der besten Schülerinnen ihrer Klasse.

Die Gründe für Rinas suizidales Verhalten scheinen offensichtlich: extreme Ablehnung durch eine geistesgestörte Mutter, physische und psychische Mißhandlung, massiver Angriff auf ihre Identität und Entfremdung von ihrer Familie. In anderen Fällen lassen sich die Hintergründe und Ursachen für selbstzerstörerisches Handeln jedoch nicht so leicht erkennen. Lily war zehn Jahre alt und die Jüngste der in Familie, als sie das Therapiezimmer zum ersten Mal betrat, nachdem sie versucht hatte, sich zu erhängen. Ihr Vater war früher als sonst von der Arbeit zurückgekehrt und hatte sie auf dem Eßtisch vorgefunden, als sie gerade versuchte, ein Seil am Kronleuchter zu befestigen. Lily behauptete, sie würde "nur spielen" und hätte nicht die Absicht gehabt, sich wehzutun. Lilys Eltern versicherten mir ebenfalls, daß sie sich nicht habe töten wollen, und bestärkten sich gegenseitig darin, dieses Verhalten habe nur Aufmerksamkeit erregen sollen. Sie hatten jedoch keine Erklärung für Lilys Verhalten. Sie war eine gute Schülerin, hatte viele Freunde und ging in ihrer Freizeit vielen Hobbies nach.

Während dieser ersten Therapiestunde sank Lily in ihrem Stuhl zusammen, und es hatte den Anschein, als wolle sie sich unsichtbar machen. Wenn ihre Eltern sich ihr zuwandten, damit sie etwas erwiderte, nickte sie nur verlegen und war mit allem einverstanden. Immer wenn ich eine Frage an sie richtete, prüfte sie zunächst die Reaktion ihrer Eltern, um dann zu nicken, den Kopf zu schütteln oder einfach mit den Schultern zu zucken.

Während der nächsten Therapiestunden sah ich Lily allein. Sie schien sehr unsicher, und es war deutlich, daß sie lieber nicht hier wäre. Später, als sie sich sicherer fühlte, erzählte sie mir, daß sie manchmal das Gefühl habe, gar nicht zu leben. Sie habe oft daran gedacht, sich zu töten, habe jedoch zuviel Angst vor diesem Schritt gehabt. Sie wirkte sehr traurig und verzweifelt, konnte jedoch keinen genaueren Grund für diese Gefühle angeben. Mit lebloser, tonloser Stimme schilderte sie, daß sie sich zwar habe erhängen wollen, als ihr Vater sie überraschte, daß sie aber nicht sagen könne, ob sie habe sterben wollen. Sie erzählte auch, daß sie am Vorabend dieses Tages eine Fernsehsendung über ein junges Mädchen gesehen habe, das sich erhängt hatte.

Im Therapieverlauf begann sie, einige Gefühle zu konkretisieren: "Es gibt keinen Platz für mich zu Hause. Da ist nicht genug Raum. Egal wohin ich gehe, immer werde ich von jemandem weggeschickt." Sie berichtete, daß sie ein Zimmer mit ihrer älteren Schwester teile, dieses jedoch verlassen müsse, wenn ihre Schwester Freunde zu Gast habe. Im Zimmer ihres älteren Bruders dürfe sie sich keine fünf Minuten aufhalten, und ihre Lieblingssendungen könne sie nicht sehen, weil das ihren Vater störe.

Solche Klagen erklären jedoch keinen Selbstmord. Dennoch verdeutlichten sie ihr Gefühl, abgelehnt zu werden, was sich tatsächlich nach verschiedenen Sitzungen mit Lily und einzelnen Familienmitgliedern bestätigte. Wie sich später herausstellte, war Lily kein Wunschkind. Ihre Mutter wollte eigentlich die langersehnte Ausbildung zur Innenarchitektin beginnen, der Vater lehnte eine Abtreibung jedoch kategorisch ab. Er hatte eine sehr rigide Vorstellung von der Rollenteilung in der Familie: Der Mann ist Ernährer und Beschützer, die Frau ist zuständig für die Nestwärme und die Erziehung der Kinder. Er bestand auf einer kinderreichen Familie, die Mutter gab nach, Lily wurde geboren und war damit ein Symbol für und die tägliche Erinnerung an den elterlichen Konflikt. Die Frustration der Mutter verstärkte sich, als ihr Mann sie immer stärker in die Hausfrauenrolle drängte und ihre Wünsche nach einer eigenen Berufstätigkeit damit zerstörte. Immer wenn sie die Kinder bat, ihr im Haushalt zu helfen, behauptete der Vater, sie würde die Kinder dadurch von den Hausaufgaben abhalten. Seine besondere Sorge galt Lily, die er für das begabteste seiner Kinder hielt. Er drängte sie dazu, ihre schulischen Leistungen zu verbessern, und kritisierte jeden ihrer Versuche, die Mutter bei der Hausarbeit zu unterstützen, weil sie schließlich Wichtigeres zu tun habe. Dadurch wurde die Ablehnung der Mutter gegenüber Lily weiter verstärkt. Sie gestand ein, daß sie Schwierigkeiten damit gehabt habe, Lily zu berühren, als diese ein Säugling war, und stimmte der Vermutung zu, daß sie Lily unbewußt die Schuld an ihrer Lebensmisere gab. Bezeichnenderweise hatte Lilys Selbstmordversuch stattgefunden, nachdem ihre Eltern sich am Vortag heftig gestritten hatten.

Welche Erklärung läßt sich nun für Lilys Todeswunsch finden? Was sind das für Familiendynamiken und Prozesse, die sie zu suizidalem Verhalten treiben? Was wird in ihrer emotionalen Erfahrungswelt durch diese Erlebnisse bewirkt, was sie zu solchen "Spielen" greifen läßt? Führen solche Lebensumstände oder Persönlichkeitsmerkmale zwangsläufig eher zu Selbstmordtendenzen als zu anderen Störungen? Und bis zu welchem Grad teilt dieses zehnjährige Mädchen seine inneren Erfahrungen mit einem suizidalen Erwachsenen? Können die Umstände, die Kinder in den Tod treiben, gleichgesetzt werden mit denen, die als psychologische Erklärung für den Selbstmord Erwachsener gelten? Kennen Kinder wie Rina oder Lily die Bedeutung von Tod, und bringen sie ihr eigenes suizidales Verhalten damit in Verbindung?

Hauptanliegen dieses Buches ist es, diese und andere entscheidende Fragen zum Thema Kinderselbstmord zu ergründen. Antworten auf diese Fragen werden auf verschiedenen Gebieten gesucht: anhand der Theorien über den Selbstmord Erwachsener und der Prüfung ihrer Anwendbarkeit auf suizidale Kinder; durch Studien über die Bedeutung suizidalen Verhaltens von Kindern und durch eine Auseinandersetzung mit Forschungsergebnissen über Persönlichkeitsstrukturen wie Depression, schwache Ich-Funktion und fehlende Selbstkontrolle, die zur Selbstmordneigung von Kindern beitragen mögen. Es werden die Lebensumstände von suizidalen Kindern analysiert, dazu gehören Verlusterlebnisse, Mißhandlung, bestimmte Familienmerkmale und Leistungsdruck. Außerdem wird der Versuch unternommen, die schwierige Frage zu behandeln, welches Verständnis Kinder vom Tod haben, da wir suizidales Verhalten von Kindern nicht begreifen können, ohne eine Ahnung davon zu haben, wie sich diese

Vorstellungen entwickeln. Besonders relevant scheint hier, inwiefern Einstellungen gegenüber dem Tod und das Wissen um ihn zum suizidalen Prozeß beitragen.

Eine zentrale Hypothese leitet sich aus unserer Erhebung klinischer Daten, theoretischer Erkenntnisse und aus Forschungsergebnissen ab – nämlich, daß selbstzerstörerische Tendenzen bei Kindern, und in gewissem Maß auch bei Erwachsenen, eher durch *Familiendynamiken* als durch Persönlichkeitsmerkmale hervorgerufen werden. Die Suizidneigung kann ihren Ursprung in der frühen Kindheit haben, in der der junge Mensch sehr an seine Familie gebunden ist, auch wenn die suizidale Handlung selbst erst später im Leben ausgeführt wird. Einige der möglicherweise verantwortlichen Familienprozesse werden theoretisch erarbeitet und außerdem an einer Fallstudie dargestellt, in der eine trauernde Familie versucht, die Gründe für den Tod eines siebzehnjährigen Mädchens zu begreifen.

Nach der Auseinandersetzung mit den einzelnen Themenkomplexen ist es das Ziel dieses Buches, Erklärungen für den Selbstmord und das suizidale Verhalten von Kindern wie Rina und Lily zu finden. Anhand verschiedener Modelle werden einzelne Theorien über Kinderselbstmord vorgestellt. Das psychoanalytische Modell untersucht zum Beispiel, inwieweit Verlusterlebnisse und Schuldgefühle beim Selbstmord Erwachsener eine Rolle spielen, und welche Bedeutung sie für Kinder haben. Ein anderes Modell hebt die Rolle hervor, die die Familie im suizidalen Prozeß einnimmt. Ein drittes Modell sieht suizidales Verhalten als das Ergebnis bestimmter stufenweiser Entwicklungsprozesse an. Weitere Modelle, die sich mit dem Selbstmord von Kindern und Jugendlichen beschäftigen, umfassen eine multidynamische Theorie, ein biochemisches Modell und Ansätze, die auf systematischer Forschung basieren.

Eine kritische Analyse der unterschiedlichen Modelle führt zu einem neuen Konzept, das, wie ich meine, die einzigartige Dynamik beim Selbstmord von Kindern erklärt. Dies ist das *Konzept des unlösbaren Problems*. Obwohl dieses Konzept nicht im Widerspruch zu anderen Erklärungsmustern steht, ermöglicht seine Einbeziehung in die anderen theoretischen Modelle die Einschätzung, ob ein Erlebnis oder ein Prozeß, wie Scheidung oder Zurückweisung, ein Kind möglicherweise in den Selbstmord treiben wird, oder ob dies zu weniger schädlichen Auswirkungen führen kann. Tatsächlich ist das unlösbare Problem, das zunächst nur ein Problem des Kindes zu sein scheint, ein komplexes und verborgenes Familienproblem. Das Kind muß ein Problem lösen, das durch die ihm innewohnende Gesetzmäßigkeit unlösbar ist oder dessen Lösung nicht im Rahmen seiner

Handlungsmöglichkeiten liegt. Gleichzeitig werden die Lösungsversuche des Kindes blockiert. Es kann keinen neuen Zugang finden und es kann dem Problem nicht entfliehen. Der Fortbestand des unlösbaren Problems einerseits und der immerwährende Druck, es lösen zu müssen, andererseits, führen in letzter Konsequenz zu dem Wunsch, sich umzubringen.

Ein unlösbares Problem tritt in Lilys Fall auf. Lily sollte ein altes Problem in der Beziehung ihrer Eltern lösen. Sie wurde als Ventil der mütterlichen Feindseligkeit gegen den Vater benutzt. Genauso diente sie dem Vater dazu, seine Verachtung für die Mutter auszudrücken. Die Eltern verdrängten die negativen Gefühle dem Partner gegenüber, gleichzeitig schlossen sie Lily in diese feindselige Auseinandersetzung ein und nahmen ihr die Möglichkeit, dem Konflikt zu entgehen. Lily war ins Kreuzfeuer geraten. So entstand für sie eine ausweglose Situation – oder ein unlösbares Problem.

Das Konzept des unlösbaren Problems und andere grundlegende theoretische Konzepte sowie Forschungsergebnisse bringen uns weitergehend zu einem umfassenderen Modell – dem phänomenologischen Modell. Die Prämisse dieses Modells lautet, daß selbstzerstörerisches Verhalten ein von vielen Faktoren abhängendes Resultat verschiedener Konfliktpotentiale ist. Vier solcher Potentiale werden anhand der Einstellung gegenüber Leben und Tod unterschieden und erarbeitet: Lebenswille, Lebensüberdruß, Todessehnsucht und Todesfurcht. Jede dieser Haltungen kann als komplexer Zusammenhang von kognitiven Konzepten, emotionalem Druck und Motivationslagen verstanden werden. Die verschiedenen Haltungsmuster werden durch zahlreiche Dynamiken hervorgerufen und beeinflußt, durch die suizidales Verhalten entstehen kann oder verstärkt wird. Wenn solche widerstreitenden Kräfte auch in allen Kindern existieren, entsteht bei suizidalen Kindern ein einzigartiger Gefühlskomplex, der die Gefahr selbstzerstörerischen Verhaltens vergrößert. Das phänomenologische Modell und seine Erklärungskraft werden anhand von Fallbeispielen und experimentellen Studien dargestellt und erläutert. Dieses Modell wird dann auf die *Diagnosestellung*, die *Vorhersage* von Suizidgefährdung und die Therapieformen für selbstmordgefährdete Kinder angewandt.

Schon die kurzen Fallbeispiele von Rina und Lily zeigen deutlich, daß sowohl Analyse wie auch Therapie innerhalb des Familienkontextes stattfinden sollten. So komplizierte Zusammenhänge wie das unlösbare Problem, zerstörerische Beziehungen und andere Dynamiken können nicht ohne Einbeziehung der ganzen Familie erkannt und behandelt werden.

II

Selbstmord Erwachsener

Was kann er uns über den Selbstmord von Kindern sagen?

Kindersuizid ist eine neue Fragestellung in einem Forschungsgebiet, das sich in der Vergangenheit hauptsächlich mit dem Selbstmord Erwachsener und deren selbstzerstörerischem Verhalten beschäftigt hat. Theoretische Auseinandersetzungen mit dem Selbstmord von Kindern waren in vielen Fällen nur die Weiterführung von Theorien, die auf der Untersuchung Erwachsener basierten. Diese Erwachsenenperspektive hat sowohl die Definition als auch die Begriffsanalyse von Suizid gefärbt. Sie hat manchmal unser Wissen erweitert, obwohl in anderen Fällen neue Erkenntnisse und Anstrengungen verhindert wurden. Ohne Frage kann uns jedoch die Auseinandersetzung mit und das Wissen um die Definitionen und Theorien, die für Erwachsene gelten, dabei helfen, einige der Grundlagen kennenzulernen, auf denen die heutigen Forschungsansätze zum Thema Kinderselbstmord basieren.

Definitionen von Selbstmord

Auf den ersten Blick kann man einen Selbstmord klar und deutlich definieren. Nach *Shneidman*s Beschreibung (1985) ist da ein toter Mensch mit einer Pistole in der Hand und einem Loch in der Stirn, und ein Brief, der offen auf dem Tisch liegt. *Shneidman* bietet auch eine weniger konkrete Definition von Selbstmord an, als Akt selbstzugefügter absichtlicher Lebensbeendigung. Diese Bestimmungen lassen jedoch eine Vielzahl von Fragen offen. Ist Selbstmord dasselbe wie versuchter Selbstmord, nur mit unterschiedlichem Ausprägungsgrad? Ist ein Selbstmord nur dann als solcher zu bezeichnen, wenn der Tod eintritt, oder genügt die Absicht, ihn zu begehen? Meint Selbstmord nur die Tat allein, oder sind auch die allmählichen Prozesse gemeint, die zur Selbstzerstörung führen? Ist Selbsttötung für eine Überzeugung oder einen Glauben im Grunde dasselbe wie ein Selbstmord?

Auf den ersten Blick scheinen dies lediglich akademische und philosophische Fragen zu sein, sie führen jedoch für die Betroffenen zu vielen direkten psychologischen Folgerungen. Wird eine Tat als Suizid bezeichnet, hat dies Auswirkungen auf Intervention und Behandlung. Betrachten wir den Fall eines älteren Mannes, eines Chemikers, dessen berufliche Aufgabe in der Analyse einer starke Halluzinationen hervorrufenden Droge bestand. Obwohl er die Wirkung dieser Droge kannte, tauchte er gedankenlos den Finger hinein und probierte sie. Nach einigen Minuten trat er den Heimweg an, obwohl er mitunter nur noch verschwommen sah, unter Schwindelanfällen, Benommenheit und Anfällen von Panik litt. Er entging nur knapp einem schweren Verkehrsunfall. Als er zu Hause ankam, warf er sich auf das Bett, brach in Tränen aus und rief nach seiner längst verstorbenen Mutter.

Als der Chemiker diesen Vorfall und die Erfahrungen, die er dabei machte, in einer Therapiesitzung noch einmal durchspielte, sagte er: "Ich weiß nun, daß ich eigentlich versucht habe, Selbstmord zu begehen." Zur fraglichen Zeit war er wegen der gerade erfolgten Scheidung von seiner Frau, die auf ihn wie die Wiederholung der frühen Trennung von seiner Mutter wirkte, niedergeschlagen und mutlos gewesen. Wie sollen wir diesen Fall einordnen? Das Verhalten des Chemikers war nicht bewußt geleitet, es fehlte jeder klare Hinweis auf den Willen zur Selbstzerstörung, trotzdem wäre es fast zu einem tödlichen Unfall gekommen. Sollen seine Handlungen als Selbstmordversuch, als Unfall oder nur als Dummheit oder Gedankenlosigkeit eingestuft werden? Ist hier eine Therapie nötig oder nur eine gehörige Standpauke?

Die Bandbreite menschlicher Selbstzerstörung wirft auch für anerkannte Experten auf diesem Gebiet immer wieder Fragen auf. Zum Beispiel kommt es vor, daß jemand kurz nacheinander zwei selbstzerstörerische Taten begeht. In diesen Fällen scheint nur die zweite Handlung den Grad eines Selbstmordversuches zu erreichen. Ein neunzehnjähriger junger Mann, der sich in ambulanter psychiatrischer Behandlung befand, durchschnitt sich eines Nachts die Pulsadern, während die ganze Familie zu Hause war. Er wurde ins Krankenhaus eingeliefert, behandelt und stand über Nacht unter strenger medizinischer Überwachung. Am nächsten Tag wurde eine psychiatrische Untersuchung vorgenommen. Da der Selbstmordversuch als "nicht ernstgemeint" eingestuft wurde, blieb er in der folgenden Nacht ohne jegliche Überwachung. Er wurde lediglich ein wenig ausgeschimpft. Gegen Morgen stieg er in den siebenten Stock der Klinik und sprang in den Tod.

Dieser Fall verdeutlicht die Gefahr, die darin liegt, bei der Definition einer Handlung als Selbstmord zu starkes Augenmerk auf die

Schwere der Folgen zu legen. Manchmal führt theoretische Haarspalterei zu einer ungewollten Vernachlässigung des Menschen, seiner Erfahrungswelt und seiner Haltung zu Leben und Tod.

Smith (1984) berichtet über einen anderen Fall, der das starre Abheben darauf, daß eine Absicht vorliegen müsse, in Frage stellt. Ein einundzwanzigjähriger Student, ein beliebter und erfolgreicher Sportler, schrieb nach der Trennung von seiner Freundin einen Abschiedsbrief. Dann bestieg er einen hohen Turm auf dem Universitätsgelände, sprang hinunter und zog sich tödliche Verletzungen zu. Seine letzten Worte jedoch: "Laßt mich nicht sterben, ich will nicht sterben.", ließen an seiner eindeutigen Absicht Zweifel aufkommen. Trotz der vorliegenden Tatbestände - ein Plan wurde gemacht und in vollem Bewußtsein und mit Konsequenz ausgeführt – blieb seine Absicht unklar.

Dieses Definitionskriterium, das sich mit der Bedeutung von Ernsthaftigkeit und Absicht befaßt, läuft analog zu theoretischen Diskussionen über die Unterscheidung zwischen versuchtem und vollendetem Suizid. Eine Methode bestand darin, diese beiden Tatbestände anhand der betreffenden Persönlichkeitsmerkmale und Motive grundlegend zu differenzieren. "Versuchte Selbstmörder" werden als manipulierbare, redselige und abhängige Personen eingeschätzt, die nur vorgeben, sich umbringen zu wollen. Sie kommen jedoch nie bis zu diesem Punkt, auch wenn sie wiederholt Handlungen in dieser Richtung unternehmen. "Suizidanten" werden als depressive oder geistesgestörte Personen beschrieben, die durch selbstzerstörerische Tendenzen motiviert werden. Sie benutzen kaum zuverlässige Methoden, wollen ihren Plan jedoch wirklich ausführen. Wenn sie gerettet werden, dann nur durch unvorhersehbare Umstände.

Eine andere Unterscheidung zwischen versuchtem und vollendetem Suizid basiert eher auf den jeweiligen Lebensumständen als auf Persönlichkeitsmerkmalen. Diejenigen, die tatsächlich Selbstmord begehen, sind demnach unerträglichen Lebensumständen mit unlösbaren Konflikten ausgesetzt. Diejenigen, die nur versuchen, sich zu töten, sind geringerem Leidensdruck ausgesetzt, der noch aufgelöst werden kann. Der Selbstmordversuch wird als Mittel angesehen, diese Lösung zu bewirken.

Shneidman (1985) wählt eine flexiblere Sichtweise, wenn er die existentiellen Erfahrungen hervorhebt, die versuchten und tatsächlichen Selbstmord begleiten. Menschen, die Selbstmord begehen, sind hilf- und hoffnungslos. Für sie besteht das Leben aus Leid und Frustration. Sie wollen einem unlösbaren Dilemma entgehen, indem sie sich diesem entziehen. Ihr grundlegender Konflikt besteht zwischen Existenz und Auslöschen der Existenz. Ihr Denken ist gespalten und von einem verzerrten Weltbild gefärbt. Im Gegensatz dazu besteht das Leid der Menschen, die nur versuchen, Selbstmord zu begehen, in der Angst davor, verlassen zu werden. Ihr Ziel ist es, einen Ausweg aus diesem Leidensdruck zu finden. Der Grundkonflikt besteht hier zwischen dem Wunsch zu leben, unter Vermeidung leidvoller Erfahrungen, und dem Wunsch zu sterben. Ihr Denken ist durch Zwangsvorstellungen und zahlreiche Wahrnehmungsverzerrungen gekennzeichnet. *Shneidman*s Forschungsansatz unterscheidet nicht kategorisch zwischen versuchten und ausgeführten Selbstmorden. Er ist einer der wenigen, die die Möglichkeit eines Kontinuums von selbstzerstörerischem Verhalten in Betracht ziehen. Dieser Prozeß mag mit nicht tödlichen Handlungen wie Gedanken, Wünschen, Drohungen oder Versuchen beginnen, dann aber zu selbstzerstörerischem Verhalten eskalieren.

Bei Kindern werden die Unsicherheiten in den Definitionen über Absicht und Ernsthaftigkeit weiter verstärkt. Darüber hinaus gibt es Psychologen, die versichern, daß Kinder unter zwölf Jahren eindeutig nicht dazu fähig seien, Selbstmord zu begehen. Ihre Argumente sind mannigfach und eindrucksvoll: "Kinder sind zu Schuldgefühlen oder einem destruktiven Terror, den Voraussetzungen für Selbstmord, nicht fähig." "Sie verstehen nicht, was Tod bedeutet." "Sie könnten keinen Selbstmord ausführen, auch wenn sie wollten, weil die planmäßige Durchführung sie überfordern würde." Das phänomenologische Modell weist einen potentiellen Weg, dieses Netz unterschiedlicher Definitionen zu entwirren. Durch den Begriff des Entwicklungskontinuums und dadurch, daß es die innere Erfahrungswelt des Kindes hervorhebt, scheint es geeignet zu sein, die Probleme anzugehen, vor die uns der Selbstmord von Kindern stellt. Auf diese Gesichtspunkte wird im weiteren Verlauf des Buches näher eingegangen werden.

Theorien über den Selbstmord Erwachsener

Es gibt so zahlreiche und unterschiedliche Theorien über den Selbstmord Erwachsener, daß es angezeigt erscheint, eine Auswahl zu treffen. Zwei der hier diskutierten Forschungsansätze – diejenigen von *Freud* und *Durkheim* – wurden aufgrund ihrer historisch zentralen Bedeutung auf diesem Feld, die anderen wegen ihrer jeweiligen besonderen Gewichtung ausgewählt. *Shneidman*s Werk beschäftigt sich mit phänomenologischen Konzepten, das von *Smith* mit einer

Kombination aus Phänomenologie und Psychoanalyse. *Maris* wendet sich, ausgehend vom Existenzialismus und anhand der wissenschaftlichen Literatur, den Lebensumständen zu.

Psychoanalytische Theorie

Die Anwendung der psychoanalytischen Theorie auf Selbstmord hat im Verlauf der Entwicklung dieser Theorie Wendungen und Kurven erfahren. Als *Freud* (1953) Begriffe wie den Todestrieb in seine Theorien einbezog, erweiterte sich sein Blick auf den Selbstmord. *Freuds* Anhänger erweiterten den Anwendungsbereich der Analyse. Die so entstandene Theorie verbindet unterschiedliche Vorstellungen, wie Thanatos, Libido, Es, Ich, Überich und Identifikation. Diese wurden dann mit Verlusterfahrungen, Urbedürfnissen nach der Mutter und nach Wiedergeburt in Verbindung gesetzt.

Nach der psychoanalytischen Theorie ist Suizid ein sehr komplizierter Prozeß, verwandt mit Depression und pathologischer Trauer. Er hat seinen Ursprung in einem ambivalenten Verhältnis von Haß-Liebe zu jemandem, den man durch Tod, Trennung oder Zurückweisung verloren hat. Die Identifikation mit dem Elternteil und die bestehende emotionale Abhängigkeit verhindern den offenen Ausdruck von Wut oder Aggression. Diese Aggression wird nach innen gerichtet und nimmt die Form sadistischer Selbstquälerei an. Nach *Shneidman* ist Selbstmord ein um 180° gewendeter Mord. Nach *Freuds* Terminologie straft das Überich das Ich mit unbewußten Schuldzuweisungen und läßt so den unbewußten Wunsch zu sterben entstehen. So vermindert die nach innen gerichtete Aggression Schuldgefühle wegen aggressiver Gedanken und macht den Weg frei für eine Wiedervereinigung mit der geliebten Person.

Fenichel (1945), einer der Anhänger *Freuds*, argumentiert, daß Selbstmord ein symbolischer Mord an der Person sei, zu der die Haß-Liebe besteht. Hierin sind ebenfalls psychosexuelle und erotische Aspekte enthalten. Der unbewußte Wunsch nach Wiedervereinigung mit einer verlorenen geliebten Person wird als der Versuch angesehen, frühe erotische Wünsche zu aktualisieren. In diesem Zusammenhang ist der Hinweis auf eine Studie über unheilbar kranke Frauen (*Weller* et al.) interessant, in der festgestellt wurde, daß das Todesbild dieser Frauen durch sexuelle Attribute gekennzeichnet war, und daß sie den Tod männlich phantasierten. Einige psychoanalytische Forscher (*Van Hellmuth*, 1965) rechnen Kindern die gleichen Tendenzen zu, den Tod als eine omnipotente Figur anzusehen, die sowohl anziehend als auch abstoßend wirkt.

Eine etwas andere Sicht des Suizids bietet eine der neueren Umsetzungen des psychoanalytischen Forschungsansatzes: die Objektbeziehungstheorie. Nach dieser Theorie gründet sich die Persönlichkeitsentwicklung auf die Internalisierung von Elternbildern, sowohl im Negativen wie im Positiven. Der Schwerpunkt liegt hier nicht mehr, wie bei der Psychoanalyse, auf den immerwährenden Konflikten zwischen Leben und Tod, Libido und Aggression, sondern auf den Problemen von Trennung und Individuation. In einer normal verlaufenden Entwicklung löst das Kind allmählich die Bindungen an die Eltern auf und entwickelt eine eigenständige, unabhängige Persönlichkeit. Nach der Objektbeziehungstheorie stellt Suizid die entschiedene Weigerung dar, sich abzulösen, die ursprüngliche symbiotische Bindung aufzugeben. Der Reifungsprozeß wird angehalten, da dieser letztlich zu einer Entfernung von der elterlichen Quelle von Liebe, Sicherheit und Geborgenheit führen würde. Paradoxerweise wird der Tod zu der Basis, auf der die Beziehung zu den Eltern aufrechterhalten werden kann. Die Suizidhandlung wird ausgelöst, wenn eine Ablösung oder Trennung droht. Dies geschieht vor allem dann, wenn jemand nicht genügend Liebe, Fürsorge und Sicherheit erfahren hat.

Eine Eigenart der meisten psychoanalytischen Theorien ist, daß ein Phänomen und sein genaues Gegenteil mit denselben Konzepten interpretiert werden können, oder daß durch die Anwendung sich exakt widersprechender Begriffe dasselbe Ergebnis erzielt wird. Zum Beispiel nähern sich einige Wissenschaftler mit Hilfe der Objektbeziehungstheorie dem Verständnis von Suizid aus der entgegengesetzten Richtung an (*Richman*, 1978). Sie sehen Selbstmord eher als einen Fluchtweg aus dem Familienverbund an, denn als ein Mittel, die Bindung aufrechtzuerhalten. Darüber hinaus erfolgt die Auseinandersetzung mit dem Suizid nach demselben Schema und mit denselben Begriffen und Vorstellungen, die in der psychoanalytischen Theorie auch auf alle anderen Verhaltensformen – seien sie gesund oder krankhaft – angewandt werden. Daher erlauben diese Konzepte keine Vorhersage über eine potentielle Selbstmordgefährdung und keine Differenzierung zwischen suizidalen Menschen und solchen mit anderen Beschwerden. Dessenungeachtet treten die in diesen Theorien beschriebenen Phänomene in den Entwicklungsgeschichten vieler selbstmordgefährdeter Menschen auf.

Durkheims soziologischer Forschungsansatz

Um die Jahrhundertwende legte *Durkheim* den Grundstein für eine soziologische Theorie über Selbstmord, die bis zum heutigen Tage nicht an Bedeutung verloren hat. In seinem richtungweisenden Werk entwickelte *Durkheim* (1951) ein umfassendes soziologisches Modell, das auf eine Vielzahl von Phänomenen angewandt werden kann. Nach *Durkheim* resultiert zerstörerisches Verhalten aus der Art der Kontrolle, die die Gesellschaft auf ein Individuum ausübt und aus der Position, in der das Individuum sich gegenüber der Gesellschaft befindet. Er nennt drei Beziehungsmuster, die zu unterschiedlichen Formen des Selbstmords führen können.

Erstens kann die Gesellschaft durch Normen, Werte und Rituale Kontrolle über das Individuum ausüben. Bestimmte Gesellschaftsformen lassen dem Einzelnen keinen Freiraum – das kann so weit gehen, daß Selbstmord der Erfüllung einer Norm gleichkommt. In Japan wurde zum Beispiel Selbsttötung durch Harakiri oder durch Kamikazemanöver als richtig und heldenhaft angesehen. Manchmal wurde jemand zum Selbstmord gedrängt, ohne daß er einen Ausweg gehabt hätte. *Durkheim* nennt diese Form des Selbstmordes altruistischen Selbstmord.

Das zweite von Durkheim angeführte Muster entwickelt sich in Gesellschaften, die überhaupt keine Kontrolle über das Individuum ausüben. Dies geschieht in von durch Entfremdung gekennzeichneten Systemen mit nur gering ausgeprägtem kulturellen und sozialen Zugehörigkeitsgefühl. Ein Ergebnis ist das Gefühl der Isolation und mangelnden Sicherheit, das zum Selbstmord führen kann. In den USA sind zum Beispiel diejenigen, die nicht durch soziale Institutionen wie Kirche oder Ehe an jemanden gebunden sind, stärker selbstmordgefährdet. Diesen Typ nennt *Durkheim* den egoistischen Selbstmord.

Der dritte Typ, der anomische Selbstmord, ensteht in sozialen Situationen, in denen eine plötzliche Krise die wenigen Bindungen, die eine Person an seine Umwelt hatte, zerstört. Kennzeichnend für solche Krisen sind, daß sie Verluste von Status, Arbeit, sozialer Zugehörigkeit oder Liebe enthalten. Sogar anscheinend positive Veränderungen, wie plötzlicher Reichtum oder unerwartete Aufstiegschancen, können jemanden aus dem Gleichgewicht bringen und seine Gewohnheiten und sozialen Bindungen erschüttern.

Shneidmans phänomenologischer Forschungsansatz

Neuere Analysen befaßten sich nicht nur mit den Menschen, die Suizid begehen wollten, sondern gezielter mit dem Drama Selbstmord an sich. *Shneidman* (1982) zum Beispiel begab sich ins Zentrum des Todes, indem er die Schauplätze und Leichenhallen aufsuchte und mit den Menschen sprach, die dem Toten am nächsten gestanden hatten. Diese unorthodoxen Methoden erlauben einen Zugang zur inneren Welt des Menschen, der am Abgrund des Todes steht.

Shneidman geht von drei empirischen Ausgangspunkten aus: Lebensstil, Gefühlswelt und Denkmuster. Der suizidale Lebensstil wird durch Feindseligkeit gegen sich und andere gekennzeichnet. Der suizidale Mensch liebt sich nicht, ist dauernd pessimistisch und kann sich nicht an sich selbst oder an denen, die ihn umgeben, freuen. Er befindet sich in einem permanenten Konflikt mit seiner Umwelt, wechselt oft die Arbeitsstelle, setzt sich Fehlschlägen aus und neigt dazu, sich mit jederman zu streiten. Er ist ein Mensch, der sich immer schwer erreichbare Ziele steckt und daher nie zufrieden ist.

Die Gefühlslage der Menschen, die Selbstmord begehen oder die Tendenz dazu haben, ist durch dauernde Unruhe oder Aufregung geprägt, durch eine unaufhörliche Anspannung. Sie besteht aus einer aufwühlenden Kombination aus Schuldgefühlen, Angst, Scham, Unsicherheit und Verwundbarkeit. Ein solcher Mensch fühlt sich gefangen, eingesperrt, abgelehnt und aufgebracht. Er verfällt oft in Gefühle von Hilf- und Hoffnungslosigkeit. Es gibt keinen Ausweg aus dem inneren Aufruhr. Diese Gefühlslage manifestiert sich in vielen Ausdrucksformen, von Regression und Introversion bis hin zu externalisiertem unaufhörlichem Aktionismus. Eine Frau, die kurz davor war, Suizid zu begehen, drückte ihre kaleidoskopartige innere Gefühlswelt folgendermaßen aus: "Ich bin nichts wert, ich kann mich nicht ertragen, ich bin anders als alle anderen, darum verdiene ich nicht zu leben. Es gibt niemanden, zu dem ich gehöre, wofür sollte ich also leben? Ich habe in meinem Leben nichts geleistet und ich werde das auch nie tun. Ich weiß nicht, wie sich das ändern könnte. Was bedeutet es da schon, wenn ich eine gute Mutter bin? Ich helfe meinen Kindern nicht. Ich stecke sie nur an, was ist daran gut? Die Lieder, die ich schreibe, werden nie irgendjemanden interessieren. Alle lieben mich, aber es gibt dafür keinen Grund, ich verdiene es nicht. Ich kann mir nicht einmal selbst zulächeln im Spiegel. Ich bleibe im Bett und tauge nichts. Ich habe keine Energie um aufzustehen. Nichts interessiert mich. Ich liebe niemanden, ich bedaure sie nur."

Shneidman geht davon aus, daß suizidale Menschen auch charakteristische Gedankenmuster haben. Grundlegend ist dabei die gespaltene Wahrnehmung von Ereignissen als schwarz oder weiß, ja oder nein, "brauchbar" oder "unbrauchbar". Die Welt ist in zwei Hälften geteilt, ohne Schattierungen und Übergänge und ohne eine dritte Möglichkeit. Handlungen sind entweder gut oder böse, keine Liebe bedeutet: Haß, kein voller Erfolg heißt: absoluter Mißerfolg; wenn das Leben nicht perfekt ist, sterbe ich lieber. *Shneidman* zeigt, daß die Gespaltenheit sich durch den immer wiederkehrenden Gebrauch von Wörtern wie: "immer", "nie", "für immer" oder "nur" ausdrückt. Die zweigeteilten Gedankengänge machen den Blickwinkel enger und enger. Der Suizidale beginnt, eine eingeschränkte Sichtweise zu entwickeln, eine sehr begrenzte Wahrnehmung, in die Hintergründe und Zusammenhänge nicht einbezogen werden. Gespaltenes Denken wird von logischen Fehlern und Irrtümern bei einfachen Erklärungen und Schlußfolgerungen begleitet. Die Fähigkeit, zwischen Wichtigem und Nebensächlichem zu unterscheiden, stumpft ab. Eine schwermütige Frau, die im Konflikt um ihren Selbstmord mit sich kämpfte, beschrieb diesen Prozeß folgendermaßen: "Es ist, als wenn man auf einem Bergkamm entlanggeht, auf einem steinigen Pfad, der auf beiden Seiten von Felswänden begrenzt ist. Langsam neigt sich der Weg zum Abgrund, und die Felswände an den Seiten werden höher und höher. Plötzlich steht man vor dem Abgrund, es gibt keinen Ausweg. Man hat Angst, den Pfad zu verlassen und sich zur Seite zu wenden, davor, einen weiteren Schritt zu tun. Woher soll man die Kraft dazu nehmen? Stattdessen versinkt man in seinem eigenen Strudel."

Es ist zu vermuten, daß alle diese Muster ihren Höhepunkt in der selbstzerstörerischen Handlung erreichen. *Shneidman* (1982) führt hier die Erfahrungen einer Frau aus den Augenblicken an, bevor sie aus dem fünften Stock sprang, was sie jedoch auf wundersame Weise überlebte. Sie befand sich infolge eines vorangegangenen Suizidversuchs, bei dem sie gerettet wurde, im Krankenhaus. Völlig apathisch verließ sie ihr Zimmer, stieg die Treppen hinauf und kletterte auf das Dach. Ihre Gedanken waren vollständig umnebelt; sie dachte nichts und empfand nichts. Das einzige, was sie wahrnahm, war die Stelle, von der es zu springen galt. Als sie diese erreicht hatte, setzten ihre Gedanken ganz aus. Bei solchen Denkprozessen ist es leicht, die zerstörerische Anziehungskraft des Selbstmordes zu erkennen, wenn eine solche Idee erst einmal aufgetaucht ist.

Persönlichkeitsstrukturen wie diese entwickeln sich nicht über Nacht. Sie bilden sich über ein Leben hinweg aus, zusammen mit grundlegenden Bewältigungsstilen. Es wird vermutet, daß suizidale Menschen zu Inflexibilität und Pessimismus neigen. Sie sind zu Kompromissen nicht fähig und können Unklarheit und Unbestimmtheit schwer tolerieren. Bei Frustrationen verweigern sie sich oder ziehen sich zurück, das kann so weit führen, daß sie einfach aus dem Leben gehen.

Aber Suizid ist mehr als einfaches Weglaufen. *Shneidman* glaubt, daß hinter jedem Suizid ein Anspruch steht, den man mit gewöhnlichen Mitteln nicht erfüllen kann. Suizid ist der Versuch, das Ziel auf einen Schlag zu erreichen. Menschen, die Abschiedsbriefe schreiben, erteilen oft Anweisungen an die Hinterbliebenen. Es wird verkündet, daß der Tote in der Nähe bleiben werde, um die Ausführung dieser Anweisungen zu kontrollieren.

Oft besteht eine Verbindung in der Dynamik von versuchten und ausgeführten Selbstmorden. Beiden liegt ein Bedürfnis zugrunde, das nach Befriedigung verlangt. Wenn der versuchte Selbstmord nicht zu einer Befriedigung führt, kann das zum vollendeten Selbstmord führen. *Shneidmans* Feststellungen bieten eine Grundlage für die Behauptung, daß ein Kontinuum destruktiver Handlungen existiert. Diese Auffassung wird detaillierter im weiteren Verlauf des Buches dargestellt, da sie für den Selbstmord von Kindern relevant ist.

Theorie über die anfällige Persönlichkeit – *Smith*

Smiths (1983) Ausgangspunkt ist eine moderne psychoanalytische Kombination von Objektbeziehungstheorie und Phänomenologie. Er gebraucht zwei elementare Konzepte, um Selbstmord zu erklären: Anfällige Ichfunktionen und erschütterte Lebenssicht. Das anfällige Ich bezieht sich auf die innere Organisation der individuellen Kräfte zur Bewältigung der Realität und von Frustrationserlebnissen, Verlusten, Enttäuschungen und Ängsten. Bestimmte Faktoren verstärken die Disposition zur Verwundbarkeit: hohe soziale Erwartungen, begrenzte Gefühlsäußerungen und die Sichtweise, daß der Tod eine ernstzunehmende Möglichkeit ist, alle Probleme zu lösen. Weitere Faktoren beinhalten beschränkte Problemlösungswege, eine unreife sexuelle Identität und die übertriebene Betonung eines einzelnen Persönlichkeitsaspekts, der die anderen Aspekte verdrängt.

Die Lebensansicht wird definiert als die Art und Weise, wie ein Mensch versucht, seine Bedürfnisse nach Liebe und Selbstachtung zu befriedigen. Die meisten Menschen sind dazu gezwungen, ihre Sichtweise aufgrund von Frustrationserlebnissen und Enttäuschungen zu überdenken und zu verändern. Ohne eine solche Einordnung und das Akzeptieren von Kompromissen ist das Individuum anfällig für eine Wiederholung der Frustrationserlebnisse und Enttäuschungen. Wenn jedoch ein Lebenstraum durch das Ende einer Beziehung, durch Status- oder Achtungsverlust plötzlich zerstört wird, wird man von unkontrollierbarer Wut übermannt. Die Selbsteinschätzung gerät ins Wanken und ein Gefühl der inneren Zerissenheit entwickelt sich.

Solche Erfahrungen treiben Menschen, die nicht in der Lage sind, ihr inneres Gleichgewicht wieder herzustellen und Kompromisse zu finden, in den Selbstmord.

Theorie über die suizidale Karriere – *Maris*

Maris' (1981) Forschungsansatz basiert auf einer interessanten Kombination von Existenzphilosophie und empirischer Forschung. Er geht aus von der Feststellung, daß alle Menschen die grundlegenden Lebensthemen miteinander teilen: Arbeit, Liebe, Sterblichkeit, Krankheit und die Ungewißheit über die Zukunft. Die einzelnen Lebensbedürfnisse unterscheiden sich jedoch von Mensch zu Mensch und von Gesellschaft zu Gesellschaft. Nach *Maris'* Auffassung ist der jeweilige existentielle Status das Hauptelement für die Disposition zum Suizid. Suizid ist das Ergebnis der Unfähigkeit oder der Weigerung, die eigenen Lebensumstände zu akzeptieren. Die meisten Menschen ziehen eine Selbsttötung nicht in Betracht; stattdessen entwickeln sie verschiedene andere Lösungswege – Religion, Kunst, Arbeit, Liebe, Sexualität, Familienbeziehungen, Ablenkung, Geld, Alkohol, Drogen und Verdrängung (oder Leugnung) zählen dazu. Diejenigen, die sich weigern, das Leben zu akzeptieren, wie es ist, unterscheiden sich in auffälligen Punkten von anderen Menschen, die unter ihrem Leben leiden. Erstens sind sie nicht in der Lage, effektive Alternativen zum Suizid zu finden – oder sie weigern sich, sie zu suchen. Selbstmord ist immer naheliegender, logischer und angenehmer. Zweitens sind diese Menschen aufgrund physischer, entwicklungsgeschichtlicher oder psychischer Defizite einfach nicht in der Lage, mit Lebensproblemen fertig zu werden. Ihre Toleranzschwelle ist sehr niedrig und ihre Anpassungsbemühungen sind schon häufig fehlgeschlagen. Und der Dreh- und Angelpunkt ihrer suizidalen Karriere: Auch die nicht auf Selbstmord gerichteten Bewältigungsversuche, die sie unternehmen (Alkoholismus, Isolation, Gewalttätigkeit, Drogen, Risikobereitschaft) sind letzten Endes Schritte in den Tod.

Nach *Maris* ist das Ziel des Suizids Flucht, Angriff oder Veränderung. Der suizidale Mensch sucht einen Ausweg aus dem Leid oder aus der Hoffnungslosigkeit, die durch Altern, Mißerfolg, Unzufriedenheit oder Krankheit hervorgerufen werden. Selbstmord beinhaltet auch Elemente des Angriffs. Er wird oft als aggressiver Schlag gegen eine Person oder eine Institution benutzt. Motiven wie Rache oder Manipulation wohnt eine eigene Logik inne. Dazu kommt der Wunsch nach Veränderung des Selbst oder der Lebenssituation. Diese Zielgerichtetheit läßt dem Betreffenden die Entscheidung für den Suizid nur vernünftig erscheinen, auch wenn sie vorher nicht überdacht wird.

Zusammenfassung

Von den hier aufgeführten Theorien sind einige, wie *Durkheim*s Forschungsrichtung oder die frühen psychoanalytischen Theorien, nur in geringem Maß auf Kinder anwendbar. Die klassische psychoanalytische Forschung geht sogar soweit, die Möglichkeit des Selbstmordes von Kindern auszuschließen. Relevanter sind die Arbeiten von *Smith* und *Maris*, auch wenn sie Konzepte benutzen, die eine umfassende Lebensgeschichte und ausgebildete Gedankenprozesse und Persönlichkeitsstrukturen verlangen. Am bedeutsamsten sind die Arbeiten von *Shneidman*, da er auf die Struktur- und Geschichtsanalyse bei der Darlegung der Unmittelbarkeit phänomenologischer Erfahrungen verzichtet. Obwohl seine Erkenntnisse über Erwachsene nicht immer auf Kinder anwendbar sein mögen, können die von ihm gestellten Fragen und die Wege, die er aufzeigt, um eine Antwort darauf zu erhalten, auch für den Selbstmord von Kindern gelten. In mehreren der folgenden Kapitel wird der Versuch gemacht werden, *Shneidman*s Theorie auf Kinder anzuwenden.

III

Selbstmord von Kindern

Versuche, Drohungen und Botschaften

Aus vielen, meist verständlichen Gründen wollen Erwachsene lieber glauben, daß Kinder keinen Selbstmord begehen. Es erscheint unfaßbar, daß Kinder so hoffnungslos sein können und in ihrem Alter schon ein solches Leid erfahren, daß sie den Tod dem Leben vorziehen. Schuldgefühle und Angst machen uns der Wahrheit gegenüber blind, auch dann, wenn sie uns offen vor Augen liegt. Eine weit verbreitete Auffassung von der Kindheit ist, daß sie eine sorglos glückliche Zeit sei. Eine andere, daß Kindern das Geschick und die Planungsfähigkeit fehlten, die nötig sind, um einen Selbstmord durchzuführen. Schließlich gibt es die eher überhebliche Einschätzung, daß die kindliche Persönlichkeitsstruktur nicht zu den leidenschaftlichen Gefühlsprozessen fähig sei, die selbstzerstörerisches Verhalten fördern könnten. Vielleicht trugen alle diese Einschätzungen zu der kuriosen Entscheidung eines amerikanischen Richters bei, die *Rosenthal* und *Rosenthal* (1984) zitieren. Er gab bekannt, daß der Tod jeden Kindes unter 14 Jahren als Unfall anzusehen sei, sogar dann, wenn ein Abschiedsbrief hinterlassen wurde.

Ein aktueller Fall verdeutlicht die unwahrscheinliche Verdrängungsleistung angesichts der Realität. Die verkohlte Leiche eines neunjährigen Jungen wurde in einem Verschlag auf dem Grundstück seines Großvaters gefunden. Untersuchungen ergaben, daß das Feuer vorsätzlich mit Hilfe einer brennbaren Flüssigkeit gelegt worden war. Schon Wochen zuvor hatte der Junge sonderbare Verhaltensweisen an den Tag gelegt. Unter schwerem emotionalem Druck hatte er den Bezug zur Realität verloren. Außerdem hatte er seinen Freunden gesagt, er habe keine Lust mehr, zu leben, und daß er bald fortgehen würde in ein anderes Land. Als er sich von den Freunden trennte, schenkte er ihnen seine liebsten Besitztümer. Zeichnungen aus seinen letzten Wochen, verdeutlichten seine zwanghafte Beschäftigung mit dem Tod. Er malte Bilder von Friedhöfen und von an Bäumen erhängten Menschen, und er füllte Blatt um Blatt mit Grabkreuzen. Man gewinnt den Eindruck, als habe der Junge zunächst versucht, seinen Todesdrang durch das Zeichnen zu sublimieren. Trotz der erdrückenden Hinweise auf Suizid weigerten sich die schockierten

Eltern, das zu akzeptieren. Ihrem zähen Bemühen, als Todesursache einen Unfall geltend zu machen, wurde schließlich von der Polizei nachgegeben.

Selbstmord von Kindern ist ungewöhnlich, aber es gibt ihn. Ein kürzlich erschienener Zeitungsbericht schildert den bizarren Tod eines zehneinhalbjährigen Mädchens, das am Türgriff des Kühlschranks erhängt aufgefunden wurde. Kurz zuvor hatte sie ihren Onkel gebeten, ihr einen Seemannsknoten in ein Seil zu knüpfen. Die ungewöhnliche Position, die sie wählte, zeigt eindeutig ihre volle Absicht: sie erhängte sich sitzend. Sie hätte der Strangulation jederzeit entgehen können, indem sie einfach aufgestanden wäre. *Rosenthal* und *Rosenthal* (1984) berichten über eines der jüngsten Kinder, das selbstzerstörerisches Verhalten zeigte. Sie beschreiben den Fall eines zweieinhalbjährigen Mädchens, das Aspirin schluckte und nach einigen Stunden bewußtlos gefunden wurde. Die Mutter des Kindes befand sich zu diesem Zeitpunkt aufgrund starker Rückenbeschwerden nach langandauernder Depression im Krankenhaus. Nach diesem fast tödlichen Vorfall wurde das kleine Mädchen in die Psychotherapie gebracht. Im Spielzimmer zeigte sie aggressives, hyperaktives Verhalten und beschäftigte sich zwanghaft mit Spielen rund um den Tod. Sie verabreichte ihrer Puppe Aspirin und bat dann den Therapeuten, die Puppe zu retten. Sie erklärte, die Puppe habe Aspirin schlukken müssen, weil sie "heute sterben soll". Sie spielte stundenlang mit Krankenwagen und Verbänden, sie gab vor, tot zu sein, indem sie sich auf den Fußboden legte, eine Decke über das Gesicht gezogen; und sie verbalisierte kontinuierlich Vorstellungen über Tod und Sterben.

In dieser Fallbeschreibung treten viele Merkmale auf, die für die Identifikation suizidaler Strukturen bei Erwachsenen herangezogen werden: ein zwanghaftes Interesse am Tod, eine todesgerichtete Handlung und ein diffuses Bewußtsein über den möglichen unwiderruflichen Ausgang. Es gibt eindeutige Anzeichen für eine Absicht, und ein bestimmtes Ereignis kann als möglicher Auslöser des selbstzerstörerischen Verhaltens erkannt werden.

Es bleibt jedoch im Fall des zweieinhalbjährigen Mädchens wie auch bei anderen Fällen von Kinderselbstmord immer eine Unsicherheit darüber bestehen, inwieweit die Kinder ein Begriffsvermögen von Tod an sich haben. Obwohl dieses kleine Mädchen eine verbale Verbindung zwischen dem Schlucken von Pillen und dem Tod herstellte, schien es weiterhin zu glauben, daß ihre Puppe vom Doktor gerettet oder ins Leben zurückgeholt werden könnte. Können wir also sagen, daß dieses und andere Kinder im "wirklichen" Sinne des Wortes sterben wollen? Während in den folgenden Kapiteln die Frage nach dem Verständis, das Kinder vom Tod haben, noch eingehender verfolgt wird, soll hier genügen, daß Kinder ab sieben Jahren ein adäquates, wenn auch wenig umfassendes Verständnis vieler entscheidender Aspekte des Todes haben.

Eine Schwierigkeit für das Akzeptieren der Tatsache, daß Kinder Selbstmord begehen, ist, daß ihre Tat leicht für einen Unfall gehalten werden kann – vor allem, weil die meisten Kinder keinen Abschiedsbrief hinterlassen (*Motto*, 1985). Die Todesumstände haben immer etwas zufälliges: Verkehrsunfälle, Stürze aus großer Höhe, tödliche Verletzungen durch den Umgang mit Gewehren oder Ertrinken. Die Anzahl tödlicher Unfälle in Verbindung mit den oben genannten Auffassungen von kindlicher Verständnisfähigkeit und Intentionalität führen leicht zu einer Mißdeutung der Anzeichen für Suizid.

Die Definitionsprobleme überschatten jeden Versuch, die Dimensionen des Selbstmordes von Kindern einzuschätzen. Außerdem beschränken sich die meisten Statistiken auf Untersuchungen über Jugendliche zwischen fünfzehn und neunzehn Jahren, bei denen Selbstmord die zweit- oder dritthäufigste Todesursache ist (*Holinger* und *Offer*, 1984); Statistiken über jüngere Altersgruppen werden nur sehr selten erstellt. Nach diesen Statistiken belief sich die Selbstmordrate bei Kindern zwischen 10 und 14 Jahren in den USA im Jahre 1955 auf 3 Fälle pro einer Million Kindern. Im Jahre 1979 hatte sie sich auf 8 Fälle pro einer Million mehr als verdoppelt. Wenn dieser Trend sich bis zum nächsten Jahrhundert fortsetzt, wird die Selbstmordrate im Jahr 2001 bei 18 Fällen pro einer Million Kinder liegen. Eine signifikante Differenz in der Selbstmordrate tritt zwischen den Geschlechtern sowohl bei Kindern als auch bei Erwachsenen auf. Im Jahre 1979 betrug in den USA diese Rate bei Jungen 11 Fälle pro Million gegenüber 5 Fällen pro Million bei Mädchen (*Holinger* und *Offer*, 1984).

In der Abteilung für Bevölkerungsstatistik der US-Regierung sind keine Statistiken über die Selbstmordhäufigkeit bei Kindern unter 10 Jahren vorhanden. In England enthält die statistische Erfassung der Bevölkerung zwar auch Daten über sehr junge Kinder, den Berichten der Jahre 1962-1968 zufolge gab es jedoch keine Todesfälle in dieser Altersgruppe. Datenerhebungen verschiedener Zentren und Kliniken in den USA ergeben jedoch ein wesentlich erschreckenderes Bild, zumindest was den versuchten Selbstmord betrifft. Es wurde in einer dieser Erhebungen festgestellt, daß 10 Prozent der Kinder, die in psychiatrische Behandlung gelangen, Symptome suizidalen Verhaltens zeigen (*Mattson* et al., 1969).

Das ist aber nur die Spitze des Eisbergs; das volle Ausmaß kann anhand einer Studie von *Pfeffer* et al. (1980) abgeschätzt werden. Sie untersuchten 31 Kinder mit Affektstörungen, die in einer psychiatrischen Klinik in der Bronx, New York behandelt wurden. Ein volles Drittel der Gruppe zeigte Symptome suizidalen Verhaltens. Diese Studie deutet darauf hin, daß die tatsächlichen Dimensionen über diese wenigen schwerkranken Kinder hinausreichen. Was den angedrohten und versuchten Suizid betrifft, gibt es ein wesentlich umfassenderes, aber auch unsichereres Zahlenmaterial. Es wird vermutet, daß in den USA an die 120.000 Kinder jährlich aufgrund von Selbstmordversuchen in Krankenhäuser eingeliefert werden (*Rosenthal* und *Rosenthal*, 1984). Es stellt sich die Frage, welches Gewicht diesen Versuchen beizumessen ist, und in welchem Ausmaß sie wirklich mit Selbstmord in Zusammenhang zu bringen sind.

Ausgeführter versus versuchter Selbstmord bei Kindern

Selbstmordversuche von Kindern und ausgeführte Selbstmorde können als unterschiedliche Stufen eines einzigen Entwicklungskontinuums angesehen werden. Eine scheinbar harmlose Selbstmorddrohung kann zu einem späteren Zeitpunkt in einer tödlichen Handlung enden. Genaue Untersuchungen zeigen, daß die scheinbar unbedeutenden Versuche und der tatsächlich ausgeführte Selbstmord ihre gemeinsamen Wurzeln in denselben zerstörerischen Prozessen haben. Tatsächlich beweist die Forschung, daß eine gute Möglichkeit der Einschätzung einer Selbstmordgefährdung darin liegt, die Anzahl der vorangegangenen Selbstmordversuche festzustellen.

Oft kann man klar einen Prozeß erkennen, in dem sich das Kind langsam und zunächst versuchsweise dem Abgrund Tod nähert. Dieser Prozeß beginnt mit einem harmlosen Versuch, mit dem die Kinder die Wirkung dieses Versuchs auf ihre Umgebung feststellen können. Gleichzeitig testen die Kinder durch diesen Versuch, ob sie die Angst vor dem Tod überwinden können. Oft folgt diesem ein zweiter Versuch – vor allem dann, wenn das soziale Umfeld nur schwach auf den ersten reagiert hat. Beim zweiten Versuch greift das Kind zu etwas stärkeren und gefährlicheren Mitteln, die ernsthaftere Folgen haben. Es ist, als habe das Kind ein sehr beherrschtes und kontrolliertes Rendezvous mit dem Tod.

Anscheinend verringert der erste Versuch die Angst vor dem Tod bis zu einem gewissen Grad und macht die Bühne frei für die gefährlichere Handlung, die dann folgt. Dieser schrittweise Prozeß wird dadurch beschleunigt, daß die Reaktionen des unmittelbaren sozialen Umfeldes hinter den Erwartungen des Kindes zurückbleiben. Tatsächlich führt ein fehlgeschlagener Versuch oft zu einer Verunglimpfung des Vorfalls. Manchmal wird geradezu mit einer Tirade von Schmähungen reagiert: “Beim nächsten Mal versuch’s doch aus dem 6. Stock. Du kannst dich nicht umbringen, wenn du aus dem zweiten springst.” Obwohl dies nicht beabsichtigt ist, kann das Kind dadurch zu weiteren und vielleicht tödlichen Suizidversuchen getrieben werden.

Auch indirekt mit diesem Thema befaßte empirische Untersuchungen können zur Unterstützung der Sichtweise herangezogen werden, daß versuchter und ausgeführter Selbstmord Teile desselben Kontinuums sind. Zum Beispiel stellten *Marx* und *Heller* (1977) eine grundsätzliche Ähnlichkeit zwischen der Persönlichkeit derjenigen, die Selbstmord versuchen und derjenigen, die ihn ausführen, fest. Erfahrungen aus der Praxis demonstrieren ebenfalls die stetige, schrittweise Annäherung an den Tod, wie zwei Briefe eines zehnjährigen Jungen zeigen, der mit Selbstmord drohte. Im ersten schrieb er: “Wenn ich nur den Mut hätte, wäre ich schon längst gesprungen. Ich bin das alles leid. Ich bin es leid, immer Schuld zu haben. Wenn ich nur genügend Mut hätte, wäre ich euch alle los. Wenn ich nur keine Angst hätte.” Die Eltern des Kindes blieben dieser Drohung gegenüber gleichgültig. Um weiteres Verhalten in dieser Richtung zu stoppen, erklärten sie ihm, daß sie dem keine Beachtung schenken würden. Sein zweiter Brief folgte bald: “An meine Familie. Ich glaube, es wird schrecklich sein, aus dem fünften Stock zu springen. Ich werde einfach in der Luft hängen, und dann werde ich zerschmettern und sterben ... Ihr könnt denken, daß ich verrückt bin, aber ich habe eine endgültige Entscheidung getroffen. Ich springe. Ich habe alles erlebt mit Euch. Ich weiß, Ihr werdet traurig sein, genauso wie meine Freunde, was soll’s?”

Es gibt einen deutlichen Unterschied im Tenor der beiden Briefe. Der erste betont die Angst des Jungen vor dem Sprung und drückt die Aggressionen gegen seine Familie aus. Die zentrale Absicht scheint darin zu liegen, Beachtung zu finden. Der zweite Brief ist ebenfalls manipulierend in der Absicht, jedoch entschiedener und eher darauf gerichtet, die nötige Gefühlslage herzustellen. Im zweiten Brief kommt der Junge der Selbstzerstörung einen Schritt näher.

Manchmal liegen die Wurzeln des sehr langsamen, schrittweisen Prozesses hin zum Selbstmord in der frühesten Kindheit und führen erst in späteren Jahren zu ihrem tödlichen Ausgang. Zum Beispiel suchten die Eltern eines neunzehnjährigen Studenten eine Beratungsstelle auf, nachdem er zwei Selbstmordversuche unternommen hatte.

Im Verlauf der Sitzung berichtete die Mutter, daß sowohl sie als auch ihr Mann Kinder aus früheren Ehen mit in diese Verbindung gebracht hatten. Der später suizidale Sohn sollte als Bindeglied zwischen den beiden Familien dienen. Der Vater war sehr überrascht, als er dies nach immerhin neunzehn Jahren zum ersten Mal hörte, da er selbst sich erinnerte, zu diesem Zeitpunkt eigentlich kein weiteres Kind gewollt zu haben. Die Geburt des Sohnes beeinträchtigte das Leben des Vaters und dessen Karriere. Es war deutlich, daß der Junge dazu bestimmt war, eine wichtige Rolle innerhalb der Familie einzunehmen, von der der Vater nichts wußte. Es kam hinzu, daß er nicht einmal richtig erwünscht war. Diese Situation beeinflußte sein ganzes Leben.

Als die Mutter nach Selbstmordversuchen des Jungen in früheren Jahren befragt wurde, zeigte sie mir eine Zeichnung, die er als Sechsjähriger angefertigt hatte. Das wohlgehütete Bild zeigte ein großes Auge mit einem in die Pupille gemalten Kreuz aus Knochen. Würmer krochen überall herum, und einer nagte das Auge an. Das Bild strahlte ein Gefühl völligen Identitätsverlustes aus und verdeutlichte das bereits frühe Vorhandensein zerstörerischer Strukturen, die erst später, in einer bedrückenden Situation, zum Ausdruck kamen. Seine Eltern hatten den Selbstmordversuch mit der vor kurzem stattgefundenen Zurückweisung durch die junge Frau, in die der Sohn verliebt war, in Verbindung gebracht. Diese Zurückweisung war jedoch nur das letzte Glied einer langen Kette von Zurückweisungen und Enttäuschungen, die praktisch schon vor seiner Geburt begonnen hatten. Dieses letzte Erlebnis war nur der Tropfen, der das Faß zum Überlaufen brachte.

Einen weiteren Einblick in die Entwicklung, die zu einer langsamen Annäherung an den Selbstmord führt, vermittelt die Beobachtung der langwierigen Vorbereitungen, die von manchen Kindern – wie auch von Erwachsenen – getroffen werden. Es werden Zeitungsnotizen über Todesfälle und Selbstmorde ausgeschnitten oder Gedanken über den Tod schon Jahre vorher ins Tagebuch geschrieben. Einige sammeln die Mittel zur Selbstvernichtung über Jahre hinweg, Tablette für Tablette.

Die größte Gefahr selbstzerstörerischen Verhaltens im Kindesalter ist nicht der sofortige Tod, sondern eher die Entwicklung einer selbstzerstörerischen Persönlichkeit. Zu einem späteren Zeitpunkt führt das Kind den Selbstmord dann vielleicht wirklich aus. Die Bedeutung solcher destruktiven Persönlichkeitskerne kann oft erst später erkannt werden. Zum Beispiel scheint die größere Häufigkeit des Selbstmordes von Jugendlichen nicht nur durch das plötzliche

Auftreten unerträglicher Lebensbedingungen oder den altersgemäßen Gefühlsaufruhr bedingt zu sein. Es ist wahrscheinlich, daß Selbstmord in der Pubertät oder im jungen Erwachsenenalter auf Impulse zurückgeht, die schon in früheren Jahren entstanden sind. Die Krisen der Pubertät bringen die versteckten Impulse lediglich zum Ausbruch.

Die Entscheidung, zu leben oder zu sterben, muß in allen normalen Entwicklungsprozessen in einem bestimmten Stadium stattfinden. Bis zur Pubertät wird das Leben des Kindes von dem der Eltern und ihrem Lebensstil bestimmt. Dann entwickelt das Kind eine eigene soziale und sexuelle Identität. Das Leben betreffende Entscheidungen werden nun in eigener Verantwortung getroffen. Um diese Unabhängigkeit zu erlangen, muß der Jugendliche einen sehr wichtigen Entwicklungsschritt vollziehen: er muß sich dafür entscheiden, eigenständig zu leben, und er muß entscheiden, wie er leben will. Solche lebenswichtigen Entscheidungen vollziehen sich nicht immer bewußt und sind nicht einfach. Die Notwendigkeit, sich mit ihrer Komplexität auseinanderzusetzen, erklärt einige der morbiden Ideen und Handlungen dieser Altersgruppe: Das Eingehen von Risiken, Philosophieren über den Tod, oder seine romantische Verklärung. Obwohl bei vielen Jugendlichen diese aufwühlenden Gefühle nicht zu einer Erschütterung ihres alltäglichen Lebens führen, probieren andere sie in der Realität aus, indem sie zu Drogen greifen oder sich der Faszination, die der Tod ausübt, gezielt aussetzen. Diese Jugendlichen scheinen eine direkte Konfrontation mit der eigenen Sterblichkeit zu suchen.

Einigen Kindern mag suizidales Verhalten als die vernünftige Lösung einer unerträglichen Lebenssituation erscheinen. In diesem Zusammenhang bietet ein Suizidversuch eine einmalige momentane Lösung, sozusagen ein Auswischen der Vergangenheit in einem Versuch, neu zu beginnen. Daher wird der Suizidversuch oft von Gefühlen großer Ruhe und wohltuender Entspannung nach extremer Anspannung begleitet. Trotz Angst, Scham- und Schuldgefühlen wird der Selbstmordversuch zum Notausgang für den inneren Druck, für den es sonst kein Ventil gibt.

Ein aufgeweckter Zehnjähriger beschrieb sich selbst folgendermaßen, nachdem er etliche Suizidversuche hinter sich hatte: "Ich war wie eine Bombe kurz vor der Explosion. Ich fühlte, daß ich explodieren würde und dann würde ich versuchen, etwas zu tun. Jedesmal wenn ich versuchte, mich umzubringen, fühlte ich mich ein bißchen besser, fast erleichtert. Nach einer Weile würde ich mich wieder wie eine Bombe fühlen und wieder versuchen, mich zu töten. Schließlich merkte ich, daß das alles nichts half, und wollte mich wirklich umbringen."

Trotz der guten Verbalisierungsfähigkeit des Jungen wird deutlich, daß er keine Möglichkeit hatte, intensive Gefühle auszuleben. Es ist nicht verwunderlich, daß er sich mit einer wandelnden Bombe verglich. Selbstmord wurde für ihn zur lindernden Absolution. Jugendliche, wie auch jüngere Kinder, mögen Selbstmord auch als emotionales Ventil dafür verwenden, innere und äußere Hemmungen zu überwinden. Die Freisetzung findet dann auf einer physikalischen, nicht auf der symbolischen Ebene statt.

Die mentalen Prozesse können an Rebeccas Lebensgeschichte verdeutlicht werden, eines sechzehnjährigen Mädchens, das seit ihrer Geburt von den Eltern abgelehnt wurde. Sie kam ungewollt und ungeplant zur Welt. Als sehr kleines Kind im Kindergarten entwikkelte sie eigenartige Verhaltensweisen, sie verletzte und schädigte, was sie nur konnte, wann immer sie von jemandem abgewiesen wurde. Sie konnte plötzlich aus dem Kindergarten weglaufen und verspätet nach Hause kommen, zerbeult und blutend. Die Eltern in ihrem Schreck reagierten meist mit weiterer Bestrafung. Die Beziehung zwischen Vater und Tochter war durch unterschwellige wechselseitige Rachsucht geprägt. Rebecca verkroch sich in einer Ecke und plante ihre Rache für die väterliche Zurückweisung.

Wie die meisten Kinder ihres Alters begann Rebecca außerhalb ihres Zuhauses nach Liebe zu suchen. Attraktiv, aber von Jungen gering geachtet, ging sie sehr früh sexuelle Beziehungen ein, ohne sich um Verhütung zu kümmern. Als sie in die Therapie kam, hatte sie bereits zwei Abtreibungen hinter sich. Jeder Abtreibung folgte eine kurze Depressions- und Trauerphase, bevor sich das Muster wiederholte. Schwanger zu werden war ihr Mittel der Rache und der Entlastung. Nach ihren eigenen Worten riefen Zurückweisung oder unglückliche Liebesaffären in ihr den Wunsch zu sterben wach, und dann entschied sie sich, schwanger zu werden. Nachdem sie erfolgreich ihr "Opfer" auserkoren hatte, erzählte sie ihren Eltern, die Schwangerschaft wäre das Ergebnis einer Vergewaltigung. "Nach jeder Abtreibung bin ich traurig, aber dann geht es mir gut, und ich will, daß alles von vorne beginnt. Ich möchte weiter zur Schule gehen und mit meinen Eltern auskommen, aber immer kommt alles ganz anders."

Rebeccas Eltern reagierten gewöhnlich mit großer Aufregung und harter physischer Bestrafung. Also führten die Abtreibungen zu keiner Veränderung, und entgegen Rebeccas Hoffnungen wurde alles nur noch schlimmer. Schließlich beschloß sie, ihrem Leben gezielt ein Ende zu setzen. Sie schluckte eine große Anzahl Tabletten, aber im letzten Moment verließ sie der Mut und sie lief voller Panik zu ihren Eltern und erzählte, was sie getan hatte. Infolge ihres Selbstmordversuchs gelangte Rebecca zum ersten Mal in Behandlung.

Obwohl dieser Einzelfall sehr komplex ist, kann man hier doch die so lange erhoffte Entlastung feststellen, die von Jugendlichen in Selbstmordversuchen gesucht wird. Anfangs versuchte Rebecca diese Entlastung durch Schwangerschaft zu erlangen, als dieses emotionale Ventil sich als unzureichend erwies, griff sie zu anderen, tödlichen Mitteln.

Der wichtigste Aspekt selbstzerstörerischen Handelns von Kindern und Jugendlichen ist der Ruf nach Hilfe (*Farberow* und *Shneidman*, 1965). Aus vielen Gründen wird dieser Ruf oft nicht beachtet. Erstens kennen Kinder die wirklichen Gründe ihrer Verzweiflung nicht und reagieren dadurch anscheinend unverhältnismäßig auf unbedeutende Vorfälle: "Ich habe kein Geschenk bekommen." "Ihr liebt meine Schwester mehr als mich." "Es geht mir nicht gut, und ich weiß nicht warum." "Ihr seid nicht zu meiner Schulfeier gekommen."

Da solchen Äußerungen natürlich keine besondere Bedeutung beigemessen wird, wird die Bewertung der Ernsthaftigkeit des kindlichen Selbstmordversuches oder seiner Androhung sehr erschwert. Es kommt dazu, daß solche Hilferufe oft als der Versuch angesehen werden, Aufmerksamkeit zu erregen. Viele der von Kindern durchgeführten Suizidversuche werden eher als emotionale Erpressungsversuche angesehen. Nach geltender Meinung haben Kinder Vergnügen daran, ihre Eltern unter Druck zu setzen, damit ihre Wünsche sofort erfüllt werden. Diese Beurteilung der zugrundeliegenden kindlichen Motive ist eine Fehleinschätzung dessen, was tatsächlich vor sich geht. Auch wenn ein gewisser Anteil emotionaler Erpressung nicht abzustreiten ist, so hat diese doch ihre Ursache in der Erfahrung des Kindes, daß seine Bedürfnisse nur dann befriedigt werden, wenn es zu drastischen Mitteln greift. Leider hilft das blinde Reagieren auf das "erpresserische Verhalten" ohne eine tiefergehende Untersuchung der Gründe nicht, das Problem zu lösen. Im Gegenteil verschlimmert sich dadurch alles oft noch, weil das eigentliche Problem in den Hintergrund gedrängt wird.

Solche Verhaltensweisen legte Nathan an den Tag, ein zwölfjähriger Junge, dessen Mutter wieder heiratete, nachdem der Vater vor vielen Jahren gestorben war. Nathan war rebellisch, schwer zu verstehen und kaum zufriedenzustellen. Seine Mutter wollte dem Konflikt mit ihrem Sohn dadurch entgehen, daß sie ihn in ein Internat gab. Seine wuterfüllte Antwort auf diese Entscheidung war, über das

Balkongitter im vierten Stock zu klettern, sich daran zu hängen und zu drohen, hinunterzuspringen. Auch wenn Nathan nicht vorhatte, wirklich zu springen, enthält sein Verhalten doch eine deutliche Botschaft, den Ruf nach Hilfe.

Die Angst vor drastischen Veränderungen in der nahen Zukunft kann ebenfalls zu selbstzerstörerischem Verhalten führen. Solche Veränderungen werden oft als Anschlag auf das gesamte Lebensgefüge erlebt, der Status, Selbstwertgefühl und soziale Bindungen gefährdet. Das suizidale Kind sieht sich bereits bei geringen Veränderungen der Notwendigkeit einer absoluten Anpassung ausgesetzt, die seine Fähigkeiten übersteigt. Der vierzehnjährige Sam gab dieser Angst Ausdruck zu einem Zeitpunkt, an dem der Familie offensichtlich das Glück ins Haus stand. Sammys Eltern waren beide blind, und er nutzte diese Tatsache oft, um seine tiefsitzenden Minderwertigkeitsgefühle zu besänftigen, wenn er einen Mißerfolg erlitt. Darüber hinaus genoß er die Sonderbehandlung, die ihm zuteil wurde, wenn er über die Behinderung der Eltern sprach. Zuhause nahm Sammy die Dinge in die Hand und handhabte sie auf seine eigene Art. Kein Wunder, daß Sammy gar nicht begeistert war, als er erfuhr, daß eine Operation seiner Mutter das Augenlicht wiedergeben könnte. Außer sich vor Angst, die Mutter könne die Familie verlassen, sobald sie wieder sehen könnte, versuchte er, sie von der Operation abzubringen. Die Mutter ließ sich operieren, Sammys Selbstsucht tadelte sie entschieden. Überrollt von der Angst vor der neuen Situation, versuchte Sammy, sich das Leben zu nehmen.

Welche Methoden wenden Kinder an, um sich umzubringen oder dies zu versuchen?

Welche Mittel sind es, die Kinder anwenden, um sich zu töten? Keine stillen und heimlichen, sondern gewalttätige und aggressive, wie *Pfeffer* (1981b) zusammenfassend darstellt. Sie berichtet von einem neunjährigen Jungen, der versuchte, sich zu erhängen, von einer Achtjährigen, die erklärte, sie wolle aus dem Badezimmerfenster springen, von einem Neunjährigen, der vor ein Auto lief, von einem neunjährigen Mädchen, das versuchte, sich mit dem Messer zu erstechen und von einem sechsjährigen Jungen, der sich strangulieren wollte. Einer anderen Studie zufolge (*Paulson* et al., 1978) hatten deprimierte Kinder mit suizidalen Tendenzen zu solch drastischen und aggressiven Mitteln gegriffen wie mit dem Messer auf sich einzustechen, sich mit kochendem Wasser zu verbrühen, von einem hohen Gebäude zu springen, vor ein fahrendes Auto zu laufen und sich selbst in Brand zu stecken. Ähnlich gewaltsame Aktionen werden in Studien über Kinder erwähnt, die sich wegen Selbstmordgefährdung in stationärer Behandlung befanden. In einer Studie hatten 65% der Untersuchten zu gewaltsamen Mitteln gegriffen (*Pfeffer* et al., 1979).

Die Behauptung, daß Kinder eine besonders gewaltsame Todesart wählen, wird durch eine Studie über 26 Kinder unter zwölf Jahren bestätigt, die tatsächlich versucht hatten, sich umzubringen (*Rosenthal* und *Rosenthal*, 1984). Mehr als 31% liefen vor ein fahrendes Auto, 19% versuchten, sich durch einen Sprung aus großer Höhe umzubringen, 13% versuchten, sich ein Treppenhaus hinunterzustürzen, 6% stachen mit dem Messer auf sich ein oder durchschnitten sich die Pulsadern, 6% versuchten, sich zu verbrennen. Nur 25% wählten eine Überdosis Schlaftabletten – eine verhältnismäßig gewaltlose Selbstmordmethode. Handelte es sich bereits um den zweiten Versuch, wurden in der Regel gewaltsamere Mittel angewandt.

Alles in allem scheint es eine Ähnlichkeit zu geben zwischen den Suizidmethoden von Erwachsenen und Jugendlichen. Beide Gruppen greifen eher zu aggressiven als zu friedvollen Mitteln, um sich umzubringen (*Neubower*, 1986; *Frederick*, 1985; *Barraclough*, 1973).

Man muß sich die Frage stellen, ob die Methode, die ein Kind wählt, in irgendeiner Weise mit seinem Alter oder seiner Persönlichkeitsstruktur zusammenhängt. Leider erlaubt die geringe Zahl der Studien über Suizidmethoden von Kindern keine Schlußfolgerung. Die Wahl scheint mit der momentanen Verfügbarkeit der Mittel zusammenzuhängen. Da Kinder nur selten Zugang zu Waffen haben, und sich zu erhängen schwierig ist, wird weniger häufig zu solchen Methoden gegriffen. Die Wahl, die das Kind trifft, wird von der Einfacheit der Durchführung geleitet: Laufen vor ein fahrendes Auto, Sprung aus großer Höhe oder das Schlucken von Tabletten.

Die Selbstmordbotschaften von Kindern

Botschaften von Kindern, die ihren Tod ankündigen, umfassen Todeswünsche und Selbstmorddrohungen, pathologische Neugier nach dem Tod, wiederholte Spiele mit Tod und Selbstmord als Inhalt und, indirekter, Zeichnungen, Lieder und Geschichten über Zerstörung. All dies sind Mitteilungen über die Gefühlslage des Kindes. Zunächst mögen solche Äußerungen nicht mehr sein als Hinweise auf Probleme und Schwierigkeiten, die das Kind belasten; wenn diese Mitteilungen jedoch kein Gehör finden und nicht in angemessener Weise darauf reagiert wird, können sie nach und nach zu einem Teil des suizidalen Prozesses werden.

Todeswünsche und Selbstmorddrohungen

Die Ausdrucksweise des Kindes reflektiert oft seine Persönlichkeitsstruktur. Ein aktives Kind kann seinem Wunsch, sich zu töten, durch einen Wutanfall Ausdruck verleihen: "Ich wünschte, ich wäre tot. Wer kann mit so einem Leben was anfangen?" Dies waren die Worte des zwölfjährigen Joey, als er seinen Kopf gegen eine Mauer schlug. Obwohl er diese Drohung nach einem anscheinend harmlosen und nichtigen Streit mit seinen Eltern ausstieß, war es nicht das erste und letzte Mal, daß er solche Äußerungen von sich gab, die seinen Wunsch, eine Erklärung und eine Drohung verkörperten. Solche Worte kennzeichneten treffend sein allgemeines hyperaktives, rastloses Persönlichkeitsprofil, seine niedrige Frustrationstoleranz, und stimmten mit dem üblichen Familienstil überein, zu schreien und zu heftigen Gefühlausbrüchen zu greifen. Im Gegensatz zu Joey war der zehnjährige Gideon ein ruhiges, zurückhaltendes Kind. Das erste Mal, als der Gedanke an Selbstmord bei ihm auftauchte, war er in Stille und Einsamkeit befangen. "Eines Abends lag ich allein auf dem Bett in meinem Zimmer. Niemand war zu Hause, ich war allein. Ich war sehr traurig. Ich habe keine Freunde. Meine Schwester hänselt mich immer. Ich war unglücklich und ich langweilte mich schrecklich. Ich fühlte, daß mein Herz leer war und dann dachte ich bei mir, daß ich vielleicht sterben sollte. Ich habe ja doch keine Freude an irgendetwas." Dieser stille Selbstmordwunsch war der Beginn eines zerstörerischen Prozesses, der auf einige ernsthafte Selbstmordversuche hinauslief.

Todeswünschen kommt eine besonders ernsthafte Bedeutung bei Kindern zu, die sehr jung den Verlust einer engen Bezugsperson erlitten haben. Diese Wünsche sind oft mit einer großen Sehnsucht nach dieser Person verbunden und werden von Phantasien begleitet, der Tod würde den Weg in den Himmel öffnen, oder danach käme ein besseres Leben. Wenn Todeswünsche von Sehnsucht begleitet werden, sind sie gefährlicher, weil der suizidale Prozeß dadurch eine größere Triebkraft erhält – vor allem, wenn der Wunsch über lange Zeit andauert und der Tod als ein Ausweg vorgestellt wird, um gegenwärtigem Leid und Verlustängsten zu entgehen.

Ein außergewöhnliches und extremes Beispiel stellt der Fall des dreizehneinhalbjährigen Abe dar, dessen beide Eltern innerhalb eines halben Jahres an Herzinfarkten starben. Er zeigte oft seine Sehnsucht, wieder mit den Eltern zusammenzusein, obwohl er sehr liebevoll in der Familie seines älteren Bruders aufgenommen wurde. Auch wenn er nach außen hin selbstbewußt wirkte, war er ein sensibles und verletzliches Kind, bei dem der kleinste Konflikt, Frustrationserlebnisse oder eine Zurückweisung zu dem Wunsch führten, tot zu sein. In seiner Phantasie stellte er sich vor, nach dem Tod wieder mit seinen Eltern zusammenzuleben. "Alles ist wie immer, aber ich bin mit ihnen zusammen." Abes Wunsch zu sterben, weil das Leben dann besser sei, beschäftigte ihn fortwährend, obwohl er behauptete, nicht an ein Leben nach dem Tod zu glauben.

Selbstmorddrohungen und -wünsche sind völlig verschiedene Ausdrucksweisen desselben Kommunikationstypus, wobei die direkt ausgesprochene Drohung die deutlichste Mitteilung ist. Bemerkungen wie "Ich werde mich umbringen", "Ich werde Selbstmord begehen", "Ich laufe vor ein Auto", sind so deutlich und bedrohlich, daß Eltern nicht in der Lage sind, sie wörtlich zu nehmen. Die üblichen abwehrenden Antworten auf solche Ausbrüche gehen von "Hör auf, Unsinn zu reden", bis zu scheinbar provozierenden wie "Na gut, mach doch." Eltern versuchen, durch diese Reaktionsweisen sich und das Kind davon zu überzeugen, daß solche Drohungen nicht ernstzunehmen sind.

In vielen Fällen werden nur versteckte Drohungen ausgestoßen, die erst als solche erkannt werden, nachdem tatsächlich ein Selbstmordversuch stattgefunden hat. Die Bemerkung "Das Leben hat keinen Sinn, ich habe nichts davon", mag als klare und deutliche Aussage gelten, obwohl die Betonung auf dem fehlenden Lebenssinn und nicht auf der Absicht, sich umzubringen liegt. Es ist nicht überraschend, daß diese verschlüsselte Erklärung eher dazu führt, über den Sinn des Lebens, als über Fragen des Todes zu sprechen. Fragen über den Tod werden von Eltern gewöhnlich als Zeichen für die geistige Reife des Kindes und eine philosophische Tendenz aufgefaßt, existenzielle Fragen zu stellen. Ein neunjähriger Junge stellte immer wieder dieselbe Frage an seine Eltern: "Was macht es wert zu leben?" Die mütterlichen Versuche, seine Frage zu beantworten, befriedigten ihn nicht, ebensowenig die Antworten seines Lehrers oder die seiner Freunde. Der Junge kleidete seine Frage in andere Worte, um seine Intention zu verdeutlichen: "Sagt mir einen Grund, warum ich leben soll." Wieder versuchten alle, ihn davon zu überzeugen, daß sein Leben einen Sinn habe, und wieder ohne Erfolg. Erst nach einem Besuch auf dem Friedhof, bei dem er sagte: "Ich wünschte, ich läge unter diesem Stein," wurden die Eltern langsam unruhig.

Endlich erkannten sie, daß sie es nicht mit philosophischen Fragen eines äußerst aufgeweckten Kindes zu tun hatten, sondern mit einer bedrohlichen Botschaft.

Eine deutlichere Form der Selbstmorddrohung ist der Abschiedsbrief. Kinder verfolgen mit solchen Briefen ein anderes Ziel als Erwachsene, weil sie damit gewöhnlich die Reaktion der Umgebung testen wollen. Dagegen schreiben Erwachsene dann, wenn sie tatsächlich einen Selbstmordversuch begehen. Trotzdem sollte die eindeutige Botschaft solcher Briefe nicht unbeachtet gelassen werden.

Trotz ihrer Deutlichkeit liegen in solchen Briefen oft Tatbestände verborgen, die das Kind, aus Angst vor der Reaktion der Familie, nicht in Worte zu fassen wagt. Diese Andeutungen können erst nach eingehender Untersuchung verstanden werden. Außerdem wird der eigentliche Gehalt der Botschaft oft übersehen, da nur auf die Drohung selbst reagiert wird. Ein elfjähriger Junge mit großen schulischen und sozialen Problemen litt zum Beispiel sehr unter dem Druck durch seine Eltern. Er schrieb einen Abschiedsbrief und begann dann, sich mit dem Inhalt des Arzneischränkchens zu befassen. Als seine Eltern ihn entdeckten, machte er sie auf seinen Brief aufmerksam, der auf dem Tisch lag. "An alle, die es angeht. An die ganze Familie, ich tue es wegen der Schule." Obwohl die Worte "An alle, die es angeht" durchgestrichen und durch: "An die ganze Familie", ersetzt worden waren, ermöglichten sie doch einen tieferen Einblick in die suizidalen Motive, als die Bemerkung "wegen der Schule". Sie verdeutlichen das unerträgliche Gefühl von Entfremdung und Einsamkeit des Kindes. Erst indem man über den vordergründigen Verweis auf die Schule hinausgeht, erkennt man die eigentliche Botschaft des Briefes.

Abschiedsworte von Kindern erfordern Beachtung, ihre offenen Mitteilungen wie die versteckten. Abschiedsworte vor einem Suizid klingen oft nicht wie endgültige Abschiede, sondern scheinen eher der Versuch zu sein, eine Reaktion der Umgebung hervorzurufen. Eine gebräuchliche Botschaft ist: "Ich möchte dir meine Briefmarkensammlung schenken. Ich brauche sie nicht mehr." Eine solche Mitteilung enthält verschiedene Bedeutungsebenen. Der kognitive Inhalt ist: "Ich habe kein Interesse mehr am Briefmarkensammeln", der emotionale Inhalt: "Du bist ein guter Freund und ich möchte dir als Zeichen der Zusammengehörigkeit meine Sammlung geben", und schließlich enthält sie die versteckte Drohung: "Ich brauche sie nicht mehr, weil ich nicht mehr da sein werde." Normalerweise nimmt man den oberflächlichen kognitiven Inhalt oder den Freundschaftsbeweis wahr und wertet diesen als Kompliment. Nur wenige erkennen die letzte und belastendste Bedeutungsebene, zumeist wohl wegen der normalen, alltäglichen Situation, in der die Mitteilung gemacht wird. Wäre der Sprechende offenkundig traurig, wäre er den Tränen nahe, würde der eigentlichen, hineingewobenen emotionalen Bedeutung mit deutlicher Anteilnahme begegnet. Das Fehlen von Emotionalität verstellt uns den Blick und trübt unsere Sensibilität.

Selbstmordbotschaften durch kreative Darstellung

Spiele, Zeichnungen, Lieder und Geschichten sind natürliche kindliche Ausdrucksmittel. Beim Suizid sind sowohl die Botschaften wie auch der kreative Ausdruck Mittel, um Entlastung zu finden. Spiele oder Zeichnungen sind symbolische Stellvertreter für die Tat selbst; für den Betrachter können sie ein Schlüsselloch sein, durch das die innere Gefühlswelt des Kindes erkannt werden kann.

Der Zusammenhang zwischen der symbolischen Darstellung und der tatsächlichen suizidalen Tendenz ist schwer einzuschätzen. In welchem Ausmaß vertritt das Symbol tatsächlich die zum Ausdruck gebrachte Handlung? Auch wenn die klinische Datenerhebung vermuten läßt, daß die Fähigkeit des Kindes, seine innere Erfahrungswelt kreativ zum Ausdruck zu bringen, die tatsächliche tödliche Handlung eine Zeitlang hinausschiebt, schließen künstlerische Ausdrucksbemühungen nicht vollständig die Durchführung aus. Die zwanghafte kreative Beschäftigung mit Themen wie Tod oder Selbstmord sollte also nicht als der Beweis für eine unmittelbare Handlungsabsicht angesehen werden. Sie weist aber sehr wohl auf einen Leidensdruck hin, auch wenn die eigentliche Gefahr sich erst in späteren Jahren auswirkt.

Betrachten wir zunächst Dalia, deren Interesse für den Tod im Verlauf der Therapie zutage trat. Sie war ein siebenjähriges Mädchen, das eher wegen Anpassungsschwierigkeiten als wegen suizidaler Tendenzen in die Behandlung kam. Dalia hatte keine Freunde, fühlte sich abgelehnt und hatte Schwierigkeiten, zu ihrer Geschlechtsidentität zu finden. Schon nach kurzer Behandlung wurde ihre zwanghafte Beschäftigung mit dem Tod deutlich. Im Therapie-Spielzimmer konnte sie ihre ganze Stunde damit verbringen, im Sandkasten kleine Puppen zu beerdigen und wieder auszugraben. Ihre Spiele und Zeichnungen drehten sich um Tod und Geburt und beinhalteten oft Katastrophen wie Stürme, Feuer, Erdbeben oder Ertrinken. Außerhalb der Therapie war sie von diesen Themen völlig gefangengenommen, sie verfolgte jede Geburt und jeden Tod von Haustieren mit großem Interesse und hielt sich beständig in deren Nähe auf. Der Tod eines

Hündchens oder eines Kätzchens erfüllte sie mit tiefem Schrecken, und sie lief sogar von der Schule fort, oder unterbrach ihre Spiele, um das sterbende Tier zu sehen. Geburten machten sie glücklich, Todesfälle riefen einen inneren Gefühlsaufruhr hervor.

Ein extremeres Beispiel für zwanghafte Todesspiele und den Ausdruck von Selbstmordgedanken ist das Verhalten des zwölfjährigen Mark, eines Jungen mit schweren Störungen, die ans Psychotische grenzten. Er besuchte eine Schule für verhaltensgestörte Kinder, die Grenzen zwischen seiner Einbildung und der Wirklichkeit waren sehr verwischt. Er weigerte sich, außerhalb der Wohnung Nahrung aufzunehmen, aus Angst davor, vergiftet zu werden; auch zu Hause paßte er sehr genau auf, wenn das Essen zubereitet wurde. Manchmal glaubte er, er könne fliegen und würde nicht hinunterfallen, wenn er aus dem Fenster spränge. Als wir allgemein über Tod sprachen, machte er folgende Bemerkung, die eher nach einer Frage klang: "Im Grab ist es schön und warm, wie im Bett, wie ein Zuhause." Er war augenblicklich so betroffen von seinen eigenen Worten, daß er bleich wurde vor Angst.

Während Marks Therapie ging seine geschiedene Mutter eine neue Beziehung ein und wollte heiraten. Sie stimmte dem Wunsch ihres neuen Partners zu, Mark in ein Internat zu geben. Der Junge reagierte mit Panik und kleinen Wutanfällen. Ihm fehlte die Fähigkeit, seine Gefühle adäquat auszudrücken. Wenn das Gespräch auf das Thema Internat kam, schienen seine Gesichtszüge wie eingefroren und manchmal schien es, als lächle er. Zu einem späteren Zeitpunkt gab er dann seinen wahren Gefühlen in unvorhersehbaren Ausbrüchen Ausdruck. Mehr als mit irgendeinem anderen Gefühl war Mark mit Wut angefüllt: Wut über die frühe Ablehnung durch seinen Vater, Wut gegen den Mann, der ihm die Mutter wegnehmen wollte, Wut gegen die Mutter, die ihn enttäuschte und aus egoistischen Gründen bereit war, ihn so einfach gehen zu lassen.

Mark fand Entlastung in Todesspielen und Selbstmordwünschen. In diesen Spielen nannte er sich selbst einen "Wissenschaftler". Er machte grausame Experimente mit Tieren, ertränkte Katzen und Vögel, zog sie dann wieder aus dem Wasser, um zu sehen, ob sie wieder lebendig würden. Er setzte Goldfische in kochendes Wasser um zu prüfen, wie lange sie überlebten. Ein paar Mal warf er kleine Hunde vor fahrende Autos. Gelegentlich richtete er seine Grausamkeit gegenüber Tieren auch auf Kinder und beschrieb genau, wie er sie quälen würde. Bei anderen Gelegenheiten legte er auf Nachbargrundstücken Feuer und freute sich an den zerstörenden Flammen. Einige Male war er nahe daran, sich selbst zu ertränken. Er versuchte in einem See "schwimmen zu gehen", obwohl er noch nicht schwimmen konnte. Seine Spiele waren aufgeladen mit Bedeutung und brachten ihm Entlastung von seiner zerstörerischen Wut gegen die Umwelt. Diese Wut richtete sich dann langsam nach innen und gegen ihn selbst. Von suizidalen Impulsen geleitet, prüfte Mark vorsichtig die Grenzen zwischen Leben und Tod und den Punkt, an dem es keine Umkehr mehr geben würde.

Manchmal drückt sich der spielerische Umgang mit dem Tod auch in Gedichten aus. Der dreizehnjährige Jack gab seiner Zerrissenheit im Schreiben Ausdruck, er besaß Hefte voller Gedichte über den Tod. Jede Seite befaßte sich mit dem Tod: Trauer, Lobpreisungen, Todessehnsucht. Er hatte einen philosophischen, religiösen Schreibstil und betrachtete sich selbst als jemanden, der großes Interesse am Tod und seiner Bedeutung habe. Er dachte stundenlang über die Grausamkeit der Nazis nach, den Holocaust und die unterschiedlichen Methoden, mit denen die Opfer getötet wurden. Bilder über den Holocaust ließen ihn in qualvoller Lähmung erstarren. Er "wußte", daß er das alles nicht vergessen durfte und wiederholte immer wieder, daß niemand "es richtig verstanden hatte." Jacks Vater war schwer erkrankt, und der Sohn konnte nicht mit seiner Angst vor dem Tod des Vaters umgehen. Er geriet in Panik und begann als Ausweg aus seinen Ängsten Selbstmordgedanken zu entwickeln. Sein tiefes und irgendwie eigenartiges Interesse für den Tod umfaßte sowohl seine Angst vor dem zu erwartenden Tod des Vaters wie auch seine eigenen suizidalen Wünsche.

Pathologisches Todesinteresse

Nicht jedes Interesse am Tod ist der Ausdruck selbstzerstörerischer Tendenzen. Spiele und kreative Auseinandersetzung mit diesem Thema können auch bei allen Kindern festgestellt werden, die keine solchen Tendenzen haben. Fragen über die Bedeutung von Tod gehören zu jeder normalen Entwicklung zwischen zwei und acht Jahren, auch wenn sie auf vielfältige Weise und auf unterschiedlichen Abstraktionsebenen gestellt werden. Dieses Interesse taucht normalerweise als ein Ergebnis der Konfrontation mit dem Tod auf, die sowohl Neugier als auch Angst hervorruft. Wenn Kinder sich mit Fragen an ihre Eltern wenden, drehen diese sich gewöhnlich um Inhalte wie: "Wer ist gestorben? Stirbst du auch? Sterbe ich auch?" Diese Fragen drücken Trennungsangst aus, die normal und verständlich ist. Viele Eltern machen jedoch gedankenlos den Fehler, ihre Kinder durch das Versprechen zu beruhigen, daß weder sie noch die

Kinder sterben würden. Mit der Zeit, wenn die Angst abklingt, beginnen die Kinder zu realisieren, daß weder sie selbst noch die Eltern unsterblich sind.

Normale Spiele mit Todesinhalten treten oft nach traurigen Ereignissen in der Familie oder Nachbarschaft auf. Krieg und ähnliche Katastrophen können ebenfalls den Anstoß geben. Die Spiele werden zu Beginn im allgemeinen mit großer Energie betrieben, die sich nach dem Geschehnis nur langsam vermindert. Eine Gruppe acht- oder neunjähriger Kinder, die ein Begräbnis nachspielt, ist nichts Ungewöhnliches. In ähnlicher Weise sind den meisten Eltern Todesrituale ihrer Kinder bekannt, auf denen diese bestehen, wenn ein geliebtes Haustier oder das Tier eines anderen Kindes gestorben ist. Solche Spiele helfen Kindern, den Tod und die Konfrontation mit ihm zu verarbeiten.

Wo verläuft also die Grenzlinie, die die gesunde von der abnormen Beschäftigung mit dem Tod trennt? Zuallererst ist die normale Auseinandersetzung zeitlich begrenzt und tritt infolge eines tragischen Erlebnisses auf. Zweitens wird diesem Interesse meistens innerhalb einer Gruppe Ausdruck verliehen, in Spielen, an denen mehrere Kinder beteiligt sind. Drittens schwächt sich die emotionale Belastung ab, die solche Spiele und Zeichnungen begleitet, und geht allmählich vorüber. Sie sind nicht verbunden mit ernsthaften emotionalen Problemen oder pathologischen Anzeichen auf anderen Verhaltensebenen. Natürliches Interesse am Tod steht in krassem Gegensatz zu pathologischer Zwanghaftigkeit bei der Auseinandersetzung mit diesem Thema. Das pathologisch gestörte Kind zeigt eine konstante Faszination durch den Tod. Dies Interesse wird heimlich und verstohlen und mit großer emotionaler Beteiligung geäußert. Es entsteht nicht als Folge eines traumatischen Erlebnisses, sondern ist vielmehr das Ergebnis langandauernder emotionaler Probleme: Depression, Verlusterlebnisse oder eine andauernde Familienkrise. Diese Unterschiede sind für geschulte Ärzte wie für Laien gleich augenfällig.

Entwicklungsmuster suizidalen Verhaltens

Im allgemeinen werden die vorliegenden Forschungsdaten so interpretiert, daß es Kinderselbstmord zwar gibt, daß er aber bei Kindern unter 15 Jahren selten vorkommt. Dagegen scheinen andere Formen selbstzerstörerischen Verhaltens weiter verbreitet zu sein. Eine Gefahr frühen selbstzerstörerischen Verhaltens kann in der Entwicklung suizidaler Tendenzen liegen, die bei in späteren Jahren eintretenden

Lebenskrisen zu einem tödlichen Ausgang führen. Frühes selbstzerstörerisches Verhalten kann daher als Teil eines Entwicklungskontinuums angesehen werden, das sich über Monate oder Jahre erstrekken kann und mit Suizid endet. Obwohl es über Jahre nur latent vorhanden sein kann, kommt es unter Umständen eines Tages offen zum Ausbruch.

Alles in allem ist die Ähnlichkeit zwischen selbstzerstörerischem Verhalten von Kindern und dem von Erwachsenen nicht von der Hand zu weisen. Beide zeigen gemeinsame Entwicklungsmuster:

1. Unerträglicher Druck (Frustration, Zurückweisung, unlösbare Probleme, Verlusterlebnisse, unsichere Familienverhältnisse)
2. Eine depressive Grundhaltung (Leid, Enttäuschung, Wertlosigkeit, Hoffnungslosigkeit, Angst und Entfremdung)
3. Initiale Anpassungs- und Bewältigungsversuche (Isolation, Manipulation, Regression, Aggression, Rebellion oder die Suche nach Ersatzobjekten zur Bedürfnisbefriedigung)
4. Zunehmende Frustration und Abnahme der emotionalen Kraft
5. Auftreten von Selbstmordgedanken
6. Anpassungsversuche durch selbstzerstörerische Mittel (spielerische oder ernsthafte Selbstmordversuche, Zeichen von Hoffnungslosigkeit, zwanghafte Beschäftigung mit dem Tod, offene Drohungen und die Wahrnehmung des Todes als anziehend)
7. Umweltreaktionen auf die Selbstzerstörung (Schock, Schuldgefühle, veränderte Beziehungsmuster, zunehmender Druck auf das Kind, Strafe, Vernachlässigung)
8. Die daraus resultierende Bestätigung des pessimistischen Lebensgefühls des Kindes und seiner Einschätzung, Selbstmord sei die einzige Lösung
9. Weitere Anhäufung neuer Frustrationserlebnisse führt zur endgültigen Selbstzerstörung.

Dieses Muster gibt allerdings nur einen groben Überblick. Nicht alle Entwicklungsschritte treten in jedem Fall auf oder laufen genau in dieser Reihenfolge ab, aber bei jedem Selbstmord und jedem Selbstmordversuch spielen einige davon eine Rolle. In den folgenden Kapiteln werden diese Schritte anhand von Fallstudien verdeutlicht.

IV

Gefährdete Kinder

Welche Verbindung besteht zur Persönlichkeitsstruktur?

Ein Ansatz in der Suizidforschung bestand darin, die Persönlichkeitsmerkmale von Menschen mit selbstzerstörerischen Neigungen zu analysieren. Leider weisen die meisten Studien über diese Merkmale eine Reihe methodologischer Defizite auf (zum Beispiel bei der Definition von "Suizid" und der Auswahl der Kontrollgruppen). Trotz der Unzulänglichkeiten ergeben sich doch einige grundlegende Erkenntnisse. Dieses Kapitel gibt einen Einblick in die Schwierigkeiten, denen sich die Forschung gegenübersieht, und faßt viele der heutigen Erkenntnisse auf diesem Gebiet zusammen.

Depression bei Kindern

Daß Depressivität ein Charakteristikum erwachsener Suizidaler ist, wird weitgehend anerkannt. Daher bestand ein großes Forschungsinteresse darin, herauszufinden, ob der Depressivität bei suizidalen Kindern eine ähnliche Bedeutung zukommt. Bei Erwachsenen umfaßt die Depression zahlreiche Gefühlslagen und Emotionen: fehlendes Selbstwertgefühl, Schuldgefühle, Pessimismus und Hoffnungslosigkeit. Depression wurde mit verschiedenen Dynamiken in Verbindung gebracht: dem realen oder symbolischen Verlust einer geliebten Person etwa, oder Einbußen in der Identität, an Status oder von Besitztümern, Schuldgefühlen und Verlust der Selbstachtung auch deshalb, weil man den hohen Ansprüchen an sich selbst – wie Psychoanalytiker es ausdrücken, den Erwartungen eines rigiden Überichs – nicht gerecht wird; und die Internalisierung von Aggression, die ursprünglich gegen andere gerichtet war.

Bei Erwachsenen umfaßt Depression eine große Anzahl verschiedener Symptome: Verzweiflung, Gram, Apathie, Freudlosigkeit, Initiativelosigkeit, Verlangsamung der motorischen Reaktionen, Schlafstörungen, körperliche Schmerzen, Appetitlosigkeit und Gefühle der Wertlosigkeit, Hoffnungs- und Hilflosigkeit. Oft erscheint dies vor dem Hintergrund eines weitgehenden Kontrollverzichts. Durch die

Vielfalt der Symptomatik wird eine prägnante Definition der Gefühlslage unmöglich. Die niederdrückende Kraft dieser Erfahrungen wird jedoch durch die Worte eines Betroffenen kurz und bündig ausgedrückt: "Es ist, als wärest du in einem tiefen, engen Loch mit einem Strudel auf dem Grund, der dich immer tiefer zieht. Die Wände der Höhle sind glitschig, du findest nirgends einen Halt. Du kannst die Stimmen derer verstehen, die oben stehen, aber du hast keine Kraft, herauszukommen."

Noch vor nicht allzu langer Zeit bezweifelten die Experten, daß Kinder überhaupt in der Lage seien, wirklich depressive Gefühlslagen zu erleben. (*Rie*, 1966). Viele von jenen, die diese Fähigkeit in Abrede stellten, tendierten dazu, das Vorkommen von Kindersuizid überhaupt zu leugnen. Inzwischen ist die Forschung jedoch soweit gediehen, daß anerkannt wird, daß es bei sehr jungen Kindern sowohl Depression als auch Selbstmord geben kann.

Bei der Auseinandersetzung mit der Depression bei Kindern müssen wir zwei Fragestellungen berücksichtigen: Erstens, wie erleben junge Kinder ihre Depression? Zweitens, gibt es einen Zusammenhang zwischen der Depression und dem Suizid von Kindern? Ist Depressivität eine Voraussetzung für Suizid?

Nach *Bowlby* (1980) liegt die Ursache für Depressionen bei Erwachsenen und Kindern im frühesten Kindesalter. Er nimmt an, daß sie durch ein Verlusterlebnis des kleinen Kindes hervorgerufen wird, ohne daß die Möglichkeit bestanden hätte, den Verlust durch Trauer zu verarbeiten. *Spitz'* (1965) Beobachtungen von Babies und kleinen Kindern gaben *Bowlbys* Einschätzungen und denen seiner Schüler recht, daß sich die Depression infolge eines Verlustes über die folgenden drei Stufen hinweg entwickelt: (1) Auflehnung gegen den Verlust, (2) Verzweiflung, (3) Apathie, Isolation und Regression. Bei seiner Ausrichtung auf frühe Verlusterlebnisse neigte *Bowlby* dazu, einige der von *Freud* erkannten Dynamiken, die oft bei Depressionen festgestellt wurden, gering zu achten. – Zum Beispiel das rigide Überich, das Depressionen "absorbiert" und "reguliert", oder die Internalisierung von Aggression. Stattdessen legte er vermehrs Gewicht auf eine Dynamik des Verlustes und der Trauer, wobei die Urspünge dieser Entwicklung bei Kindern und Erwachsenen gleich sind.

Bemporad (1978) ist ein weiterer Forscher auf dem Gebiet kindlicher Depression, der ihre Entwicklungsprozesse eher mit von *Freud* entwickelten Konzepten erklärt. Nach *Bemporad* umfaßt die Depression eine Anzahl verschiedener Elemente, die in allen Altersgruppen auftreten: Schwermütigkeit, verminderte Spontaneität, ein dauerhaftes negatives Selbstbild, negative Zukunftserwartungen und Schuldgefühle aufgrund eines inneren Konfliktes. *Bemporad* stellt jedoch fest, daß bei sehr kleinen Kindern von echter Depression nur schwerlich gesprochen werden kann. Obwohl die Trennung von der Mutter oder fehlende Stimulation zu Anzeichen von Rückzug und Introvertiertheit führen können, ist dieser Zustand sehr vorübergehend und kann leicht aufgehoben werden, sobald die Umstände sich verbessern. In der frühen Kindheit (zwischen 2 und 4 Jahren) kann man Formen von Depression erkennen, die sich durch eine allgemeine Reaktionshemmung und Traurigkeit ausdrücken. Dieses Verhaltensmuster wird oft durch die elterliche Unterdrückung der kindlichen Spontaneität und Eigendarstellung oder durch die drückende Atmosphäre in Familien mit depressiven Eltern hervorgerufen. Aber auch hier ist es schwierig, von einem stabilen depressiven Zustand zu sprechen. Einige Elemente, wie Schuldgefühle, fehlen; andere, wie negatives Selbstwertgefühl, wurden noch nicht ausgebildet oder gefestigt.

In der mittleren Kindheit (zwischen 5 und 6 Jahren), in der sich die eigene Identität formt, kann ein ausgeprägter Typus der Depression, der das negative Selbstwertgefühl beinhaltet, auftreten. Außerdem verfügt das Kind nun über ein größeres Realitätsverständnis, so daß seine Reaktionen auf Verlust- und Frustrationserlebnisse stärker und das Gefühl zu versagen lebhafter werden. Die zunehmende Diskrepanz zwischen elterlichen Erwartungen und dem Wunsch nach Selbstdarstellung liefert den Nährboden für Niedergeschlagenheit und erste Erfahrungen der Wertlosigkeit. Solche Gefühle können jedoch auch hier vorübergehend sein und sind stark an die jeweiligen Umstände gebunden. Kinder haben die Fähigkeit, sich gegen solche Gefühle durch Ablenkung zu wehren. Diese Technik ist besonders deswegen nützlich, weil Kindern dieser Altersgruppe ein klares Zukunftsgefühl fehlt und sie Schuldgefühle mit dem Blick auf einen inneren Konflikt nicht aufbauen. Unter Berücksichtigung dieser Gesichtspunkte ist es schwierig, von der Existenz derjenigen Depressionsformen zu sprechen, die bei Erwachsenen vorkommen.

Nach *Bemporad* beginnt sich die Art der Depression mit Erreichen des Schulalters wesentlich zu verändern. Diese Änderung ist auf die endgültige Internalisierung elterlicher Wertsysteme, die Stabilisierung bewußter Selbstwahrnehmung und ein ausgedehnteres Verständnis der äußeren Lebenswelt zurückzuführen. Das Kind entwickelt ein Ichideal, so daß es sich für jeden Fehler in seiner Selbstdarstellung oder in seinem sozialen Prestige schämen, und dadurch längerwährende Trostlosigkeits- und Depressionsgefühle erleben kann. Niedergeschlagenheit ist nicht länger die vorübergehende Reaktion auf eine strafende, unterdrückende oder versagende Umgebung, sondern eher eine gefestigte Reaktion aufgrund von eigenen Versagens- und Frustrationserfahrungen. Bei der Depression von Kindern im Schulalter, hebt *Bemporad* hervor, spielt die Selbsteinschätzung, versagen zu können, eine besondere Rolle. Der innere Konflikt verdichtet sich und wird zu einer beständigen Quelle der Unzufriedenheit und Freudlosigkeit. Gerade aufgrund dieses Umstandes unterscheidet sich Depression in diesem Alter von der späterer Entwicklungsstufen. Aufgrund seines begrenzten Verständnisses von Zeit entwickelt das depressive Kind nicht die Disposition Erwachsener zur Hoffnungslosigkeit. Darum besteht eine größere Aussicht, die depressive Weltanschauung des Grundschuldkindes noch zu verändern.

Bemporad geht davon aus, daß in der Pubertät die Entwicklung schon so weit fortgeschritten ist, daß die Depression die gleiche Ausprägung wie bei Erwachsenen erreicht hat. Die intellektuellen Prozesse sind auf den Stand Erwachsener herangereift und erlauben in vollem Umfang Selbstdarstellung, Selbsteinschätzung, Wahrnehmung von Zeitdimensionen und von Gefühlen inneren Konflikts. Außerdem sind gerade in der Pubertät emotionale Krisen und Selbstzweifel allgemein typisch. Die Eltern üben verstärkt Druck auf den Jugendlichen aus, damit dieser das Beste aus seinem Leben macht und neue Fertigkeiten erwirbt. Jeder Mißerfolg wird als vollkommenes Versagen erlebt. Hier erkennt man eine große Bandbreite sich verstärkender Frustrationen, die sehr schnell das Selbstwertgefühl schädigen und Schuldgefühle verursachen, wenn der Jugendliche das, was er erreicht hat, mit dem vergleicht, was er erreichen will. Aus diesen Gründen, so argumentiert *Bemporad*, können Jugendliche wirkliche Depression erleben.

Die Schwierigkeit, Depression bei Kindern zu erkennen, wird durch das Phänomen der sogenannten versteckten oder "maskierten" Depression verstärkt (*Toolan*, 1975). Dieses Phänomen besteht darin, daß kleine Kinder sich gegen das leidvolle Erleben von Depression wehren, indem sie das depressive Verhalten in Aktivität und Zerstreuung umlenken und unterschiedliche Wege der Ablenkung suchen. So drücken Jugendliche Depression oft durch gesetzeswidrige Handlungen, allgemeine Unruhe oder die Unfähigkeit aus, allein zu sein. Andere greifen zu Drogen oder Alkohol, suchen ausschweifende sexuelle Abenteuer oder Nestwärme in einer Bande Gleichaltriger. Andere Anzeichen versteckter Depression sind starke Trennungsängste, der Wunsch, von zu Hause wegzulaufen, Gefühle, unerwünscht und mißverstanden zu sein, allgemeine Beunruhigung, das Einschließen im Zimmer, Aggressivität, der Unwille, an Familienaktivitäten teilzunehmen, ungepflegtes Äußeres, Empfindlichkeit gegen Zurückweisung und antisoziales Verhalten. Diese Ersatzhandlungen machen die Depression erträglicher.

Da "maskierte" Depression das gesamte Spektrum der Probleme umfaßt, die Kinder betreffen, wenden Kritiker dieser Theorie (*Lefkowitz* und *Burton*, 1978; *Kovacs* und *Beck*, 1977a; *Carlson* und *Cantwell*, 1980; *Puig-Antich*, 1985) ein, daß sie es nicht ermöglicht, Depression von zahlreichen anderen Phänomenen zu unterscheiden. Außerdem tragen die vielen diagnostischen Ansätze und Methoden noch zur Verwirrung bei (*Jaffe*, 1987; *Kovacs* und *Beck*, 1977a, *Puig-Antich* et al., 1983; *Petti*, 1978; *Kazdin*, 1981; *Weinberg*, 1972). Trotz allem kommt dem Konzept der "maskierten" Depression große Bedeutung zu, da es den defensiven Charakter von Ersatzhandlungen und -symptomen zur Linderung des leidvollen Erlebens der Depression hervorhebt.

Die Forscher haben immer wieder die Frage aufgeworfen, ob Depression eine Voraussetzung für die suizidale Entwicklung bei Kindern ist. Es ist nicht verwunderlich, daß die diagnostische Uneinheitlichkeit die Antwort auf diese Frage noch mehr vernebelt. Eines der Hauptkriterien für die ärztliche Diagnose "Depression" ist eine zwanghafte Beschäftigung mit Tod und Todessehnsucht. Dabei fällt der tautologische Gebrauch derselben Charakteristik für beide Zustände auf. Zum Beispiel wird ein Junge, der permanent mit Gedanken an den Tod und Todessehnsucht beschäftigt ist, sofort als depressiv eingestuft. Dasselbe Verhalten dient jedoch als Grundlage, suizidale Tendenzen zu diagnostizieren.

In einer Studie, in der Kinder mit suizidalen Tendenzen mit Kindern verglichen wurden, die keine solche Tendenzen zeigten, wurde das Auftreten von Depression aufgrund allgemeiner klinischer Eindrücke festgestellt (*Pfeffer, Conte, Plutchik* und *Jerrett*, 1979). Ergebnis: Die suizidalen Kinder waren depressiver, vor allem in Bezug auf Gefühle wie Hoffnungslosigkeit und Wertlosigkeit. Trotzdem waren die Kinder, die sich offensichtlich selbstzerstörerischer verhielten, nicht notwendig depressiver. In einer anderen Studie, in der eine Anzahl verschiedener Kriterien zur Diagnostizierung von Depression herangezogen wurden, waren Kinder, die nach dem einen Kriterium als depressiver einzustufen waren, nach einem anderen Kriterium nicht unbedingt genauso einzuschätzen (*Rosenthal* und *Rosenthal*, 1984).

Trotz der Widersprüche in den ermittelten Daten kommen nach wie vor viele Forscher zu dem Ergebnis, daß Depression ein ausschlaggebendes Charakteristikum von suizidalen Menschen ist (*Otto*, 1977;

Pfeffer et al., 1984; *Pfeffer* et al., 1983). Sobald die Erhebungskriterien stringenter sind, erscheint die Bedeutung von Depression geringer. *Carlson* und Mitarbeiter (*Carlson* und *Cantwell*, 1979; *Carlson* und *Orbach*, 1982) legten eine umfassende Reihe von Studien vor. In ihrer Zusammenfassung schreibt *Carlson* (1983), daß nur relativ wenige der untersuchten suizidalen Menschen ernsthafe Anzeichen von Depression zeigten. In den meisten Fällen war der Grund für die Einweisung in die Klinik eher eine suizidale Handlung, nicht eine auffällige Depression. Daher kommt *Carlson* zu dem Schluß, Depression sei auf keinen Fall eine notwendige Voraussetzung, auch wenn selbstzerstörerisches Verhalten durch sie verstärkt werden kann. Ein vergleichbares Ergebnis ermittelte *Kosky* (1983), der sehr strenge Kriterien für die Diagnose von Depressionen bei suizidalen Kindern anlegte.

Einige Wissenschaftler (*Kazdin* et al., 1983) gehen von der Annahme aus, daß mit Depression in Verbindung zu setzende Erscheinungen, die aber kein Teilaspekt der Depression an sich sind, zur dynamischen Entwicklung hin zum Selbstmord beitragen können. Als besonders wichtig wird dabei die Bedeutung von Hoffnungslosigkeit angesehen. Bei Kindern, die in psychiatrische Kliniken eingewiesen wurden, stellte man die folgenden Symptome fest: Hoffnungslosigkeit, Depression, verschiedene Formen selbstzerstörerischen Verhaltens. Die Depression wurde sehr sorgfältig mittels vier verschiedener Erhebungsinstrumente ermittelt. Hoffnungslosigkeit trat in dreien dieser Tests zutage. Suizidale Kinder waren also in stärkerem Ausmaß hoffnungslos als Kinder, die an anderen Störungen litten, waren aber nicht depressiver und hatten nicht ein ausgeprägteres Gefühl der Wertlosigkeit.

Das Ergebnis dieser Studie ist eindeutig, daß Hoffnungslosigkeit, und nicht Depression, den entscheidenden Faktor für selbstzerstörerisches Verhalten darstellt. Hoffnungslosigkeit ist einer von vielen Unteraspekten der Depression. Es ist möglich, daß die berichteten theoretischen Verbindungen von Depression und Selbstmord auf das Überlappen dieser beiden Variablen zurückzuführen sind, das durch das gemeinsame Kennzeichen Hoffnungslosigkeit hervorgerufen wird. Vom klinischen Standpunkt aus können wir behaupten, daß ein Depressiver, der noch nicht jede Hoffnung auf eine Veränderung in naher oder ferner Zukunft aufgegeben hat, noch nicht den Punkt erreichen hat, an dem er versucht, Suizid zu begehen.

M.J. Rotheram hat mir von seinen Forschungsergebnissen berichtet, die ergeben haben, daß suizidale Kinder kaum Vergnügen am Alltagsleben empfinden können; ihnen fehlt die Fähigkeit zur Freude.

Dieses Charakteristikum wurde ebenfalls bei depressiven Erwachsenen festgestellt. Die Unfähigkeit, sich am Leben zu freuen, kann daher als ein weiterer Indikator für die Verbindung von Depression und Suizid gelten.

Schwere Psychopathologie

Sind Suizidale emotional krank? Ist Suizid ein Zeichen für emotionalen Verfall, die ernsthafte Beeinträchtigung der Urteilskraft oder den pathologischen Verlust der Triebkontrolle? Diese Fragen sind zentral für die Arbeit von *Ackerly* (1967), der die Forschung über den Selbstmord von Kindern stark beeinflußt hat. Wie wir auch in Kapitel IX sehen werden, geht *Ackerly* davon aus, daß Kinder, die ernsthafte Selbstmordversuche unternehmen, unter schweren Störungen der Realitätswahrnehmung leiden und einen inneren Zerfall erleben. Nach *Ackerlys* Ansicht bietet Selbstmord einen Fluchtweg vor dem totalen Identitätszerfall und vor der Angst, jeden Realitätsbezug zu verlieren. Der Übergang von Selbstmorddrohungen zu ernsthaften Selbstmordversuchen wird als Zeichen der fortschreitenden pathologischen Zerstörung gewertet. *Ackerly* zufolge ist ein Kind, das tatsächlich einen Selbstmordversuch unternimmt, in einer allgemeinen Geisteskrankheit befangen.

Seinen Standpunkt verdeutlicht *Ackerly* anhand des Falles des fünfjährigen George, der wegen wiederholter Versuche, sich zu erhängen, eingewiesen wurde. Er erzählte den Ärzten, daß er traurig sei, weil seine Mutter ihn nicht liebe und weil er keinen Vater habe, da seine Eltern geschieden waren. George sagte, er wolle sterben, weil seine Mutter ihm erzählt habe, daß bald ein Weltkrieg ausbrechen würde und er nicht darin umkommen wolle. Besondere Angst hatte er davor, von einem Panzer überrollt zu werden.

Für *Ackerly* lag der klare Beweis für eine Psychose in Georges gestörtem Denkmuster. Allerdings läßt ein Blick auf die Details diese Diagnose weniger einleuchtend erscheinen. Georges Familiengeschichte zeigt, daß er zwei Jahre alt war, als die Mutter sich wegen Grausamkeit des Ehemannes scheiden ließ. Georges Mutter hatte infolge schwerer Depressionen immer wieder versucht, Selbstmord zu begehen. Sie bestätigte, daß sie George nicht liebe, auch weil er unehelich geboren wurde; sie hatte ihn oftmals geschlagen.

George unternahm seinen ersten Selbstmordversuch mit fünf Jahren, ein halbes Jahr, nachdem sein jüngerer Bruder geboren worden war. In dieser Phase war George sehr schwer zu disziplinieren. Er litt unter Schlaflosigkeit und hatte Angst davor, sein Vater könne zurückkommen und versuchen, ihn zu töten. Nachdem seine Mutter in eine Nervenheilanstalt eingewiesen worden war, wurde George in einem Kinderheim betreut. Zu diesem Zeitpunkt beging er den zweiten Selbstmordversuch. *Ackerly* schloß daraus, daß George ein Psychotiker sei, der unter sexuellen Konflikten und unkontrollierten Aggressivitätsausbrüchen litt, daß sein Realitätsgefühl vermindert sei und daß er Wahnvorstellungen habe.

Nach der Lektüre der Fallbeschreibung erscheint die Schlußfolgerung, George leide unter einer schweren Psychopathologie, sehr einleuchtend. Offensichtlich geben Georges Ideen Anlaß für ein gewisses "Befremden". Georges Fallstudie liefert jedoch sicherlich genügend Gründe, die ihn in den Selbstmord treiben konnten, ohne die Notwendigkeit, hier die Psychopathologie, einen Ichzerfall oder rebellische, aggressive Impulse ins Spiel bringen zu müssen. Die unerträglichen Lebensbedingungen und Entwicklungen seiner äußeren Realität waren, auch ohne jeglichen inneren Zerfall, leicht dazu geeignet, George an den Rand des Selbstmordes zu treiben. *Ackerly*s Folgerungen, Kinder, die gefährliche Suizidversuche unternähmen, seien geisteskrank, erscheint zu verallgemeinernd und ungenau. Dies trifft definitv nicht auf die Gesamtheit der Kinder zu, die jemals versucht haben, ihr Leben zu beenden.

Pfeffer et al. (1979) versuchten, *Ackerly*s Hypothese zu überprüfen, indem sie die Verbindung zwischen dem Entwicklungsgrad der Psychopathologie und Selbstmord untersuchten. Sie versuchten außerdem, mentale Merkmale, die bei suizidalen Kindern und bei Kindern mit einer schweren Störung auftreten, zu identifizieren. Hintergrund dieser Forschung ist ein Versuch, die Variablen zu erkennen, die, im Gegensatz zu anderen emotionalen Störungen, zu selbstzerstörerischem Verhalten führen. Diese Forscher untersuchten eine Gruppe von 58 Kindern (zwischen 6 und 12 Jahren), die in einer psychiatrischen Klinik behandelt wurden. Die Evaluation über des Ausmaßes der Psychopathologie wurde von den Therapeuten der Kinder vorgenommen; sie erhoben Persönlichkeitsmerkmale der Kinder (auch ihre Bewältigungsmechanismen) und ihre Vorstellungen vom Tod. Die Kinder, die wegen suizidaler Tendenzen in der Klinik waren, zeigten die folgenden Merkmale: Depression, Hoffnungslosigkeit, Gefühle der Wertlosigkeit, Depression der Eltern, zwanghafte Beschäftigung mit Tod und die Vorstellung, Tod sei vorübergehend und angenehm. Dagegen bestanden die charakteristischen Merkmale der schwer gestörten Kinder in einem hohen Maß an Furcht und Aggression, zwanghafter Beschäftigung mit schulischem

Versagen, Lernschwierigkeiten, Angst vor elterlicher Strafe und Trennung der Eltern, Schwierigkeiten mit Verwandten und Angehörigen und Problemen in der Ichfunktion. Das Ergebnis war, daß die emotionalen Muster von suizidalen Kindern und solchen mit anderen Psychopathologien voneinander unterschieden werden können. Trotzdem kann aus dieser Studie über Selbstmord und schwere Pathologie keine eindeutige Folgerung gezogen werden, da die Forscher keine Kontrollgruppe nicht eingewiesener suizidaler Kinder untersuchten. Außerdem basierten viele Variablen dieser Studie auf subjetiven Eindrücken und nicht auf objektiven Messungen.

Eine eindeutigere Schlußfolgerung ermöglicht eine Studie von *Paulson* et al. (1978). Die meisten der von ihnen untersuchten suizidalen Kinder (zwischen 4 und 12 Jahren) litten nicht unter einer ernsthaften Geistesstörung. Tatsächlich zeigten sie eine beeindrukkende mentale Stärke, trotz ihres problematischen Lebens. *Kosky* (1983) kam zu einem ähnlichen Ergebnis. Auch *Cohen-Sandler* et al. (1982) stellten fest, daß es kein Muster von Symptomen gibt, das Kinder mit suizidalen Tendenzen charakterisiert. Auch wenn sie viele verschiedene Symptome oder emotionale Störungen zeigen, sind diese doch keinesfalls außergewöhnlich oder einzigartig.

Eine Erklärung für Forschungsergebnisse, die psychopathologische Erscheinungsformen mit Suizid in Verbindung bringen, mögen Zirkelschlüsse bei der Diagnose sein. Versuchter Suizid wird im allgemeinen als Anzeichen einer Pathologie bewertet und macht Präventivmaßnahmen wie Klinikeinweisung zur Beobachtung notwendig. Die Einweisung ins Krankenhaus selbst erweckt den Eindruck, es läge eine Psychopathologie vor. Zu dieser Fehleinschätzung kommt es leicht bei geringer Berufserfahrung oder dann, wenn der Befund sofort nach dem Suizidversuch erhoben wird (*Carlson*, 1983). Wie bereits erwähnt, stellt sich ähnlich tautologisches Denken bei der Forschung über Suizid und Depression ein. Eine andere Fehlerquelle in der Forschung liegt darin, daß unterschiedliche Patientenpopulationen untersucht wurden. Einige Studien haben sich mit Patienten in psychiatrischen Kliniken befaßt, andere mit Patienten in öffentlichen oder privaten Krankenhäusern.

Nicht nur sind die meisten suizidalen Kinder frei von ernsthaften Pathologien, sie zeigen in vielen Fällen sogar ein sehr gesundes Verhalten (*Orbach*, 1981). Viele sind sehr gute Schüler, Klassenbeste, mit hervorragenden kreativen und sportlichen Talenten (*Kosky*, 1983). Viele sind beliebt und intelligent und haben gute Beziehungen zu ihren Angehörigen (*Shaw* und *Schecklum*, 1965). Außerdem findet man bei ihnen, trotz ihres unerträglichen Leidensdrucks, ausgeprägte und schöne menschliche Qualitäten und ein hohes Maß an mentaler Stärke. Bei ihnen mag der Suizid als eine letzte Handlung der Anpassung angesehen werden, als ein letzter Hilferuf, oder als das einzige Mittel, dem inneren Druck zu entgehen, oder als ein Eingriff, um eine positive Lebensveränderung herbeizuführen.

Dies war der Fall bei einem jungen Mann, der introvertiert, einsam und ängstlich war. Er war wegen Schwierigkeiten mit Frauen in die Therapie gekommen. Er hatte versucht, sein angekratztes Selbstvertrauen durch abweichendes Verhalten, wie Diebstähle und Betrügereien, aufzupolieren. Nach der Therapie verliebte er sich in eine junge Frau und heiratete. Trotzdem setzte er sein Verhalten fort bis er das Gefühl bekam, die Kontrolle darüber verloren zu haben. Er wurde zunehmend depressiv und beschloß, sich das Leben zu nehmen. Der Selbstmordversuch war erfolglos, aber die Erleichterung und Läuterung, die danach einsetzte, bewirkte eine starke Wandlung seiner Gefühlslage. Der Mann war schließlich in der Lage, seiner Frau von seinem problematischen Verhalten zu erzählen, er begann sogar, Kontrolle darüber zu gewinnen. *Shneidman* (1982) berichtet über den ähnlichen Fall einer jungen Frau, die sich durch den Sprung von einem Hochhaus umbringen wollte und auf wundersame Weise gerettet wurde. Nach diesem Suizidversuch und darauffolgender kurzer Therapie wandelte sich ihre Persönlichkeit fast von einem Extrem ins andere. Diese Fälle zeigen einige der positiven Auswirkungen, die das Thema Suizid beinhaltet und widerlegen den Standpunkt, daß versuchter Suizid ein Ausdruck pathologischen Verfalls ist.

Zusammenfassend kann gesagt werden, daß, Kinder mit suizidalen Absichten zwar oftmals gestört sein mögen, daß die überwiegende Mehrheit jedoch keine überzeugenden Anzeichen einer mentalen Regression aufweist. Emotionale Störungen und Psychopathologie mögen die Gefahr des Selbstmordes erhöhen, sind jedoch auf keinen Fall notwendige Voraussetzungen. Diese Schlußfolgerung hat sicherlich praktische Auswirkungen auf die vorbeugenden Maßnahmen und auf die Behandlung.

Menschen, die das erste Mal suizidale Impulse verspüren, halten diese oft für ein Zeichen von Geistesgestörtheit. Diese Fehleinschätzung selbst mag sie einen Schritt näher zum Suizid führen. *Charlotte Ross* (1985), eine der Begründerinnen von Präventionsprogrammen gegen den Suizid von Kindern im Schulalter, machte die Richtigstellung der Fehleinschätzung, anormal zu sein, zu einem Ziel ihrer Interventionsbemühungen. Ein zentraler Grundsatz ihrer Arbeit ist, daß Gefühle von Verzweiflung, Hoffnungslosigkeit und Todesgedanken nicht notwendigerweise Anzeichen einer Geisteskrankheit sein müssen, sondern daß dies verbreitete, sogar natürliche Gefühle sind, die fast jeder Mensch an dem einen oder anderen Punkt erlebt.

Selbstkontrolle

Einer der verbreitetsten Mythen über den Suizid von Kindern ist, daß er eine spontane, unüberlegte Handlung sei. Demzufolge töten Kinder sich aus einem Impuls und aus dem Augenblick heraus. Daher wird selbstzerstörerisches Verhalten oft mit Merkmalen wie Impulsivität, Überaktivität und unkontrollierter Aggressivität in Verbindung gebracht. Mit anderen Worten, suizidalen Kindern mangelt es an Selbstkontrolle. Zwei Beispiele selbstzerstörerischen Verhaltens beleuchten die polaren Gegensätze des Faktors Selbstkontrolle. Zuerst der Fall von Simon, der seine suizidalen Tendenzen langsam in die Tat umsetzte. Simon war ein stiller Junge, sehr zurückhaltend, langsam und introvertiert. Nur manchmal gab er seinem Leid Ausdruck, und auch das nur sehr kontrolliert. Er galt als "artiger" Junge, man hätte ihn auch als niedergeschlagen bezeichnen können. Er plante seinen Selbstmord Schritt für Schritt und zog alle möglichen Reaktionen in Betracht. Er überlegte, wie er seine Botschaft übermitteln könne und lauschte angestrengt auf das Feedback seiner Umgebung. Er faßte den Plan, zuerst mit seinen Eltern darüber zu sprechen, "warum es sich nicht lohnt, zu leben". Wenn darauf keine Reaktion erfolgen sollte, würde er sich aus Lackfarbe und Wasser ein Gift mischen, das Gebräu trinken und seinen Eltern erst hinterher erzählen, was er getan hatte. Sollte er daran nicht sterben und sollten daraufhin keine grundlegenden Veränderungen eintreten, wollte er es mit Tabletten versuchen. Zuerst würde er kleine Mengen nehmen und dann größere. Sollte dies auch zu nichts führen, wollte er vom Dach springen. Simon verfolgte seinen Plan gewissenhaft Schritt für Schritt, bis seine Eltern die Ernsthaftigkeit seiner Absicht begriffen.

Der elfjährige Sammy stellt bezüglich der Selbstkontrolle den genauen Gegensatz dar. Sammy war immer unberechenbar und laut und hatte oft Schlägereien und Wutausbrüche. Er war sehr launisch. Manchmal war er ein "wundervolles" Kind, zu anderen Zeiten war er unmöglich, nörglerisch, aggressiv und feindselig. Er war seinen Affekten ausgeliefert. Während einer seiner häufigen Streitereien mit Familienmitgliedern gab ihm seine Mutter für seine Frechheit eine Ohrfeige. Nach kurzem Schock schrie er: "Das reicht, ich will sterben". Er griff einen Stuhl, stellte ihn vor das Wohnungsfenster im vierten Stock und öffnete die Verriegelung. Sein sechzehnjähriger

Bruder versuchte ihn vom Stuhl zu ziehen und kämpfte mit ihm auf dem Fußboden. Sammy schrie, trat und schlug um sich, biß und schlug seinen Kopf auf den Boden. Schließlich brach er in Tränen aus, erst dann begann er, sich zu beruhigen.

Wie die Beispiele von Simon und Sammy zeigen, können Kinder mit völlig unterschiedlich ausgeprägter Selbstkontrolle suizidale Tendenzen aufweisen. Trotzdem lohnt sich die Überprüfung der Frage, ob bei einer nennenswerten Anzahl der Kinder mit suizidalen Tendenzen ein Mangel an Selbstkontrolle festzustellen ist.

Auf den ersten Blick gibt es viele Anzeichen für Impulsivität beim Suizid. Eine eindrucksvolle Studie (*Haider*, 1968) über Kinder in stationärer Behandlung ergab, daß die häufigste Diagnose bei Kindern und Jugendlichen mit selbstzerstörerischem Verhalten Persönlichkeits- und Verhaltensstörungen mit einschloß. Die meisten werden als unreif oder übersensibel mit aggressiven und feindseligen Tendenzen bewertet. Eine andere Studie (*Green*, 1968) beschreibt suizidale Kinder als impulsiv und aggressiv mit der Erfahrung elterlicher Brutalität. Eine der klarsten Darstellungen von Impulsivität und Aggressivität als zentrale Dynamik beim Kindersuizid findet sich in einem älteren Forschungsbericht (*Shaw* und *Scheklum*, 1965). Alle suizidalen Kinder ihres Samples waren impulsiv, und auch das suizidale Verhalten war von diesem Merkmal geprägt. Die Autoren stellten fest, daß Suizid oft eine strafende Reaktion auf inkonsequente elterliche Handlungen und Teil einer allgemeinen impulsiven und aggressiven Haltung gegenüber der Umgebung ist. Die Kinder schienen vor dem Selbstmordversuch oft ruhig und entspannt zu sein. Die Forscher beschreiben den Selbstmord als das Ergebnis eines plötzlichen, unkontrollierten Impulses, manchmal ohne ersichtlichen Grund. Die extreme Position, die in dieser Studie eingenommen wird, wird in der Feststellung deutlich, manche Kinder würden mit derselben Leichtigkeit Selbstmord begehen, mit der sie sich ein Glas Wasser einschenkten.

In den frühen Studien über Selbstkontrolle kann man zwei Meinungen über die Bedeutung von Impulsivität beim Suizid unterscheiden. Die erste sieht Impulsivität als wesentliches Persönlichkeitsmerkmal von Kindern mit suizidaler Disposition an. Die zweite beschreibt Suizid als eine plötzliche Handlung, die ohne Vorwarnung und ohne ersichtlichen Grund von Kindern durchgeführt wird, die nicht notwendigerweise impulsiv sein müssen. Wie wir noch sehen werden, stellt die Einstellung, Suizid würde grundlos durchgeführt, nicht mehr dar als einen Mangel an Bewußtsein über die innere Zerrissenheit des Kindes und die Probleme, denen es sich ausgesetzt sieht.

Im Gegensatz zu frühen klinischen Einschätzungen deutet die systematische Forschung darauf hin, daß Impulsivität nur eine begrenzte Bedeutung beim Suizid von Kindern hat. Ein Vergleich von suizidalen und emotional gestörten Kindern (*Kosky*, 1983) ergab, daß die suizidalen Kinder sich bezüglich der Impulsivität nicht von den anderen unterschieden. Außerdem gab es keinen Fall von massivem antisozialem Verhalten. Im Gegenteil waren die meisten Kinder eher ruhig und höflich. Eine vergleichbare Studie (*Connell*, 1963) berichtet, daß nur 17% der Kinder, die während eines bestimmten Zeitraums in England Selbstmord begingen, vor ihrem Tod unkontrolliertes antisoziales Verhalten an den Tag legten.

Durch die Arbeit von *Cohen-Sandler* et al. (1987) wird die Meinung, daß Impulsivität keine Vorbedingung für Kindersuizid ist, wahrscheinlich am stärksten gestützt. Diese Forscher führten einen systematischen Vergleich durch zwischen Kindern, die sich umzubringen versucht hatten, depressiven Kindern und solchen mit anderen Störungen. Die suizidalen Kinder waren keinesfalls impulsiver oder undisziplinierter. "Impulsives" Verhalten wie Stehlen, Ausreißen und Wutausbrüche kam bei den suizidalen Kindern nicht häufiger vor als bei den anderen.

Ein anderer Aspekt der Selbstkontrolle, der manchmal mit Suizid in Verbindung gebracht wird, ist der Umgang mit Aggressivität. Die Annahme, daß suizidale Menschen zu offener Aggressivität neigen, steht in direktem Widerspruch zu der Hypothese, daß beim Suizid die Internalisierung von Aggression charakteristisch ist. Des weiteren konfligiert sie mit der Behauptung, suizidale Menschen seien niedergeschlagen, da Depression das genaue Gegenteil von aktiver Aggression ist. Eine Studie (*Pfeffer* et al., 1983) verdeutlicht, daß einige suizidale Menschen aggressiv sind und andere nicht. Diejenigen, die sich aggressiv verhalten, weisen gestörte Ichfunktionen auf und identifizieren sich oft mit impulsiven und aggressiven Eltern. Unaggressive Kinder zeigen gesunde Ichfunktionen und sind eher depressiv aufgrund erlittenen Drucks durch die Umgebung. Außerdem identifizieren sie sich oft mit suizidalen oder depressiven Eltern.

Der Möglichkeit, daß Depression und Aggression das Suizidrisiko steigern könnten, wurde in einer Reihe weiterer Studien nachgegangen (*Puig-Antich, 1982; Chiles* et al. 1980; *Breed*, 1970; *Shaffer* und *Fisher*, 1981; *Amir*, 1973). Die Ergebnisse deuten darauf hin, daß die Vorstellung, Suizid sei entweder die vollständige Externalisierung oder die vollständige Internalisierung von Aggressionen, zu vereinfacht ist.

Die vorliegende Literatur über Selbstkontrolle und Aggressivität läßt keine leichtfertigen Verallgemeinerungen zu. Einerseits ist eindeutig, daß es suizidalen Kindern nicht notwendigerweise an Selbstkontrolle fehlt. Auch können sie nicht als besonders überaktiv oder aggressiv charakterisiert werden. Im Gegenteil, einige von ihnen sind auffällig zurückhaltend und still. Trotzdem scheint diesen Faktoren in einigen Fällen Bedeutung zuzukommen.

Kognitive Unbeweglichkeit und Flexibilität

Erwachsenen, die Selbstmord begehen, mangelt es an Flexibilität (*Shneidman*, 1982); das ist eine Erkenntnis, die unsere Aufmerksamkeit erregen muß. Ein Aspekt der Flexibilität ist die Fähigkeit, eine gegebene Situation aus neuen Perspektiven zu betrachten oder neue Problemlösungen zu finden, wenn die alten unzureichend waren. Ein anderer Aspekt ist die Fähigkeit, über eine Zwiegespaltenheit hinauszugehen, die krasse Schwarz-Weißmalerei. Einigen Forschern zufolge neigen suizidale Menschen zu einer extrem negativen Weltanschauung und Selbstwahrnehmung. Kognitive Muster, die zu diesem starken Negativismus führen, beinhalten (1) Übergeneralisierung – die Tendenz, anhand eines einzelnen Ereignisses zu Einsichten zu gelangen, die auf ein breiteres Spektrum von Ereignissen übertragen werden, (2) willkürliche Schlußfolgerungen – die Tendenz, Folgerungen ohne einen wirklich stützenden Anhaltspunkt zu ziehen, (3) selektive Konzeptualisierung – die Tendenz, eine Situation aufgrund von Teilaspekten oder irrelevanten Begleitaspekten einzuschätzen, (4) Überbewertung negativer und gleichzeitige Unterbewertung positiver Ereignisse (*Beck* et al., 1979).

Diese kognitiven Prozesse scheinen die Entwicklung von Gefühlen wie Hoffnungslosigkeit zu beschleunigen und gleichzeitig die Fähigkeit zu verringern, Problemlösungen zu finden. Die Hoffnung auf Verbesserung erlischt mit der Zeit, da die Bandbreite möglicher Aktionen immer begrenzter wird. Der tödliche Effekt solcher Denkmuster wird duch die Worte eines Patienten deutlich: "Ich habe zwei Phantasien, eine ist, alles ist gut, und die andere, alles wird immer schlimmer. Jeder Tag wird härter, weil weniger Entscheidungsmöglichkeiten da sind. Es ist wie ein Tunnel, der immer schmaler wird, bis es nichts mehr gibt und mir nichts übrigbleibt, als mich umzubringen." *Shneidman* (1982) nennt dieses Phänomen die "Tunnelvision".

Die grundlegende Bedeutung von Flexibilität wird philosophisch von humanistischen Psychologen erläutert, die die Bedeutung der Fähigkeit hervorheben, die eigene Selbstwahrnehmung zu erneuern, zu variieren und zu verändern. Kreativität und Lebensgestaltung entfalten sich aus der Freisetzung der Möglichkeiten, die auf der Welt und in uns vorhanden sind. Depressive und suizidale Menschen berauben sich dieser Erfahrungen durch ihre Unfähigkeit und manchmal durch ihren trotzigen Unwillen, etwas zu verändern. So erleiden sie eine Reduktion bis hin zu einer vollkommenen Negation ihrer Identität.

Eine systematische Studie von *Schotte* und *Clum* (1982) stützt die Hypothese, daß unflexible Menschen, die einem Druck durch die Umgebung ausgesetzt sind, eher depressiv werden als flexible Menschen und letztendlich selbstzerstörerisches Verhalten entwickeln. Studenten mit starren Gedankenstrukturen erwiesen sich stärker mit Gedanken an Selbstmord beschäftigt als ihre flexibleren Kollegen. Trotzdem ist es möglich, daß Selbstmordgedanken und Hoffnungslosigkeit eher der Grund für als das Resultat von unflexiblem Denken sind. Der suizidale Mensch, könnte man sagen, hält sich am Bekannten fest und hat Angst, die alten Lösungswege auf der Suche nach neuen zu verlassen. Hier ist weitere Forschung nötig, um das spezifische kausale Muster zu klären, das Unflexibilität mit dem Suizid von Erwachsenen verbindet.

Die wenigen Arbeiten über die Denkmuster kleiner Kinder und ihre Beziehung zu Depression und Suizid geben für unsere Fragestellung nicht viel her (*Jaffe* et al., 1983). Zum Beispiel wurde in einer Studie ermittelt, daß depressive Kinder positive Ereignisse äußeren Umständen zuschrieben, während sie negative Ereignisse für das Ergebnis eigener Handlungen hielten. Nur eine Studie befaßte sich direkt mit dem Faktor Flexibilität (*Orbach* et al., 1987). Sie verglich drei Gruppen von Kindern: suizidale Kinder, gesunde Kinder und Kinder, die an einer bösartigen Krankheit litten (Leukämie). In dieser Untersuchung wurden die Kinder dazu aufgefordert, ein imaginäres Problem bezüglich des Lebens und des Todes in Form einer Diskussion darüber zu lösen, ob es wünschenswert sei, sich von einem lebendigen Wesen in ein unbelebtes Ding zu verwandeln. Nachdem die Kinder ihre eigenen Ansichten kundgetan hatten, wurden sie aufgefordert zu überlegen, welche Antwort wohl andere Kinder geben würden. Es wurde angenommen, daß ein Verständnis anderer Gesichtspunkte eine größere Flexibilität anzeigte. Die Ergebnisse verdeutlichten, daß alle suizidalen Kinder weniger flexibel waren als die anderen, obwohl ihr Intelligenzquotient genauso hoch war wie der der anderen Gruppen. Des weiteren ergab sich in der suizidalen Gruppe eine hohe Korrelation zwischen Todessehnsucht und Unflexibilität. Diese Korrelation trat in den beiden anderen Gruppen nicht auf.

Interessanterweise bestand kein Zusammenhang zwischen intellektueller Fähigkeit und Unflexibilität.

Auch wenn es noch zu früh ist für die Schlußfolgerung, daß starre Denkmuster ein charakteristisches Merkmal für alle suizidalen Kinder sind, verdeutlicht diese Studie die tödliche Rolle kognitiver Unflexibilität. Mehr noch liefert sie Grund zu der Annahme, daß diese ein Verbindungsglied zwischen belastenden äußeren Umständen und suizidalen Tendenzen ist. Es steht außer Frage, daß nicht alle belastenden Ereignisse zu Unflexibilität oder Suizid führen. Zum Beispiel drückten die an Leukämie erkrankten Kinder in dieser Studie die größten vorstellbaren Belastungen aus, zeigten jedoch keine verhängnisvolle Todessehnsucht. Wenn Gedanken an Selbstmord aufgrund von unerträglichen Umständen entstehen, könnte jedoch durch kognitive Unflexibilität der Gedanke an den Tod zum einzigen, alles umschließenden Lösungsweg der Probleme werden. (*Shneidman*, 1982). Weitere Forschung auf diesem Gebiet ist notwendig, um den klinischen und diagnostischen Wert dieser Annahme zu bestätigen.

Unflexible kognitive Strukturen erschweren es dem Individuum auch, Alltagsprobleme zu lösen. *Orbach* et al. (1987) haben gezeigt, daß suizidalen Menschen eine Strategie zur Problembewältigung fehlt, und daß bei ihnen daher drastische, aber uneffektive Lösungen zur Anwendung kommen. Es ist folgerichtig anzunehmen, daß solche Menschen zu Frustration, Hoffnungs- und Hilflosigkeit neigen.

Einige der durch starre Gedankenmuster auftretenden Probleme verdeutlicht der Fall eines zwölfjährigen Jungen, der wegen zwanghaften Interesses am Tod in Behandlung kam. Während jeder Sitzung kam er auf den immer gleichbleibenden Satz zurück: “Nichts hilft, niemand kann mir helfen, durch nichts kann etwas verändert werden.” Zuerst schienen seine Bemerkungen der verschleierte Versuch zu sein, mich wie beim Spiel “Heiß oder Kalt” zu den Gründen seiner Verzweiflung zu führen. Wenn ich von seinen Problemen abschweifte, wurden seine Rufe, daß nichts helfen würde, lauter. Später jedoch kam zum Vorschein, daß seine Schreie den grundlegenden Unwillen darstellten, seine Selbsteinschätzung und seine Realitätswahrnehmung zu verändern. Trotz der offensichtlichen Wirkung, die die Therapie auf ihn ausübte, und trotz seines Gefallen an der Behandlung blieb er stur bei seiner negativen Haltung.

Beeinflußbarkeit und Übersensibilität

Frühe Forschungen über Anlagefaktoren bei Suizid schlossen auch Studien über eineiige Zwillinge ein, die getrennt voneinander aufgewachsen waren. Diese Studien erbrachten wenige ernsthafte Hinweise auf eine direkte genetische Ursache für den Suizid. Später wendete sich das Interesse familiären und sozialen statt genetischen Faktoren zu. Trotzdem scheinen bestimmte biologisch begründete Persönlichkeitsmerkmale oft bei Menschen mit suizidalen Tendenzen vorzukommen. Diese Merkmale beziehen sich vor allem auf Beeinflußbarkeit und Übersensibilität.

Beeinflußbarkeit meint den Grad der Offenheit für äußere Einflüsse – das heißt, die Bereitschaft, auf Selbstkontrolle zu verzichten und diese äußeren Autoritäten zu überlassen. Beeinflußbare Menschen schließen sich mit großem emotionalen Enthusiasmus der breiten Masse an. Des weiteren sind sie leicht durch Meinungen und rationale Argumente von Autoritätspersonen ins Schwanken zu bringen. Bei beeinflußbaren Menschen kann durch Berichte über Selbstmord eine Kettenreaktion ausgelöst werden. *Phillips* und *Carstensen* (1986) stellten eine Beziehung zwischen Medienberichten über einen Selbstmord und ein darauf folgendes allgemeines Ansteigen der Selbstmordrate fest. Es scheint, daß das öffentliche Interesse an einem Selbstmord andere dahingehend beeinflußen kann, sich ebenfalls zu töten. Obwohl nicht alle Arbeiten über Kettenreaktionen diese Aussage stürzen, scheint die Beachtung, die jemand durch eine tödliche Handlung in den Medien findet, Menschen, vor allem Kinder und Jugendliche, die verzweifelt sind, stark zu beeinflussen. Der Selbstmord einer bekannten und einflußreichen Persönlichkeit ist besonders geeignet, eine Kettenrekation auszulösen. Diese Berühmtheiten bieten leicht beeinflußbaren Menschen in großer emotionaler Bedrängnis Möglichkeiten zur Identifikation. Ihre Tat läßt den Selbstmord als legitim erscheinen und fördert den Eindruck, er sei anerkennenswert. Durch die Identifikation werden pessimistische Gefühle verstärkt: Wenn eine so starke Persönlichkeit nicht dazu in der Lage war, einen besseren Weg zur Lösung ihrer Probleme zu finden, was soll da der Schwache noch tun?

Das Problem der Beeinflußbarkeit stellt sich bei Kindern einfacher dar. Naturgemäß sind sie Prozessen latenten Einflusses mehr ausgesetzt als Erwachsene. *Shaw* und *Scheklum* (1965) behaupten, daß sie dadurch besonders anfällig seien für versteckte Botschaften, die ihnen mitteilen, sie seien unerwünscht und wären besser tot. In ihrer Empfindlichkeit und Hoffnungslosigkeit sind suizidale Kinder besonders empfänglich für diese Botschaft und verhalten sich entsprechend. Aber trotz der unmittelbaren Logik, daß Beeinflußbarkeit ein Faktor beim Kinderselbstmord ist, bestätigen nicht alle Forschungsergebnisse die Annahme, Menschen mit suizidalen Tendenzen seien beeinflußbarer als andere Menschen. Ob dem eine zentrale Rolle zukommt, ist noch ungeklärt.

Ein anderes Persönlichkeitsmerkmal, das mit Suizid in Verbindung gebracht wurde, ist Übersensibilität. Einige Theoretiker (*Hussain* und *Vandiver*, 1984) beschreiben das suizidale Kind als hochsensibel gegenüber seiner Umwelt, mit einer geringeren Frustrationstoleranz. Auch kleinere Frustrationen werden als harter Schlag empfunden und lösen unangemessene Reaktionen aus. Diese wiederum rufen eine ärgerliche Reaktion der Umgebung hervor. Dadurch wird wieder eine Reaktion des Kindes ausgelöst, auf die wiederum durch die Umwelt reagiert wird, und so fort. Es wird angenommen, daß der zunehmende Druck innerhalb der Familie zum Suizidversuch führt. Es gibt jedoch keinen wirklichen Beweis dafür, daß Übersensibilität ein gemeinsames Merkmal oder ein Charakteristikum von Kindern mit suizidaler Neigung ist.

Masochistische und zwanghafte Tendenzen

Einige Forscher gehen davon aus, daß masochistische Tendenzen ein zentrales Persönlichkeitsmerkmal von suizidalen Kindern seien (*Cohen-Sandler* et al., 1982). Masochistische Kinder neigen zu nicht tödlicher Selbstverstümmelung. Sie schlagen den Kopf gegen die Wand, beißen sich, reißen sich Haare aus oder zerkratzen und schneiden sich. Ein fünfjähriger suizidaler Junge zeigte masochistisches Verhalten. Er fuhr mit seinem Dreirad in halsbrecherischer Geschwindigkeit gegen eine Mauer. Er raste wieder und wieder an die Mauer und schien Vergnügen dabei zu empfinden, die Mauer mit aller Kraft zu treffen und dann verletzt auf den Boden zu fallen.

Eine Hypothese lautet, daß Kinder mit masochistischem Verhalten eine sehr hohe physische Schmerzgrenze haben. *Rosenthal* und *Rosenthal* (1984) berichten, daß Kinder mit selbst beigebrachten Verletzungen fast nie weinen, wenn sie zur Behandlung in die Notfallaufnahme kommen; ihnen scheint es an Schmerzempfinden zu mangeln. Ähnliche Beschreibungen gaben die Eltern von Kindern, die Selbstmord begangen hatten. Diese Nichtbeachtung physischer Schmerzen, zusammen mit der Übersensibilität für emotionalen Druck, mag manche suizidalen Kinder zu selbstzerstörerischem Verhalten führen.

Ein weiteres charakteristisches Merkmal des suizidalen Menschen ist eine zwanghafte Beschäftigung mit dem Tod in verschiedenster Form. Diese Beschäftigung kann sich durch Gedanken an Selbstmord, große Neugier über den Tod, Angst vorm Sterben oder übertriebene Sorge um das Wohlbefinden der Familienmitglieder äußern. In anderen Fällen tritt sie durch die besondere Sorge um einzelne Körperteile oder Ängsten vor tödlicher Krankheit zutage. Alle diese unterschiedlichen und widersprüchlichen Aspekte können einzeln oder zusammen in unterschiedlichen Kombinationen auftreten. Die zwanghafte Beschäftigung mit dem Tod ist wahrscheinlich ein Teilaspekt des größeren Komplexes Suizid an sich. Als solche ist die Beschäftigung mit dem Tod nicht notwendige Voraussetzung für die Persönlichkeit von Kindern mit suizidalen Tendenzen, sondern eher ein Produkt dieser Persönlichkeit.

Unterschiede in Geschlecht und Alter

Gibt es geschlechtsspezifische Unterschiede bei suizidalen Persönlichkeiten und deren Verhalten in unterschiedlichen Altersgruppen? Die für diese Frage aufschlußreichste Studie *(Hussain* und *Vandiver*, 1984) untersuchte drei verschiedene Gruppen von Kindern im Alter von vier bis fünfzehn Jahren. Bei den Kindern im Alter von viereinhalb bis acht Jahren wurden die Jungen im allgemeinen als überaktiv, aggressiv und aufsässig charakterisiert. Die suizidalen Mädchen waren genauso undiszipliniert, aber weniger überaktiv und aggressiv. Jungen wie Mädchen wollten sich dadurch umbringen, daß sie vor ein fahrendes Auto liefen. Jungen wie Mädchen der zweiten Gruppe, im Alter von neun bis elf Jahren, waren gleichermaßen passiv und ängstlich. Unterschiede der beiden Geschlechter erschienen wieder in der letzten Altersgruppe, bei Kindern zwischen zwölf und fünfzehn Jahren. Die Jungen waren emotional gehemmt und neigten dazu, ihre Stimmungen auszuleben, die zwischen Aggression und Depression schwankten. Die Mädchen waren introvertiert, ohne das zusätzliche Element, ihren Gefühlen Ausdruck zu verleihen. Im allgemeinen waren die Jungen aggressiver, während die Mädchen mehr nach innen orientiert waren. Dieses Merkmal scheint jedoch die generellen kulturellen Unterschiede zwischen den Geschlechtern widerzuspiegeln, und nichts deutet darauf hin, daß es etwas Verbindliches über suizidale Kinder aussagt.

Zusammenfassung

Alles in allem hat der Versuch, eine für suizidale Kinder typische Persönlichkeitsstruktur zu finden, wenig erbracht. Entgegen weit verbreiteten Hypothesen und Theorien konnte keines der Merkmale, die üblicherweise als charakteristisch für suizidale Kinder gelten, empirisch eindeutig belegt werden. Vielmehr können die Ergebnisse als widersprüchlich bezeichnet werden. Sie zeigen, daß Kinder mit verschiedensten und oft gegensätzlichen Persönlichkeitsmerkmalen in die Sackgasse von selbstzerstörerischem Verhalten und Suizidgedanken geraten können.

Man kann wohl festhalen, daß Kinder mit suizidalen Neigungen einige depressive Merkmale wie negative Stimmungen, Gram, Verzweiflung, Hoffnungslosigkeit und Unzufriedenheit zeigen. Diese depressive Symptomatik entsteht gewöhnlich jedoch als Reaktion auf Ereignisse direkt vor dem Suizidversuch. Weiterhin beschäftigen suizidale Kinder sich zwanghaft mit dem Thema Tod in allen seinen Ausformungen und neigen zu unflexiblem Denken. An diesem Punkt jedoch scheiden sich die Beschreibungen der für suizidale Menschen charakteristischen Merkmale. Einige können aggressiv sein, andere wiederum vollkommen unaggressiv. Einige weisen ernsthafte emotionale Störungen auf, jedoch ist dies kein notwendiger Faktor. Einige legen gute Selbstkontrolle und gesunde Persönlichkeitsfunktionen an den Tag, andere sind ungehemmt und verhalten sich rücksichtslos. Einige der Kinder leben isoliert, während andere gute oder zumindest erträgliche soziale Beziehungen haben.

Diese Vielfalt legt die Vermutung nahe, daß suizidale Tendenzen nicht allein durch Persönlichkeitsmerkmale hervorgerufen werden. Nur wenige Faktoren wie Depression, Beschäftigung mit dem Tod und geringe Frustrationstoleranz scheinen als Risikofaktoren zu wirken. Im Zusammenhang mit anderen Eigenschaften können diese Merkmale die Wahrscheinlichkeit einer Flucht in den Suizid erhöhen. Es ist möglich, daß die Suche nach einem Persönlichkeitsmuster schon deswegen nutzlos ist, weil faktisch mehr als ein Muster zur selben Konsequenz führt. Die hier dargestellten Forschungsdaten erlauben keinen umfassenden Überblick über die unterschiedlichen Persönlichkeitsmuster und ihre Gemeinsamkeiten.

Nach all dem stellt sich die Frage, warum einige Kinder suizidal werden und was sie von Kindern mit anderen emotionalen Störungen unterscheidet. Warum "wählen" Kinder mit denselben Persönlichkeitsmerkmalen Suizid, anstatt einer nichtsuizidalen Depression, antisozialem Verhalten oder einer Psychose? Zum gegenwärtigen Zeitpunkt können wir nicht festlegen, durch welche Dynamiken suizidale Tendenzen und nicht etwa andere Störungen entstehen.

Die Mehrzahl der Studien, auf denen in diesem Kapitel Bezug genommen wurde, war auf die Untersuchung von Pathologien oder

Persönlichkeitsmerkmalen gerichtet, die gestörte Funktionen darstellen. Dadurch wurden einige Aspekte von Funktionen, die vielleicht einen Anhaltspunkt bieten könnten, außer acht gelassen. Zum Beispiel wurde so gut wie gar nicht untersucht, auf welche Weise suizidale Kinder Problemen begegnen. Wie lösen sie Konflikte? Welche Taktiken entwickeln sie für die Reaktion auf und das Umgehen mit Problemen? Welche Erfahrungen machen sie, wenn ihr erster Versuch, die Dinge zu verändern, fehlschlägt? Geben sie auf, leisten sie Widerstand, mindern oder steigern sie ihre Erwartungen? Die Art und Weise, in der man mit dem Leben umgeht, mag schließlich dazu führen, daß man sein ganzes Leben ablehnt. Diese Faktoren bedürfen dringend der Untersuchung.

Ein anderes unerforschtes Thema betrifft die Erwartungen der Kinder an sich selbst und ihre Kompromißunfähigkeit. Hohe, unerreichbare Erwartungen, zusammen mit der Unfähigkeit, Kompromisse zu schließen, scheint Frustration und Unzufriedenheit hervorzurufen. Wiederholte Erfahrungen dieser Art sind dazu geeignet, Gefühle von Hoffnungs- und Hilflosigkeit hervorzurufen, beides schwergewichtige Elemente im suizidalen Prozeß. Vieles wird deutlicher werden, wenn wir uns der Untersuchung der besonderen Lebensbedingungen zuwenden, denen suizidale Kinder sich gegenübersehen.

V

Suizidales Verhalten als Antwort auf bestimmte Lebensumstände

Gibt es bestimmte Bedingungen, die Erwachsene und Kinder auf den Abgrund Suizid zutreiben? Welche Erfahrungen können so unerträglich sein, daß ein Kind das Leben als wertlos oder Suizid als ein Spiel um "Alles oder Nichts" ansehen muß? Diesen Fragen kommt zunehmendes Gewicht zu, wenn wir bedenken, daß die meisten der vielfältigen Erfahrungen von einer großen Anzahl von Erwachsenen und Kindern geteilt werden. Die meisten von uns haben einiges an Schmerz, Leid und auch an unerträglichen Situationen erlebt. Trotzdem erreicht nur eine Minderheit den Punkt, an dem sie den Tod dem Leben vorzieht.

Offenbar setzt sich die Lebenssituation nicht nur aus objektiven Größen, sondern auch aus subjektiven Eindrücken zusammen. Daher müssen wir die Erfahrungen der Kinder mit ihren Augen betrachten. Zum Beispiel wurden viele Kinder während des zweiten Weltkrieges in London von ihren Familien getrennt. Wir als Erwachsene mögen vermuten, daß der Terror des Krieges die zentrale Erfahrung dieser Kinder gewesen ist. Für die meisten Kinder war jedoch die Trennung von den Eltern die leidvollste Erfahrung des Krieges. Wir neigen oft dazu, die Trennung von einem geliebten Menschen in Beziehung zu der objektiven Trennungsdauer zu sehen. Die klinische Erfahrung zeigt jedoch, daß eine kürzere Trennung nicht weniger angstauslösend ist als eine lange. Kindern fehlt oft die Fähigkeit und Erfahrung, Zeitspannen einzuschätzen; eine nur wenige Tage dauernde Trennung kann wie eine Ewigkeit erscheinen. Daher ist es bei den folgenden zur Diskussion gestellten Themenbereichen unerläßlich, bei der Wahrnehmung des Lebens strikt von den eigenen Erfahrungen der Kinder auszugehen.

Gründe, die Kinder für ihren Suizid nennen

Wie erklären Kinder ihre Motive für den Selbstmord? In einer Studie von *Shaffer* (1974) wird berichtet, daß die Kinder vor dem Suizid oft über Disziplinprobleme geklagt hatten, über Kämpfe mit den Eltern oder Freunden, den Verweis von der Schule, oder einen geistig kranken Elternteil. *Kosky* (1983) zählt die Gründe auf, die von Kindern im Alter zwischen fünf und zwölf Jahren für ihr suizidales Verhalten genannt wurden: "Damit ich bei meinem Bruder bin und meine Mutter mich so sehr liebt, wie sie ihn geliebt hat." "Damit mein Vater mich nicht mehr schlägt." "Alle schimpfen mit mir." "Ich bin eine Last für die ganze Familie." "Ich bin traurig und ich bin böse." *Paulson* et al. (1978) stellten ähnliche Inhalte fest. Ein sechsjähriger Junge sagte: "Ich will sterben." Ein Elfjähriger: "Nein, nein, es ist für alle ganz unwichtig, ob ich lebe oder nicht." Ein achtjähriger Junge forderte seine Eltern heraus: "Ihr werdet euch freuen, wenn ich sterbe." Ein Zehnjähriger sagte: "Jeder tötet, jeder stirbt, es gibt keinen Ausweg." Eine gründliche Analyse dieser Worte verdeutlicht die Verlassenheit, Zurückweisung und Hilflosigkeit, die diese Kinder empfinden, und das völlige Fehlen jeglicher Hoffnung. Wenn man diese Äußerungen jedoch hört, ist man bestürzt über die Banalität der Motive. Wir vermuten intuitiv, daß jemand, der den Suizid wählt, etwas Außergewöhnliches erlebt haben muß - etwas, das sich stark von dem unterscheidet, was die meisten von uns an leidvollen Erfahrungen gemacht haben.

In diesem Kapitel werden wir versuchen, die zum Suizid führenden Erfahrungen tiefgreifend zu untersuchen, um die Hintergründe der flach erscheinenden Motive der Kinder zu erkennen. Auch werden wir versuchen, einige der komplexen Prozesse zu bestimmen, die in der subjektiven Erfahrung münden, daß man keinen Ausweg hat.

Das erste Trauma

Eine 1985 von *Salk* und seinen Kollegen durchgeführte Studie, läßt es möglich erscheinen, daß der Keim für die Selbstzerstörung schon bei der Geburt gelegt wird. Die Hypothese der Forscher lautete, daß Selbstmord von Jugendlichen mit den Problemen der Mutter während der Schwangerschaft und bei der Geburt zusammenhängen könne. Es wurden Daten anhand der medizinischen Akten von 52 Jugendlichen erhoben, die Suizid begangen hatten; diese Daten wurden dann mit denen von nichtsuizidalen Jugendlichen verglichen, die zur selben Zeit im selben Krankenhaus geboren wurden. Die Daten betrafen die medizinische Überwachung während der Schwangerschaft, Krankheiten der Mutter, Familienstatus, Schwierigkeiten bei der Entbindung und den Geburtsverlauf. In drei Variablen unterschieden sich die suizidalen Jugendlichen deutlich von den anderen: (1) Nachlässigkeit bei der Schwangerschaftsvorsorge, (2) chronische Krankheit der Mutter und (3) Atemschwierigkeiten nach der Geburt, die eine Stunde oder länger andauerten. Mehr als 60% der suizidalen Jugendlichen hatten unter einem oder mehreren dieser Probleme gelitten, verglichen mit weniger als 20% in der Kontrollgruppe. Mit bitterer Ironie könnte man feststellen, daß nur wenige dieser Säuglinge ohne medizinische und mechanische Hilfe überlebt hätten.

Die Ergebnisse lassen eine Art biologischer Prädestination vermuten: Kinder, die dem Tod durch moderne Medizin entgehen, finden ihren Weg in den Tod schließlich mit anderen Mitteln. Störungen im Schwangerschaftsverlauf mögen eine biologische Schwäche bewirken, die eine Anpassung an das Leben und das Überleben an sich sehr erschweren kann. Trotz der fatalistischen Anziehungskraft dieser Studie fehlen entscheidende Faktoren für eine definitive Interpretation. Es fehlen vergleichende Daten über Jugendliche mit denselben Problemen, die keinen Suizid begingen oder über solche, die ohne eine solche biologische Prädestination Suizid begingen.

Die komplizierte Materie erlaubt viele entgegengesetzte Erklärungen. Es ist möglich, daß Nachlässigkeit während der Schwangerschaft die mütterliche Ablehnung des Babys schon vor seiner Geburt begünstigte. Oder die Atemschwierigkeiten während und nach der Geburt haben die gesunde Entwicklung des Kindes beeinträchtigt und zu späterer Ablehnung durch die Mutter geführt. Auf jeden Fall steht außer Frage, daß unser Verständnis von Suizid über rein biologische Erfahrungen hinausgreifen muß auf komplexere und miteinander verwobene soziale und emotionale Bedingungen. Im Mittelpunkt stehen hier Erfahrungen von Verlust und Destruktion.

Verlust und Selbstmord

Empirische Ergebnisse

Wenn wir uns mit dem Thema Verlust und Trennung befassen, müssen wir bedenken, daß wir durch unsere Natur aneinander gebunden sind. Unsere Identität und unser Wesen gewinnt Bedeutung durch unsere Beziehungen zu anderen Menschen. Diese symbolische Nabelschnur wird nie durchschnitten, wenn auch die Objekte unserer Beziehungen wechseln mögen. Wir besitzen die erstaunliche Flexibilität, unsere emotionalen Bindungen von einem Objekt auf ein anderes zu verlagern, von Mutter und Vater auf andere Menschen, sogar auf Tiere, leblose Objekte und Symbole.

Wir erfüllen unsere Beziehungen mit Bedeutung und Gefühlen. Die Erfahrung der Beziehung wird internalisiert und fügt unserer Selbstdefinition neue Dimensionen hinzu. Neue und alte Kontakte werden von einem kindlichen Bedürfnis genährt, mit anderen Menschen zusammen zu sein. Auf diese Weise hegen wir und werden gehegt. Der Verlust eines geliebten Menschen, einer Arbeitsstelle, des sozialen Status, sogar von Kleinigkeiten, läßt uns ärmer werden und beschneidet uns. Außerdem zwingt er uns dazu, uns selbst und unsere Welt zu einem Zeitpunkt neu zu bewerten, an dem wir noch verletzt sind und leiden. Das konkreteste Beispiel ist der Verlust eines Armes oder eines Beines. Es wird vermutet, daß die "Phantomschmerzen" – Schmerzen an einem Körperglied, das nicht mehr da ist – nicht nur neurologische und physiologische Ursachen haben, sondern letztlich auch die Weigerung bedeuten, uns von dem verlorenen Körperglied zu trennen. Wir sind mit unserem Körper im Licht der vergangenen Unversehrtheit und dem gegenwärtigen Schmerz verbunden. Die meisten von uns haben genügend Kraft, Schmerz zu erleiden und das Leben von neuem zu beginnen. Die Erholung von einem schweren Verlust ist jedoch nie vollständig. Das Verlustgefühl bleibt im Hintergrund und tritt gelegentlich in den Vordergrund.

Wie können Kinder mit Verlusten umgehen? Einerseits gibt es ausreichende Gründe, sie als besonders empfindlich einzuschätzen: ihr junges und zartes Alter, ihre Abhängigkeit von anderen, um geliebt und zufriedengestellt zu werden, und ihre allgemein noch nicht entwickelten Fähigkeiten. Andererseits sind sie flexibel, sie vergessen schnell und können ihre Liebe leicht von einem Objekt auf ein anderes übertragen.

Dorpat et al. (1965) stellten fest, daß frühe Verlusterlebnisse – vor allem Verlust durch Tod – in hohem Maße zum Entstehen suizidaler Tendenzen beiträgt. Die Schwierigkeit, den Verlust hinzunehmen und zu bewältigen, scheint die Basis für suizidale Tendenzen und Depression zu sein (*Levi* et al., 1966).

In einer anderen Studie (*Crook* und *Raskin*, 1975) wurde die Bedeutung des Verlustes eines Elternteils während der Kindheit an suizidalen und an nichtsuizidalen depressiven Erwachsenen untersucht. Hier wurde ein entscheidender Unterschied bei der Häufigkeit der Verlusterlebnisse festgestellt. Diejenigen, die versucht hatten, sich umzubringen, hatten wiederholte Verluste durch Scheidung, Trennung und andere Faktoren als den Tod erlebt. Die Bedeutung von Verlusten, die in jungem Alter erfahren wurden, trat auch in wenigstens einem empirischen Unterschied bei jungen suizidalen und nichtsuizidalen Kindern auf (*Kosky*, 1983). Hier wurde festgestellt, daß die suizidalen Kinder zahlreiche Trennungen verkraften mußten. In mehr als 80% der Fälle hatten die suizidalen Kinder zumindest einen Verlust (durch Scheidung der Eltern oder Tod) erlitten. Im Gegensatz dazu hatten nur 20% der nichtsuizidalen Gruppe jemals den Verlust einer nahestehenden Person erlebt. Dieses Untersuchungsergebnis bestätigt den Eindruck, daß Kinder, die Selbstmordversuche begehen, in einer Atmosphäre leben, die von unter besonders tragischen Umständen erlittenen Verlusten geprägt ist.

Die Tatsache der durch Tod, Scheidung und Trennung verursachten vielfachen Verluste bei suizidalen Menschen hat das Interesse an der "Broken-home-Hypothese" verstärkt. Diese Hyothese besagt, daß das plötzliche Auseinanderbrechen eines liebevollen und sicheren Familiengefüges die Sicherheitsgrundlage der Kinder gerade dann zerstört, wenn sie beginnen, auch Beziehungen zu Menschen außerhalb der Familie aufzubauen. Diese Zerstörung erschüttert ihr Vertrauen in ihre Fähigkeit, mit dem Leben zurechtzukommen, ihre Bedürfnisse zu befriedigen und sich einen Platz außerhalb ihres Zuhauses zu schaffen.

Zusammenfassend ergeben die empirischen Daten, daß Selbstmord mit vielfachem Verlust in jungem Alter, oft aufgrund tragischer Umstände, in Verbindung zu setzen ist. Es ist offensichtlich, daß suizidalen Menschen Tragödien und Familienzerstörungen nicht fremd sind. Trotzdem muß ein Verlust, der zum Suizid führt, bestimmte, einzigartige Merkmale haben; sonst stünde eine höhere Suizidrate bei Kindern zu erwarten.

Reaktionen auf den Verlust eines geliebten Menschen

Für das verwaiste Kind ist ein Verlust verheerend. Er bringt die ganze Vielfalt von Reaktionen auf Leid mit sich (*Worden*, 1986): Schock, Apathie, Angst, Wut, Zorn, Schuld, Scham, Vorwürfe und Erschöpfung, dazu Gefühle wie Einsamkeit, Sehnsucht und Hilflosigkeit – und die Realität scheint einem zu entgleiten. Es stellen sich ernsthafte physische Veränderungen ein, Halluzinationen, Alpträume, Unwohlsein, Schlafstörungen und zwanghafte gedankliche Beschäftigung mit der geliebten Person. Das Kind sucht in jeder Ecke nach ihr, rekonstruiert zwanghaft die letzten Momente mit diesem Menschen und hängt an allem, was diesem gehörte. Manchmal kann paradoxerweise auch die Erfahrung von Entlastung eintreten.

Grollman (1967) beschreibt mit einfachen Worten die große Bandbreite von kindlichen Reaktionen auf den Verlust. Eine der häufigsten ist die Regression auf eine sehr frühe Entwicklungsstufe. Die Sicherheit des Kindes zerbricht in noch stärkerem Maße, wenn es die Hauptbezugsperson verloren hat. Die einzigartige gewohnte Art und Weise, mit der die kindlichen Bedürfnisse befriedigt wurden und in der es Liebe erfahren hat, ist erschüttert. Wo bisher Liebe und Sicherheit vorgeherrscht haben, breitet sich nun Furcht aus. Es ist also nicht verwunderlich, daß das Kind in primitive Muster zurückfällt. Es mag wieder beginnen, am Daumen zu nuckeln, nachts einzunässen oder sogar am Tage wieder in die Hose zu machen. Diese Regression kann sich auch durch Weinen, Wimmern, Klammern oder die Forderung nach Aufmerksamkeit äußern.

Eine andere häufige Reaktion ist das Ignorieren des ganzen Geschehnisses. Ein fünfjähriges Mädchen oder ein Junge dieses Alters können sich verhalten, als sei nichts geschehen und später sogar leugnen, daß irgendein Verlust stattgefunden habe. Angehörige mögen diese Reaktion als Zeichen emotionaler Stärke oder als Beweis dafür ansehen, daß das Kind das Ereignis "nicht begreift". Beides stimmt nicht, vielmehr distanziert sich das Kind von dem über es hereingebrochenen Ereignis, weil der Schmerz so groß ist, daß es ihn nicht ertragen kann. Das Spiel "alles ist wie immer" ist der Beweis für die Isolierung von Schmerz und Trauer und bildet die Grundlage für pathologisches Trauern und die Einkapselung des Schmerzes. Dies hat wahrscheinlich ernsthafte Auswirkungen auf zukünftige Beziehungen und Bindungen.

Jeder Tod führt uns erneut vor Augen, daß wir alle sterblich sind. Angst entsteht und Sorge um das Wohlergehen des noch verbliebenen Elternteils, der nun der einzige Anker für das Kind ist. Das Kind wird von der Vorstellung erschreckt, es könnte allein und ohne Schutz zurückgelassen werden.

Schuldgefühle sind eine weitere Reaktion, die auch schon bei sehr jungen Menschen auftreten kann. Bei Erwachsenen treten Schuldgefühle nach dem Tod eines geliebten Menschen fast immer auf, was besonders im Zusammenhang mit Krieg und Katastrophen gut belegt ist. Man scheint auf Kosten des Gestorbenen überlebt zu haben. Kinder neigen dazu, Schuld auf sich zu nehmen. Böse Gedanken und ungezogenes Verhalten werden als mögliche Gründe für den Tod angesehen: "Vater ist gestorben, weil ich böse war." Einige Redewendungen bergen – unbeabsichtigt – den Keim für Schuldgefühle: "Dieses Kind bringt mich noch um." Auch offensichtlich unzusammenhängende Bemerkungen können die Selbsteinschätzung hervorrufen, strafenswert zu sein. *Grollman* (1967) beschreibt ein Mädchen, dessen Eltern ihr erzählten, es müsse die Hafergrütze essen, um am Leben zu bleiben. Eines Tages aß sie die Grütze nicht auf, und genau an diesem Tag starb ihr Vater. Sie verband die beiden Ereignisse sofort miteinander und nahm alle Schuld auf sich. Dann erwartete sie ihre Strafe, weil sie ja der Grund für seinen Tod war.

Neben den Schuldgefühlen treten Gefühle von Wut auf, die ein Aspekt der Trauer sind. Kinder empfinden den Tod als eine willkürliche Trennung und sind böse auf den Verstorbenen. Die Waise, die den Verlust als Verlassensein erlebt, ist zornig über den Treuebruch. Auch eine kurzzeitige Trennung wird bekanntlich von Gefühlen des Ärgers begleitet. Ein Kind, das auf seinen Vater zuläuft, wenn dieser von einer langen Reise zurückkommt, kann sich im letzten Moment von ihm abwenden, um sich an die Mutter zu schmiegen. Es kann sich zurückhaltend geben oder sogar über das Wiedersehen hinweggehen, als habe es mit dem freudigen Geschehnis nichts zu tun. Die Erneuerung der Beziehung erfolgt erst nach und nach.

Manchmal nehmen die Trauerreaktionen innerhalb derselben Familie völlig unterschiedliche Formen an. *Scharl* (1961) schildert die Therapie zweier Schwestern, die notwendig geworden war, nachdem der Vater bei einem Autounfall ums Leben gekommen war. Der große Unterschied in ihren Reaktionen schien vom unterschiedlichen Alter, von den verschiedenartigen Persönlichkeiten und den Beziehungsmustern zum Zeitpunkt des Todes herzurühren. Die Fallgeschichte erlaubt einen Einblick in die Entstehung suizidaler Prozesse infolge eines Verlustes:

Die achteinhalbjährige Linda war die ältere der beiden Schwestern. Ihre Beziehung zu ihrem Vater war sehr distanziert gewesen, seine Gefühlsbezeugungen hatte sie alle abgewiesen. Sie war sehr selbständig, neigte aber zu Streitsucht und großer Unzufriedenheit. Der Tod ihres Vaters schien ihr nicht das Geringste auszumachen. In der Tat schien sie genau das Gegenteil von Trauer zu empfinden. Sie wurde selbständiger, unternehmender, kooperativ und weniger launisch. Ihre beharrliche Weigerung, über den Tod des Vaters zu sprechen, brachte sie in die Therapie.

Der Therapeut empfand Linda als ängstlich und zu sehr an die Mutter gebunden. Während der Therapie äußerte Linda wiederholt Ärger über die Kindlichkeit ihrer jüngeren Schwester und deren Verantwortungslosigkeit. Im Spielzimmer beschäftigte sie sich mit Todesspielen und äußerte Todeswünsche. Sie zeigte Aggressionen gegenüber ihrer Umwelt und ihren Haustieren. Sie nahm ihre Spielsachen auseinander und zerbrach sie, oft "tötete" sie sie. Manchmal übernahm sie die Verantwortung für deren Tod, manchmal nicht.

In Gesprächen drohte Linda alle zu töten, die sie nicht liebten, war dabei aber offensichtlich von ihren eigenen Worten entsetzt. Sie wurde von Entsetzen gepackt, als zwei ihrer Haustiere starben, und sprach sich schnell von jeder Verantwortung für ihren Tod frei. Der nachfolgende Tod des Vaters ihrer Mutter verschlimmerte Lindas Zustand. Sie wurde sehr anfällig für Unfälle und verletzte sich selbst oft. Eines Tages erzählte sie, daß ihr Meerschweinchen sich selbst getötet habe, weil es über den Rand seines Käfigs gesprungen sei, sie hätte aber die Schuld daran. Dann riß sie sich zusammen und erklärte, sie könnte doch noch andere Haustiere haben und sie würde nicht weinen, weil sie ein großes Mädchen sei.

Lindas jüngere Schwester war fünfeinhalb und ein "Vatermädchen". Sie war voller Vitalität und liebte es, sich zu schmücken und sich im Spiegel zu bewundern. Sie bemühte sich, von anderen gemocht zu werden und Komplimente von ihnen zu bekommen. Sie war das "perfekte" Kind, das nichts falsch machen konnte.

Der Ausdruck ihrer Trauer war offen und direkt: "Wenn Papi gestorben ist, gibt es nichts mehr im Leben." Sie hatte jedoch selbst bei der ersten Therapiestunde keine Schwierigkeiten, sich von der Mutter zu lösen. Sie schloß Bekanntschaft mit allen in der Klinik und bezauberte jeden. Das kleine Mädchen überschüttete jedermann mit Zuneigung und zollte sich sogar selbst Beifall. Dieses Sozialverhalten war auch in der Therapie selbst sehr bestimmend. Sie umschmeichelte die Therapeutin und forderte sie sogar explizit auf, eine zweite Mutter zu sein. Sie fand Gefallen an den Spielen und zeigte, daß sie ihr Spaß machten.

Das kleine Mädchen glaubte, der Vater sei noch am Leben und würde eines Tages wieder nach Hause kommen. Nun jedoch, beim Tod des nächsten Verwandten, bekam sie Angst vor fremden Menschen. Im Spielzimmer klammerte sie sich an die Therapeutin und fragte, ob sie sich ausziehen und wie ein Baby gefüttert werden dürfe. Obwohl sie sehr aggressiv mit den Spielsachen umging, wurde die Beziehung zur Therapeutin wesentlich stärker und enger. In einer abschließenden Sitzung vor einer Ferienpause schenkte sie der Therapeutin einen Pfirsich und sagte: "Wenn ich im Herbst nicht wiederkommen kann, bringe ich mich um, weil ich dich so sehr liebe."

Die beiden Mädchen zeigten gegensätzliche Reaktionen auf den Verlust. Die ältere versuchte, ihm durch Reife und Initiative zu entfliehen, durchsetzt mit periodischen Wut- und Zornesausbrüchen und einem latenten Schuldgefühl. Außerdem kämpfte sie auch um eine bessere Position innerhalb der Familie auf Kosten ihrer beneideten jüngeren Schwester. Die jüngere Schwester hielt die bisherigen Verhaltensmuster aufrecht. Sie versuchte, Liebe zu gewinnen, indem sie alle Menschen mit Zuneigung überschüttete. In beiden Fällen zeigt sich, daß wiederholter Verlust zur Regression auf alte kindliche und primitive Verhaltensmuster führt, die die unentschlossene Leugnung des Todes ebenso wie Anzeichen selbstzerstörerischer Gedanken umfassen.

Der Einfluß von Verlusten auf suizidales Verhalten

Es gibt eine Anzahl von Theorien, wie Verlusterlebnisse zum Suizid führen können. Eine bedient sich der Hypothese vom "fixierten Verhalten": *Bolwby* (1969, 1973) stellt zur Diskussion, daß die Bindung an eine Mutterfigur ein durch den Evolutionsprozeß ererbter biologischer Urinstinkt sei. Die Bindung des Säuglings an die Mutter spiegelt die primitive Furcht vor Fremdem und Fremden wider, sie ist Ausdruck der Abhängigkeit, die sich bereits im pränatalen Genährtwerden und im Schutz im Leib der Mutter bestätigt hat. Die Bindungstheorie besagt, daß Mensch wie Tier eine grundlegende Furcht davor haben, verlassen zu werden. Diese Furcht begleitet sie ihr ganzes Leben lang.

Andere Theorien betonen vor allem die Grundbedürfnisse des Säuglings. Da die Mutter diese Bedürfnisse zu Beginn des Lebens befriedigt, beginnt das Kind, die Mutter als Hauptquelle seiner Befriedigung anzusehen. Dadurch gewinnt die Mutter einen so unbestrittenen Wert, daß ihr größere Bedeutung zukommt als der Bedürfnisbefriedigung selbst. Es entsteht eine zunehmende Sehnsucht nach der Person der Mutter, ein Prozeß, der den Grundstein für die spätere Persönlichkeitsentwicklung legt.

Welche Basis diese Bindung auch haben mag, die meisten Theoretiker stimmen darin überein, daß das Kind lernt, die Beziehung zu dem schützenden Menschen zu erhalten und diese Beziehung auch auf andere Bezugspersonen zu übertragen. Trennung ruft sofort Angst, Kummer und Schmerz hervor.

Bowlby (1973) hat bei der Reaktion auf Trennung über die Tage, Wochen und Monate hinweg eindeutige Stadien beschrieben, die dem Verlust folgen. Die erste Stufe besteht aus Protest, Leid, Weinen, Sehnsucht und dem ängstlichen Bestreben nach erneuertem Kontakt. Diese Reaktionen werden begleitet von Feindseligkeit gegenüber der Umwelt, Aggression und der ärgerlichen Zurückweisung jeden Miteinanders. Die zweite Stufe beinhaltet Apathie und Verzweiflung, dazu Resignation und Introversion. Auf der dritten Stufe findet eine Loslösung von der Bezugsperson und ein emotionaler Rückzug von anderen Menschen statt. An diesem Punkt will und braucht das Kind einen Ersatz für die Bezugsperson. *Bowlby* stellt fest, daß Kinder, die für lange Zeit von ihren Müttern getrennt waren, nur dann bereit waren, neue Beziehungen einzugehen, wenn sie sicher sein konnten, daß diese stabiler sein würden als die letzte.

In diesem Licht betrachtet, drückt die Sehnsucht nach dem Verstorbenen das biologisch begründete Verlangen nach der Bezugsperson aus. Manchmal jedoch kann dieser natürliche Impuls zum Suizidwunsch führen, um durch den eigenen Tod wieder mit dem Verstorbenen vereint zu sein.

Mehrere Faktoren tragen zur Steigerung suizidaler Tendenzen nach einem Verlust bei: die Art der Beziehung zum Verstorbenen, die relative Sicherheit dieser Bindung, und die Verfügbarkeit und Art zusätzlicher sozialer Bindungen. War die Beziehung zu dem Verstorbenen einzigartig? Beinhaltete sie übermäßige Abhängigkeit oder starke Angstgefühle? Glaubte das Kind, daß nur diese Beziehung ihm Sicherheit gewähren kann? Wie bereit und verfügbar sind andere Bezugspersonen? Bis zu welchem Grad wird dem kindlichen Bindungsbedürfnis Rechnung getragen? Wie flexibel und anpassungsfähig ist das Kind?

Diese Themenbereiche werden anhand der Fallgeschichte des zwölfjährigen Michael deutlich, dessen Eltern beide innerhalb eines halben Jahres an Herzinfarkten starben, als er elf war. Michael, das jüngste Kind, wurde liebevoll in die Familie seines ältesten Bruders aufgenommen. Trotz der warmen familiären Kontakte hinterließ der Tod beider Eltern eine unheilbare Wunde bei ihm.

Michaels Bewältigungsmuster bei dieser Tragödie verlief wie bei Problemen, denen er sich früher gegenübergesehen hatte. Als ich ihn das erste Mal nach dem Verlust seiner Eltern traf, schien er ein glückliches und gut angepaßtes Kind zu sein. Er war aktiv, selbständig und eine geborene Führernatur. Er rief sogar andere Kinder zur Ordnung und gewann die Sympathie der Lehrer und Klassenkameraden durch seinen Charme. Die durch die Tragödie hinterlassenen Spuren waren jedoch nicht zu übersehen. Er war ungeduldig und oft aufbrausend, rachsüchtig, böse und introvertiert. Manchmal kam er niedergedrückt und depressiv in die Schule. Der Druck konnte so unverhältnismäßig ansteigen, daß er sich in Kämpfe mit seinen Freunden verwickelte oder aus der Schule fortlief. Schließlich fing er an, Selbstmordpläne zu schmieden, und weihte andere in sein Vorhaben ein.

Michael entwickelte einen Bewältigungsstil gegenüber seinem Verlust, der auf seiner Persönlichkeit und frühen Verhaltensmustern basierte. Er strebte nach vollständiger Kontrolle jeder Situation. Er erlaubte sich nie, durch irgendeine Entwicklung außer sich zu geraten, vor allem nicht im Umgang mit Menschen. Er mußte Ton und Tempo angeben. Dieser Bewältigungsstil war teilweise die Auswirkung von Michaels Bedürfnis, von jederman geliebt zu werden. Die Vorstellung, die Welt könne auch ohne ihn existieren, war bedrohlich für ihn. Sein zweifacher Verlust hatte ihn davon überzeugt, daß er die Kontrolle übernehmen müsse. Dieses Verhaltensmuster traf sich gut mit dem bedingungslosen Schutz, der ihm von der Familie gewährt wurde. Jeder Versuch einer Zurechtweisung rief Wutanfälle und Depression hervor, während derer er sich von den anderen isolierte, sich auf Kämpfe einließ oder einfach davonlief.

Er entwickelte einen detaillierten Selbstmordplan für den Fall, daß es sich nicht länger lohne, zu leben. In komplizierten Reden ließ er sich über den Tod und seine Bedeutung aus. Er weinte, sobald er von seinen Eltern sprach. Michael bildete sich ein, daß er sie wiedertreffen und das Zusammenleben mit ihnen "dort oben" fortsetzen werde. Aber trotz seiner Selbstmordpläne gewann man den Eindruck, daß diese nicht sehr gefährlich seien. Die meisten Ausbrüche waren einfach der Ausdruck seines Verlangens und seiner Sehnsucht nach den Eltern. Es ist jedoch anzunehmen, daß Michael ohne den umfassenden Schutz der Familie und seiner eigenen Disposition seinen Impulsen nachgegeben hätte.

Todeswünsche entstehen nicht nur infolge eines Verlustes, sondern auch angesichts drohender Verluste. Suiziddrohungen und -wünsche sind oft die Reaktion auf bedrohte Beziehungen zwischen Eltern und Kindern oder auf den möglichen Kontaktverlust mit einem geliebten Menschen. Zum Beispiel begann ein neunjähriges Mädchen, das den langen und schmerzhaften Kampf seines Bruders gegen den Krebs miterlebte, von dem Wunsch zu sprechen, sich selbst zu töten, wenn er stürbe. Der Umgang mit dem von Tag zu Tag fortschreitenden Verfall forderte von der ganzen Familie einen hohen Preis. Die Atmosphäre war todesschwanger, das Leben jedes Familienmitgliedes wurde rund um das sterbende Kind herum organisiert. Die Situation rief ein Wirrwarr von Gefühlen hervor: Furcht, der Wunsch, den Sterbeprozeß zu beschleunigen, Schuldgefühle, der Wunsch, den Sterbeprozeß aufzuhalten, starkes Klammern an und gleichzeitig Distanzierung vom leidenden Familienmitglied. Wie die anderen Familienmitglieder auch, unterdrückte das Mädchen die eigenen Bedürfnisse, um der Tragödie des Bruders zu begegnen. Dadurch verlor sie jedoch in einer Zeit, in der sie ihre Eltern dringend brauchte, den Kontakt zu ihnen. Wogen der Ablehnung gegenüber ihren Eltern und ihrem Bruder stiegen in ihr auf. Ihre Eifersucht verstärkte gleichzeitig sowohl den Wunsch zu sterben wie auch ihre Angst, die

Eltern zu verlieren. Daher war ihre Selbstmorddrohung teilweise der Versuch, sich in der Stunde des Leides an ihre hilflosen Eltern zu klammern.

Eine ähnliche Situation trat bei einem zwölfeinhalbjährigen Mädchen auf, das versuchte, sich durch eine Überdosis Schlaftabletten das Leben zu nehmen. Ihre Mutter trauerte zutiefst um ihren ältesten Sohn, der vor einigen Jahren gestorben war. Als man sie zu Hause aufsuchte, saß die Mutter schwarzgekleidet im Wohnzimmer unter einem großen Bildnis des Verstorbenen. Die Tochter gab offen zu, daß sie gehofft habe, durch ihren Selbstmordversuch ihre Mutter endlich dazu zu bewegen, mit ihr zu sprechen. Sie äußerte sich genauso freimütig über ihre Eifersucht gegenüber einem toten Bruder, den sie nie gekannt hatte. Der versuchte Selbstmord war ein Hilferuf an eine Mutter, die in einem Meer von Depression versunken war.

Pathologische Formen des Trauerns weichen von normalen Trauerprozessen ab (*Bowlby*, 1980). Die normale Trauerarbeit beginnt mit der bewußten Wahrnehmung des Verlustes. Darauf setzen Leid und schmerzvolles Trauern ein, gefolgt von einer Anpassung an die veränderte Realität und dem Eingehen neuer Beziehungen. Pathologisches Trauern ist bestimmt von der initialen Weigerung, den Verlust einzugestehen. Diese Weigerung kann sich durch Verleugnung, emotionale Unberührtheit oder vielfache Rationalisierungsversuche ausdrücken. Andererseits besteht eine fortwährende Sehnsucht nach dem Verstorbenen und die magische Hoffnung, daß er eines Tages zurückkommen werde. Diese Reaktionen können im Prozeß des Trauerns für einen kurzen Zeitraum als völlig normal gelten, ihr Fortdauern ist aber ein schlechtes Zeichen.

Bei Kindern können die Reaktionen der Umwelt einem normalen Trauerprozeß entgegenwirken. Manche Erwachsenen versuchen den Kindern Leid zu ersparen, indem sie sie von bestimmten Ereignissen und Zeremonien, wie der Beerdigung oder der Trauerfeier fernhalten. Den Kindern wird erzählt, der Verstorbene würde an einem weit entfernten Ort weiterleben. All diese Bemühungen verhindern eine Auseinandersetzung mit dem real stattgefundenen Verlust und legen den Kindern eine Verleugnungshaltung nahe. Dadurch, daß ihnen die Möglichkeit zu trauern genommen wird, wird die endgültige Ablösung entscheidend erschwert.

Beim pathologischen Trauern entsteht die Situation des unaufhörlichen schmerzvollen Leidens, die den Trauernden durch seine Sehnsucht nach dem Verstorbenen näher an Suizidgedanken heranführt.

Dieser Dynamik war die dreißigjährige Judy ausgesetzt. Nachdem sie im Alter von vierzehn Jahren die Mutter verloren hatte, fühlte sie sich trotz vieler Freunde einsam. Als Erwachsene war sie unzufrieden mit ihrer Arbeit, sie hatte eine langandauernde, aber enttäuschende Liebesbeziehung mit einem verheirateten Mann hinter sich. Als Kettenraucherin und schwere Trinkerin war sie sicher eine zutiefst unglückliche Frau.

Judys wenige glückliche Erinnerungen an die Kindheit zentrierten sich auf das verschwommene Bild der Mutter. Eine Erinnerung an ihre Kindheit hegte sie noch lebhaft: Ihre Mutter ging zum Kaufmann an der Ecke, und Judy folgte ihr auf Rollschuhen. Die Welt erschien rosig, sicher und geschützt.

Judys Mutter war nach langem Kampf an Krebs gestorben, aber Judy hatte keine Erinnerungen mehr an diese Zeit. Sie erinnerte sich bloß an ein offenes Grab und an den übermächtigen Wunsch hineinzuspringen; ihr Versuch wurde von den Umstehenden verhindert. Alle weiteren Fragen oder Hinweise auf diese Zeit wehrte sie ab. Zum Beispiel weigerte sie sich, Kinderfotos mitzubringen, um die verschütteten Erinnerungen zurückzuholen.

Im ersten Jahr nach dem Tod der Mutter vertiefte sich Judys früher eher feindselige und distanzierte Beziehung zu ihrem Vater. Sie war dankbar für seine Sorge, lebte aber in ständiger Furcht, wieder verlassen zu werden. Aufgrund dessen beschloß sie "nie wieder jemanden zu lieben oder sich an irgend etwas zu binden." Unglücklicherweise bewahrheitete sich Judys Angst bald. Ihr Vater heiratete wieder, zwei Jahre nach dem Tod der Mutter. Dies war der Beginn einer traumatischen Beziehung zu ihrer Stiefmutter, die darin gipfelte, daß Judy, siebzehnjährig, zu Hause hinausgeworfen wurde, und zwar mit der Bemerkung, sie solle sich nie wieder blicken lassen. Trotz dieser abrupten Veränderung hielt Judy die Beziehung zu ihrem Vater aus der Entfernung weiter aufrecht.

Judy erlebte aufs Neue eine schmerzliche Zurückweisung und hegte ihre Wut. Immer wenn sie enttäuscht wurde, wandte sie sich dem Bild ihrer Mutter zu. Wenn sie einsam war, schüttete sie dieser Ikone ihr Herz aus. Es war ihr einziger Trost und gab ihr die Kraft, weiterzumachen. Ihre Ergebenheit gegenüber der Mutter wurde zur einzigen Quelle der persönlichen Befriedigung. Trotz ihrer zahlreichen Freunde gewährte ihr keine andere Beziehung einen ernstzunehmenden Schutz. In vielfacher Hinsicht war Judy vierzehnjährig am Grab ihrer Mutter stehengeblieben.

In ihrer Not fand Judy Trost in dem Gedanken, daß sie jederzeit ihr Leben beenden könne. Obwohl sie nie über den Glauben an ein Jenseits oder den Wunsch sprach, ihre Mutter wiederzutreffen, waren diese Vorstellungen hinter ihrer zur Schau getragenen glasklaren

Logik deutlich wahrnehmbar. Sie schien darauf vorbereitet, irgendwann Suizid zu begehen.

Judys Lebensstil ist eine exemplarische Darstellung pathologischer Trauer. Man findet hier einen unaufhörlichen Schmerz und die Weigerung, Ersatz für eine frühere Bindung zu suchen. Nach Judys Einschätzung kann man niemandem trauen, Versprechen werden immer gebrochen, man wird immer im Stich und zurückgelassen.

Wenn Erlebnisse sich nicht mit dieser Anschauung vereinbaren ließen, veränderte sie sie solange, bis sie doch noch ein aufwallendes Gefühl von Enttäuschung und Verlassenheit hervorrufen konnten. Die Trostlosigkeit, die sie in sich bewahrte, schloß sie von der Welt aus.

Die Leugnung der Trauer, das andere Extrem pathologischer Trauer, kann einen ähnlich zerstörerischen Einfluß auf soziale Beziehungen haben. Gefühle der Leere und Unruhe bestimmen ohne einen ersichtlichen Grund allmählich das Leben. Neu eingegangene Beziehungen erscheinen sinnlos oder werden aufgrund eines offensichtlichen Mangels an Übereinstimmung schnell wieder beendet. Wer seine Trauer verleugnet, lebt eigentlich ein Leben der versteckten Depression.

Rochlin (1959) faßt die zwischen Verlust und Suizid stattfindenden Prozesse als "Verfall der Selbstachtung" und "zunehmende Hilflosigkeit". Selbstachtung speist sich aus den Beziehungen zu Menschen. Innige Beziehungen befähigen zu einer Ausgewogenheit zwischen den Kräften der Liebe und des Hasses, die in jedem Menschen vorhanden sind. Der Verlust solcher Beziehungen bewirkt eine Veränderung dieses empfindlichen Gleichgewichts hin zu negativen Einschätzungen der Welt und von sich selbst. Der Weg hinab in den Selbsthaß und zur Selbstzerstörung ist frei. Schuldgefühle verstärken das Ungleichgewicht, ebenso "offene Rechnungen" mit dem Verstorbenen.

Im Alltagsleben zeigt sich der zunehmende Selbsthaß derjenigen, die einen Verlust erlitten haben. Verwaiste Kinder wirken oft beschämt über den Verlust, als wenn es ihr Fehler gewesen wäre. Der Verlust hat ihre Selbstachtung erschüttert und diese Gefühle der Scham hervorgerufen.

Judys Lebensgeschichte illustriert einige der Feststellungen *Rochlins*. Beeindruckend ist ihre wiederholte Erklärung, daß niemand auf der Welt die Mühe wert sei, eine Beziehung zu ihm aufzubauen. Sie schloß sich selbst in die Gruppe der Abgelehnten ein. "Ich habe auch keine Anstrengungen von irgend jemandem verdient." Durch ihre Worte wird vermittelt, daß sie sich selbst nicht liebt und daß dies darum auch kein anderer kann. Wie *Rochlin* sagen würde: dadurch, daß sie die Liebe der Mutter verlor, war sie nicht länger liebenswert, auch für sich selbst nicht.

Außer als Hort der Liebe brauchen Kinder ihre Eltern auch als Ansprechpartner, mit denen sie die Frustrationen und Mißerfolge teilen können, die Teil des Lebens jeden Kindes sind. Ihr Verlust kann die durch alltägliche Enttäuschungen entstehende Spannung nur intensivieren. Ohne die regenerierende Geborgenheit durch die Eltern wirken sich schmerzliche Erfahrungen und Mißerfolge stärker auf die Selbstachtung aus. Die Flammen des Selbsthasses und der Diffamierung der eigenen Person werden durch den Verlust des elterlichen Schutzmantels nur noch stärker geschürt.

Rochlin hebt einen zweiten Prozeß beim Erleiden eines Verlustes hervor – den Ausdruck von Hilflosigkeit. Der Verlust der Eltern versetzt dem natürlichen kindlichen Gefühl der Omnipotenz einen schweren Schlag. Kinder entwickeln Omnipotenzgefühle als Schutzschild gegen ihre schwache Position in der Welt. Diese Gefühle nähren sich aus dem Glauben an die Allmacht und Unverletzbarkeit der Eltern und unerschütterlichen Schutz durch sie. Dieser Glaube an die elterliche und – damit unlösbar verbunden – die kindliche Potenz hilft dem Kind, ein inneres Gleichgewicht und Zuversicht zu entwikkeln. Ein Verlust beraubt das Kind dieser Vorstellung von Omnipotenz. Plötzlich ist das Kind der fundamentalen Hilflosigkeit aller Menschen gegenüber dem unabwendbaren Zugriff des Todes ausgesetzt. Das Kind verliert den Glauben an seine persönliche Macht, den Lauf der Dinge verändern zu können. Diese Hilflosigkeit zerstört die Vitalität, die Widerstandskraft und die Lebenslust. Der Weg zur Selbstzerstörung ist frei.

Rochlins Analysen der Bedeutung von Verlust können durch allgemeine Bemerkungen zur zentralen Bedeutung von Identifikation im Verlauf der kindlichen Entwicklung ergänzt werden. Die Persönlichkeit des Menschen beruht zum großen Teil auf der Identifikation mit Elternfiguren und der Internalisierung ihrer Werte und ihres Verhaltens. Daher kann der Verlust eines Elternteiles ein Vakuum hinterlassen, wenn der Identifikationsprozeß noch nicht abgeschlossen war. Unter diesem Gesichtspunkt kann Selbstzerstörung den Wunsch ausdrücken, die Identitätsanteile zurückzugewinnen, die durch den Tod der Eltern verloren gingen.

Gefühle von Verlust setzen nicht immer eine tatsächliche Trennung voraus. Manchmal reicht schon ein drohender Verlust oder die Möglichkeit der Trennung für das Entstehen suizidaler Gefühle aus. Rachel zum Beispiel, die im Alter von 18 Jahren in die Therapie kam, hatte weder Vater noch Mutter verloren; trotzdem bildeten Verlustgefühle einen großen Teil ihrer inneren Erfahrungen. Rachel kam in die Therapie, weil sie sich "innerlich unwohl fühlte". Die Welt machte ihr Angst und erschien ihr verzerrt. Straßen schienen uneben zu sein, die Häuser sahen aus, als würden sie gleich zusammenstürzen, und die Gesichter der Menschen waren sonderbar. Rachels erste Sätze in der Therapie erhellten die Schwere ihrer Probleme: "Ich spüre mich nicht. Ich fühle mich innerlich tot. Ich weiß nicht, wer ich bin. Ich weiß nicht, ob ich ich bin oder jemand anderes". Rachel empfand, daß ihrem Selbst eine sichere Grundlage in der Realität und in ihrer emotionalen Erfahrung fehlte. Da ihre Selbstwahrnehmung in der Bindung zur Mutter verankert war, befand sie sich in einem dauernden Kampf um Selbstbestimmung und fürchtete jede Lösung dieser Bindung.

Von Anfang an hatte Rachel immer gespürt, daß sie für ihre Eltern geboren worden war, und daß sie ihnen ihr Leben verdankte. Jeder Versuch von Selbstdarstellung, sogar etwas so Banales wie ihre Kleidung allein zu kaufen, wurde von Furcht und Schuldgefühlen begleitet. Aufgrund der elterlichen überstarken Inbesitznahme des Kindes und ihrer Einmischung in ihr Leben fühlte Rachel sich unfähig, irgendetwas selbständig zu tun. Obwohl ihr bewußt war, daß die übergroße Abhängigkeit von ihren Eltern nicht richtig war, hatte sie Angst davor, ohne deren Rückhalt und Gegenwart zu leben.

Rachels Identität basierte auf der Internalisierung ihrer Elternimagines. Dieser normale Prozeß nahm jedoch pathologische Formen an, da keine Differenzierung zwischen ihrer eigenen und der elterlichen Identität stattfand. Eine Bemerkung Rachels erläutert den Kern ihres Problems in seinem ganzen Ausmaß: "Wenn ich meine Mutter von hinten sehe, weiß ich nicht, ob sie es ist oder ich." Obwohl Rachel diese Situation als unerträglich empfand, versetzte sie jede mögliche Änderung in Angst und Schrecken. Sie löste sich zwischen diesen beiden Polen der Abhängigkeit und Unabhängigkeit auf.

Einige Monate, nachdem die Therapie begonnen hatte, wurde Rachel zur israelischen Armee eingezogen. Zum ersten Mal würde sie von ihrer Familie getrennt sein, und sie brachte ihre Angst um sich und die Eltern zum Ausdruck. Selbstmord und Tod wurden zum untrennbaren Bestandteil des paradoxen Labyrinths: weiterhin von den Eltern abhängig zu bleiben bedeutete eine Art Tod, sich von ihnen zu trennen jedoch eine andere. Auf diese Weise wurden die Selbstmordgedanken zum Ausdruck der Unabhängigkeit und Loslösung von den Eltern. Gleichzeitig jedoch bot ihr der Tod einen Fluchtweg vor den Anforderungen der Unabhängigkeit.

Tod wurde ein ängstigendes und zugleich faszinierendes Phänomen für Rachel. Die Tatsache, daß sie die Entscheidung, Selbstmord zu begehen, treffen könne und daß niemand an dieser Entscheidung teilnehmen oder sie beeinflussen konnte, vermittelte ihr ein Gefühl der Unabhängigkeit und Erleichterung. Die Selbstmordgedanken begleiteten Rachel sehr lange.

Rachels Fall beleuchtet, wie Verlust oder drohender Verlust zu Suizidgedanken und -handlungen führen können. Der Schlüssel ist in der bedrohten Eigenständigkeitsentwicklung des jungen Menschen zu suchen. Die sich entwickelnde Eigenständigkeit bleibt bei der Identifikation mit den Eltern stehen, so daß jede Erschütterung oder jedes Zerreißen der Bindung an die Eltern als Verlust von Identität erlebt wird. Unter diesen Umständen können Suizidgedanken als ein Ausweg dienen, die Wiederherstellung des bedrohten Selbst zu bewältigen.

Scheidung, Trennung und Suizid

Eine Scheidung der Eltern ist bei weitem kein hinreichender Grund für Selbstmord. Tatsächlich kann eine durch Scheidung erfolgte Trennung das Leben des Kindes erleichtern, da nun Ruhe herrscht statt einer Atmosphäre von Spannung und Streitereien. Trotzdem findet infolge einer Scheidung oft eine Entwicklung hin zur Selbstzerstörung statt. In Beziehungen, die von Rachsucht geprägt sind, können die Eltern die Kinder als Hebel benutzen, um den Partner unter Druck zu setzen. Ein gebräuchlicher Deckmantel dafür ist der Kampf um das Sorgerecht "zum Wohle der Kinder". Dieser Kampf kann bedrohlicher sein als die Trennung an sich. Die extremen Loyalitätskonflikte, die einsetzen, rufen Angst und das Gefühl hervor, in der Falle zu sitzen, da den Kindern eine Verantwortung aufgebürdet wird, die nicht ihre ist. Nicht weniger schmerzlich sind die Schuldgefühle, die Kinder fälschlicherweise aufgrund der Trennung der Eltern empfinden. Wenn sie wirklich brav gewesen wären, wären die Eltern nicht auseinandergegangen. Zu diesen Schuldgefühlen kommt Wut auf die Eltern. Die Verbindung von Schuldgefühl und Wut kann zerstörerische Kräfte des Selbsthasses hervorrufen.

Voneinander entfremdete Eltern versuchen oft, die Kinder als "Vermittler" oder als Mittel zu benutzen, die Scheidung abzuwenden oder sie voranzutreiben. Alle diese Versuche finden verschleiert und subtil statt. In jedem Fall wird von dem Kind gefordert, ein unlösbares Problem unter großem persönlichen Einsatz zu lösen. Der achtjährige Danny mußte eine solche fatale Rolle übernehmen als sein Vater auszog. Die Mutter hetzte die Kinder mit allen Mitteln gegen den Vater auf. In ihrem Kampf machten die Eltern Danny zum Überbringer der gegenseitigen Mitteilungen. Jeder versuchte ihn in dem verbissenen Kampf um das Sorgerecht auf seine Seite zu ziehen. Schließlich entschlossen sich die Eltern, ihn jeweils mit einem anderen Namen anzusprechen. Auf welchen Namen er auch reagierte, er verriet so seine Loyalität zum anderen Elternteil. Dannys Eltern gestatteten ihm nicht einmal die Illusion, daß sie aus Liebe zu ihm um ihn kämpften; sie teilten ihm ihre Pläne mit, ihn in ein Internat zu geben. Natürlich schilderten sie dieses als einen Ort, an dem er "sein seelisches Gleichgewicht finden würde und von all diesem Durcheinander verschont bliebe". Was er daraus entnahm, war jedoch, daß ihn die Eltern ablehnten.

Danny nahm Zuflucht zu einer Selbstmorddrohung. Er sah keine andere Möglichkeit, um Entlastung von der Angst, Zurückweisung und Bedrohung zu finden. Er stellte sich vor, daß sein Tod die Eltern wieder zusammenbringen würde und daß er danach wieder zu ihnen zurückkehren würde. Er plante seinen Selbstmord bis ins letzte Detail. Als er seinem Lehrer davon erzählte, wurde er an mich verwiesen.

Außer dem furchtbaren Leid, das Dannys Fall schildert, wird auch deutlich, daß eine Selbstmorddrohung als Mittel benutzt werden kann, um die Scheidung zu verhindern. Die Hilflosigkeit des Kindes und seine Unfähigkeit, die Situation zu bewältigen, bringen es dazu, mit Selbstmord zu drohen, um die Katastrophe abzuwenden. Glücklicherweise scheinen solche Fälle nur für eine kurze Zeit die Gefahr der tatsächlichen Selbstzerstörung mit sich zu bringen.

Es wäre falsch, anzunehmen, daß die äußeren Auswirkungen einer Scheidung Voraussetzung für das Zustandekommen zerstörerischer Kräfte sind. Langdauernde Trennung ohne gesetzliche Formalien oder offizielle Bestätigung kann dieselben Auswirkungen haben. Der neunjährige Tim beispielsweise kam in die Therapie, weil er ein zwanghaftes Interesse am Tod zeigte.

Sein Vater war aus "beruflichen Gründen" lange Zeit im Ausland gewesen. Seine Mutter sah diese Trennung als eine Prüfung ihrer eigenen Lebenskraft und ihres eigenen Wertes an, eine Selbstprüfung, der ihr Mann zugestimmt hatte. Es ist nicht überraschend, daß Tims Mutter Probleme mit dieser Herausforderung hatte, sie lehnte jedoch jede Hilfe von Freunden ab. Die Atmosphäre zu Hause wurde durch zunehmende Nervosität, Verzweiflung und Ansprüche der Mutter immer angespannter. Zu dieser Zeit fing Tim an, davon zu sprechen, daß das Leben keinen Sinn habe.

Die Mutter schrieb dem Vater aufgeregte Briefe: "Der Junge findet keinen Reiz am Leben, und ich weiß nicht, was ich ihm sagen soll." Während der Übersee-Telefongespräche ermutigte sie Tim, den Vater zu fragen, warum es sich lohne, zu leben. Als der beunruhigte Vater zurückkehrte, kam die ganze Familie zu einer gemeinsamen Therapiesitzung. "Nun", sagte die Mutter, "wird Tim aufhören, Unsinn zu reden. Er ist so entspannt, wenn sein Vater um ihn ist. Er kann einfach nicht ohne den Vater sein."

Tims Fall zeigt eindeutig, daß die Mutter seinen Selbstmord als Hebel benutzte, um eine unerträgliche Last von sich abzuwälzen. Indem sie jedoch ihre eigenen Schwierigkeiten verleugnete, lud sie Tim unbewußt die Verantwortung auf, den Vater nach Hause zu holen. Unwissentlich bestärkte sie Tim darin, problematisch zu werden und dadurch ihre eigenen Botschaften und Selbmordwünsche zu übernehmen.

Wie diese Beispiele zeigen, sind Scheidung und Trennung nicht an und für sich direkte Auslöser suizidalen Verhaltens. Eher scheinen in jedem Fall zusätzliche Dynamiken zu wirken, die das Kind dazu bringen, sich selbstzerstörerisch zu verhalten. Diese Dynamiken sind Versuche, ein unlösbares Problem zu lösen – ein Thema, auf das in Kapitel IX näher eingegangen wird.

Suizid und Depression der Eltern

Selbstmord eines Elternteils ist eine Art des Verlassenwerdens, für die es in ihrer zerstörerischen Kraft keine emotionale Parallele gibt. Die Familie und das Kind werden von Schuldgefühlen, Scham, Selbstanklagen und Depression geradezu bombardiert. Dabei offenbart sich dem Kind die Möglichkeit, diesen Malstrom der Gefühle durch Anwendung tödlicher Mittel zu bewältigen. Es ist nicht sehr verwunderlich, daß mehr als 1/4 der suizidalen Jugendlichen in einer Studie von *Teicher* und *Jacobs* (1966) den Selbstmord eines Elternteils erlebt hatten.

Ein solcher Selbstmord läßt nur wenige andere Bewältigungsformen offen. Ein Vierzehnjähriger, dessen Vater nach langandauernder Depression Suizid begangen hatte, weigerte sich, mit irgendjemandem darüber zu sprechen. Er nahm an keiner Trauerfeierlichkeit teil, sondern setzte seine üblichen Beschäftigungen zu Hause und in der Schule fort. Gegenüber seinen Freunden zeigte er keine Anzeichen von Fassungslosigkeit und erzielte in der Schule sogar bessere Noten als gewöhnlich. Es war, als habe das tragische Ereignis niemals stattgefunden und als habe er nie einen Vater gehabt. Diese Reaktionen waren nicht durch die Art der Beziehung zum Vater begründet, sondern verdeutlichten seine intensive Verleugnung der Realität. Sogar nachdem seine Mutter ihn davon überzeugt hatte, daß er eine Therapie machen solle, verleugnete er alle Gefühle über den Selbstmord des Vaters. Er faßte sie in den Worten zusammen: "Vater war geisteskrank." Indem er den Selbstmord auf dieser Basis abhandelte, distanzierte er sich emotional vom Vater, ohne diesen zu entehren.

Leider zeigen die klinischen Erfahrungen, daß solche Taktiken nur kurzzeitige Verdrängungen von Emotionen sind, die ihren Preis einfordern. Mit der Zeit treten Verhaltensstörungen auf, da immer mehr psychische Energie aufgebracht werden muß, um die Verdrängung aufrecht zu erhalten. Ohne wirksame Hilfe kann es schließlich zu einer Krise kommen, die aus "unverständlichen" Gründen auftritt.

Selbstmordversuche oder suizidale Tendenzen üben nicht weniger Einfluß aus als ein durchgeführter Suizid. Die Verbindung zwischen suizidalen Tendenzen eines Elternteils und dem Selbstmord von Kindern wurde durch klinische Beobachtungen (*Orbach* und *Glaubman*, 1979b) und Forschungsberichte (*Pfeffer* et al., 1984) aufgezeigt. Der Fall des zehnjährigen David demonstriert, daß der latente Selbstmordwunsch der Eltern beim Kind zum offenen Ausbruch kommen kann. David war das zweite von drei Kindern einer Mittelschichtfamilie. Der Vater, ein freischaffender Künstler, war ein leichtlebiger und liebenswürdiger Mann. Ein wenig passiv im Umgang mit seiner Frau, überließ er alle Entscheidungen über den Haushalt ihr. Er war in die Erziehung der Kinder nur einbezogen, wenn dies ausdrücklich von ihm verlangt wurde. Davids Mutter war hübsch, offen und umgänglich. Redselig, mit etwas negativistischer Weltsicht, neigte sie zur Dominanz in der Ehe und Familie.

Ein Angelpunkt der Familienanamnese war die Sorge um den älteren Bruder, der blind war. Seine Eltern waren unfähig, sich mit diesem Umstand abzufinden. Während seiner ersten Lebensjahre unternahmen sie grenzenlose Anstrengungen, um das Unabwendbare zu überwinden.

David selbst war ein unscheinbarer Fünftklässler mit geringem intellektuellen Leistungsvermögen. Kindlich und empfindlich, kam er gut mit jüngeren Kindern zurecht, nicht jedoch mit Gleichaltrigen. Sein Umgang mit Erwachsenen gab Anlaß zu Unzufriedenheit und wiederholten Klagen. Er hatte eine geringe Frustrationstoleranz und konnte Mißerfolge schwer ertragen. Mehr als einmal lief er aufgrund einer Enttäuschung weinend nach Hause, oder klammerte sich oft an seine Lehrerinnen, wodurch er mütterliche Instinkte bei ihnen zu erwecken vermochte.

Die Eltern, die von unerfüllten Wünschen nach beruflichem Aufstieg geleitet waren, wollten, daß David einen Beruf mit Prestige ergreifen sollte, Anwalt etwa oder Arzt. Der Widerspruch zwischen seinen persönlichen Grenzen und dem konstant auf ihn ausgeübten Druck machten jeden Mißerfolg zu einer Quelle der Angst und führten zu Strafe und Zurückweisung durch seine Eltern. Die ambivalente Haltung der Mutter gegenüber David wurde in allem, was sie tat, deutlich.

David unternahm einige Selbstmordversuche, die nicht gefährlich, aber Anlaß für die Therapie waren. Zwei dieser Versuche fanden statt, nachdem er enttäuschende Schulnoten erhalten hatte. Bei einer Gelegenheit rannte er wütend hinaus und schrie, er würde sich vor ein Auto werfen. Die Lehrerin lief ihm nach und hielt ihn zurück. Er schmiß sich in einem Wutausbruch auf die Erde. Ein anderes Mal nahm er ein Seil und versuchte, sich vor der ganzen Klasse zu erdrosseln. Oft hängte er Zettel an seine Zimmertür, auf denen stand: "Ich werde mich selbst ermorden."

David begann mit einer Einzelbehandlung, die ihm großes Vergnügen bereitete. Die ruhige Atmosphäre des Angenommenwerdens, der uneingeschränkten Beachtung, der Ermutigung, das Fehlen von Erwartungen und die Möglichkeit, seinen Gefühlen Ausdruck zu verleihen, halfen ihm sehr. Als Ergebnis der Therapie wurde sein allgemeines Verhalten entspannter, und sogar seine Schulnoten besserten sich. Es schien, als hätte sich der unaufhörliche emotionale Sturm gelegt. Dann, ohne jede Vorwarnung, erklärte die Mutter, sie wolle seine Therapie beenden: "Das ist nur Zeitverschwendung und hilft überhaupt nicht." Auf den ersten Blick schien es, als habe die Mutter Schwierigkeiten mit der Trennung von David, der sie immer weniger brauchte. Auf die Versuche, die Mutter von der Notwendigkeit einer Weiterführung der Therapie zu überzeugen, gab sie schließlich nach. Sie weinte, sie könne es nicht gestatten, daß es David besser ginge als ihr selbst. Sie brauchte nicht weniger Hilfe als das Kind, die Eltern wurden ebenfalls in die Therapie aufgenommen. Bisher verborgene Teile von Davids Lebensgeschichte und seines Verhaltens wurden plötzlich enthüllt.

Die Mutter hatte seit ihrer Kindheit oft unter Anfällen von Depression gelitten und Selbstmord mehr als einmal in Erwägung gezogen. Ihr Vater war ein harter Mann, der sie oft schlug. Sie sprach feindselig und haßerfüllt von ihm. Ihr Kindheitstraum war gewesen, das Haus ihrer Eltern zu verlassen und selbst einen wundervollen Haushalt zu gründen. Mehr als alles andere wollte sie eine gute Mutter sein. Ein Jahr nach ihrer Hochzeit brachte sie einen Sohn zur Welt, der blind war. Diesen Schlag konnte sie nicht verkraften. Die Situation verschlimmerte sich, als die Ärzte ihr aus gesundheitlichen Gründen abrieten, weitere Kinder zu bekommen. Ihre Welt brach zusammen. Sie empfand sich selbst als Versagerin, als Mutter wie als Frau. Sie beschloß, ihr Leben auf sehr ungewöhnliche Weise zu beenden – durch eine Schwangerschaft. Sie wollte einem gesunden Kind das Leben schenken und dabei sterben. Die Geburt verlief jedoch problemlos, und sie blieb am Leben. David war der Sohn, der aus diesen Gründen geboren wurde.

Obwohl er seine Mutter nicht umgebracht hatte, wurde der "Selbstmordpakt" zwischen ihnen nie zurückgenommen, und die suizidalen Tendenzen der Mutter fanden in ihrer Beziehung zu David einen Ausdruck. Auf jede Klage Davids konnte die Mutter mit dem Satz reagieren: "Ja und, willst du dich töten?" Und als er schließlich begann, Selbstmorddrohungen auszustoßen, konnte sie sagen: "Ja und, dann müssen wir wohl ein anderes Kind an deiner Stelle haben." Während der heftigen Auseinandersetzungen konnte sie ihm ein heißes Eisen und ein Messer anbieten mit der Frage, womit er sich denn umbringen wolle. Die Mutter selbst brauchte die Option Selbstmord, um ihre Lebensprobleme zu bewältigen. Durch ihre Schwierigkeit, sich emotional von David zu lösen, betrachtete sie ihren eigenen und den Tod Davids als austauschbar. David war eine Art Sprachrohr der suizidalen Impulse seiner Mutter. Sein offenes Ausleben gewährte ihr Entlastung von latenten Selbstmordwünschen.

Diese Fallbeschreibung zeigt einige der indirekten Dynamiken zwischen suizidalen Tendenzen der Eltern und dem Suizid von Kindern. Eine ist die Ermutigung des Kindes, die Neigungen der Eltern auszuführen. Eine zweite ist die Vorbildfunktion. Kinder lernen dann, mit frustrierenden Situationen im Leben durch Wegrennen und Verlassen der Situation umzugehen. Sie eignen sich einen Bewältigungsstil an, der in eine Wirklichkeitsflucht führt, in Verbindung mit einer pessimistischen Weltanschauung. Tod wird als mögliche Problemlösung denkbar. Eine dritte Art von Vermittlung tritt dann auf, wenn ein hilfloser und depressiver Elternteil eine erdrükkende häusliche Atmosphäre schafft, die das Verhalten des Kindes beeinflußt.

Zwei zusätzliche Prozesse, die Beachtung verdienen, sind die Identifikation und die Introjektion. Während des Identifikationsprozesses erlangt das Kind eine eigene Identität durch die Aufnahme der elterlichen Identitäten. Bei einem suizidalen Elternteil übernimmt das Kind das elterliche Leid, den Bewältigungsstil und die selbstzerstörerischen Tendenzen. Dieser Prozeß wird durch ein starkes Abhängigkeitsverhältnis zwischen dem Elternteil und dem Kind verstärkt. Introjektion meint die Neigung des Kindes, die Wahrnehmung seiner selbst aus der Einschätzung der Eltern abzuleiten. Zum Beispiel kann ein Kind, auf das die Eltern wütend sind, diesen Zorn auf sich selbst in gleichem Maße empfinden, ohne ihn in Frage zu stellen. Durch Introjektion kann das Kind auch elterliche Zurückweisung oder Schuldgefühle internalisieren.

Schließlich gibt es noch den Prozeß der Überpartizipation. Ein depressives, pessimistisches Elternteil, das sich mit Gedanken an den Tod befaßt, wird diesen Hang wahrscheinlich in seinen Kindern verstärken. Solche Eltern neigen dazu, die Schwierigkeiten des Kindes, seine Hoffnungslosigkeit und seine Unfähigkeit, Alternativen zu finden, fraglos zu akzeptieren. Diese elterliche Überpartizipation an der Depression des Kindes ermutigt tatsächlich suizidale Handlungen.

Verschiedene Forschungsergebnisse unterstützen die Bedeutung solcher Einschätzungen, obwohl eine Anzahl von Studien darlegen, daß es keine großen Unterschiede in der Pathologie der Eltern in Familien suizidaler und nichtsuizidaler Kinder gibt, ausgenommen depressive Tendenzen (*Kosky*, 1983). In anderen Studien wird behauptet, daß depressive und alkoholabhängige Eltern als dominierendes Element bei der Ausbildung suizidaler Tendenzen bei Kindern anzusehen sind (*Carlson*, 1983). Manchmal müssen die Eltern nicht notwendig suizidal sein, es kann genügen, daß ihnen nur eingeschränkte Bewältigungsmöglichkeiten zur Verfügung stehen, so daß sie dadurch ein untaugliches Vorbild für die Bewältigung von Lebensproblemen sind.

Mißhandlung und Vernachlässigung von Kindern

Mißhandlung und Vernachlässigung wurden in einer Anzahl von Studien als stark gefährdende Faktoren für den Suizid von Kindern ermittelt. Die umfassendste Studie wurde von *Green* (1968) durchgeführt. Ein einzigartiges Merkmal seiner Arbeit ist die klare Unterscheidung zwischen Vernachlässigung an sich und der Kombination von Mißhandlung mit gleichzeitiger Vernachlässigung. *Green* vermutet, daß die erdrückende Verbindung von emotionaler Vernachlässigung und physischer Grausamkeit in späteren Jahren zu selbstzerstörerischem Verhalten führen kann.

Die Kinder in *Green*s Studie wurden aufgrund von Gerichtsurteilen ausgewählt, die feststellten, daß eine physische Vernachlässigung durch die Eltern vorlag, weil sie die Kinder nicht angemessen ernährten, kleideten oder nicht für ihre Gesunderhaltung sorgten. Kein Kind dieser Gruppe zeigte jedoch Anzeichen von körperlicher Züchtigung. Mißhandlung lag nach dem Gesetz nur dann vor, wenn ein Kind fortwährend geschlagen wurde; *Green* kam zu dem Ergebnis, daß diese Mißhandlungen immer mit Vernachlässigung in der Vorgeschichte in Verbindung zu bringen waren. Eine dritte Gruppe bestand aus normalen Kindern, die als Kontrollgruppe diente. Dieser Aufbau erlaubte eine Differenzierung zwischen Mißhandlung mit Vernachlässigung einerseits gegenüber reiner Vernachlässigung andererseits.

Green wandte auch klare Kriterien zur Bestimmung selbstzerstörerischen Verhaltens an. Dazu gehörten: sich selbst beißen, schneiden oder verbrennen, Haare ausreißen, mit dem Kopf gegen die Wand rennen, oder versuchter Suizid. Diese Verhaltensweisen wurden durch Berichte der Eltern oder der Betreuer der Kinder erhoben. Die Ergebnisse waren klar und eindeutig. Die Mehrzahl der Kinder, die sowohl vernachlässigt als auch mißhandelt wurden, zeigten selbstzerstörerisches Verhalten, hingegen trat dies bei fast keinem der Kinder der vernachlässigten oder der normalen Gruppe auf. *Green* schloß daraus, daß Vernachlässigung und Mißhandlung im Verbund die explosive Tendenz zur Selbstverletzung fördern.

Berichte über Kindesmißhandlung sind voller Pathos, da allgemein bekannt ist, daß mißhandelte Kinder stark an ihren Eltern hängen. In ihrem Schmerz und Aufruhr und in ihrer Verwirrung suchen diese Kinder Sicherheit bei den mißhandelnden Eltern, weil ihnen jeder andere Schutz fehlt. Ein wütender Vater mag seiner sechsjährigen Tochter Gewalt antun und sie wie einen Gummiball hin- und herschleudern. Eine Minute später jedoch wird das Kind sich an die Hand klammern, die es geschlagen hat.

Wo liegt die Verbindung zwischen Mißhandlung und dem Entstehen von Selbstquälerei und Selbstzerstörung? Mißhandlung ist grausam. Körper und Seele werden aufgebrochen, es gibt keinen Rückzug mehr. Außerdem finden die Übergriffe oft willkürlich und unerwartet statt und stehen in kaum einem oder gar keinem Verhältnis zum Verhalten des Kindes. Das Kind empfindet einen Verlust jeglicher Kontrolle oder wirksamer Verteidigung angesichts des aggressiven Anschlags – Gefühle, die allein schon zu Depression und Selbsthaß führen können. Dies wird durch die Wahrnehmung des Kindes verstärkt, daß es die Liebe der Eltern verloren hat. Kommen diese Faktoren zusammen, stellt sich eine Dynamik ein, die der bei anderen Formen des Verlustes und der Trennung, die mit Suizid in Verbindung gebracht werden, vergleichbar ist. Hinzu kommt, daß mißhandelte

Kinder die Wut und die Aggression ihrer brutalen Eltern internalisieren. Diese Internalisierung wird durch ihre geringe Frustrationstoleranz unterstützt. Durch Imitation übernehmen Kinder dann aggressive Verhaltensmuster, unter denen sie selbst gelitten haben.

Die Untersuchung über den Einfluß von Mißhandlungen läßt annehmen, daß selbzerstörerische Tendenzen auch schon durch weniger grausame strafende Kindererziehungsmethoden erweckt werden können. Zum Beispiel behauptet *Green* (1968), daß der Keim zur Selbstzerstörung und zum Selbsthaß schon in sehr jungem Alter durch strafende Erziehung und strenges Sauberkeitstraining gelegt wird. Er argumentiert, daß die Kombination von Strafe und Zurückweisung durch die Eltern langsam eine Selbstwahrnehmung des Kindes entstehen läßt, in der es sich selbst als schlecht, häßlich und widerlich empfindet. Zukünftige Mißerfolge und Zurückweisungen im weiteren Leben des Kindes werden wahrscheinlich denselben Haß und dieselbe Wut auf sich selbst hervorrufen. Klinische Erkenntnisse stützen *Green*s Behauptung über die strafende Kindererziehung und die daraus resultierenden Tendenz zur Selbstzerstörung (*Sabbath*, 1969; *Hendin*, 1985).

Vernachlässigung scheint den destruktiven Einfluß von Mißhandlung zu verstärken. Die elterliche Teilnahmslosigkeit erweckt beim Kind das Gefühl, überflüssig zu sein. Auf einfache und direkte Weise lernt das Kind, daß es eine ungewollte Last ist. Daraufhin mag das Kind sich in sich selbst zurückziehen, um ein weniger sichtbarer Störenfried zu sein. Es lernt, sich unsichtbar zu machen.

Viele vernachlässigte und suizidale Kinder sind das Ergebnis ungeplanter und ungewollter Schwangerschaften, sogenannter "Betriebsunfälle" (*Rosenthal* und *Rosenthal*, 1984). Das Verhalten der Kinder scheint darauf gerichtet, die anderen von der überflüssigen Last zu befreien, gleichzeitig verdrängen sie ihre eigenen Gefühle und ihr durch die Vernachlässigung entstandenes Leid. Rina zum Beispiel (deren Fall in Kapitel I beschrieben wird), litt ihr ganzes Leben unter der Zurückweisung durch ihre Mutter, die unmittelbar nach Rinas Geburt einsetzte. Sie hatte fortwährend das Gefühl, nirgends hinzugehören, daß sie sich permanent "den anderen aufdrängte" und daß es besonderer Anstrengungen bedurfte, um akzeptiert zu werden. Diese Gefühle entstanden in allen Situationen, sogar unter so scheinbar glücklichen Umständen wie dem Abschluß der höheren Schule.

Einige vernachlässigte Kinder drücken ihr Gefühl, nirgends hinzugehören, in ihren sozialen Beziehungen aus. Wenn sie noch klein sind, saugen sie begierig jede Form der Zuwendung auf, klettern jedem auf den Arm, der sie halten mag, oder springen impulsiv jemandem auf den Schoß. Angesichts dieser Tendenzen vermuten einige Forscher, daß Zurückweisung und emotionale Vernachlässigung bei dem Kind das Gefühl hervorrufen, es stehe nicht in seiner Macht, enge und befriedigende Beziehungen aufzubauen (*Corder*, 1974).

Eine andere Auswirkung von emotionaler Vernachlässigung bei suizidalen Kindern ist das Gefühl der Entfremdung von ihrer Familie, die eine geschlossene Front gegenüber dem Kind darzustellen scheint. Einige Forscher haben den Faktor der Entfremdung dazu benutzt, selbstzerstörerische Tendenzen mit elterlicher Zurückweisung in Verbindung zu setzen (*Sabbath*, 1969). Dieser Forschungsansatz wird in Kapitel IX dargestellt.

Trotz der Beachtung , die die Faktoren Vernachlässigung und Zurückweisung beim Suizid verdienen, lassen Forschungsergebnisse vermuten, daß ihnen keine zentrale oder einzigartige Bedeutung zukommt. Zum Beispiel fand *Kosky* (1983) heraus, daß Vernachlässigung durch die Eltern beim Suizid von Kindern jedenfalls nicht mehr hervorstach als andere pathologische Verhaltensweisen. Vernachlässigung scheint also ein Risikofaktor zu sein, dem deswegen Bedeutung zukommt, weil sich in ihm andere familiäre, persönliche und soziale Faktoren widerspiegeln.

Aggression in der Familie

Die Auseinandersetzung mit Aggression und Vernachlässigung gegenüber Kindern führt unweigerlich zu dem Begriff einer umfassenderen aggressionsgeladenen Atmosphäre, die innerhalb der Familie herrscht. Manchmal scheint es begründet, den Selbstmord von Kindern als aggressiven Angriff anzusehen, der in einer aggressiven Familienatmosphäre stattfindet. Eine klinische Studie an 34 suizidalen Kindern ergab, daß die meisten dieser Kinder aus Familien stammten, in denen ein Klima der Gewalt vorherrschte (*Paulson* et al., 1978). In diesen Familien arteten Konflikte schnell in Kämpfe mit Messern, Rasierklingen und geladenen Waffen aus. Die Atmosphäre war wie elektrisch geladen von Rachegefühlen und Aggressionen nach allen Richtungen, die eigene Person eingeschlossen. Ungefähr 20% der Kinder hatten einen Mord innerhalb der Familie miterlebt, während andere Zeuge von Anschlägen auf das Leben ihrer Geschwister geworden waren. Bedrohung mit Waffen, versuchtes Erwürgen und Vergiften waren keine Seltenheit.

Es ist höchst unwahrscheinlich, daß ein solches Ausmaß an Aggressivität in allen Familien suizidaler Menschen vorherrscht, aber es ist leicht nachvollziehbar, auf welche Weise solche Brutalität, da, wo sie auftritt, zu selbstzerstörerischem Verhalten führt. Eine solche Atmosphäre verringert die kindliche Fähigkeit zur Triebkontrolle und seine Frustrationstoleranz, wodurch Aggressionen geweckt werden. Außerdem legt sie den Grundstein für eine depressive, von Schuldgefühlen beladene Persönlichkeit, die keinen Ausweg sieht. Wie es ein Kind aus den untersuchten Familien ausdrückte: "Ich bin ein böses Kind, und ich will sterben."

Familienkrisen

Familienkrisen werden oft in Berichten über Kindersuizid angeführt (*Kosky*, 1983) – Krisen wie Tod, Scheidung, Trennung, Krankheit, Kämpfe, Alkoholismus, Geburten, Hochzeiten und andere Veränderungen, wobei negativen Krisen größere Bedeutung zukommt. Es ist unwahrscheinlich, daß alle Familienkrisen zum Suizid führen, sonst stünde angesichts der eindrucksvollen Aneinanderreihung von Veränderungen, Übergangsstadien und Tragödien, die jeder Mensch im Laufe seines Lebens erlebt, eine höhere Suizidrate zu erwarten. Welches also sind die Ereignisse, die wahrscheinlich das Suizidrisiko steigern? Eine Studie (*Orbach*, 1981), die den Versuch unternahm, den Gehalt solcher Krisen zu definieren, kam zu der Schlußfolgerung, ihr zentrales Merkmal sei, daß sie ihren Preis von *allen* Familienmitgliedern fordern. Wenn zum Beispiel eine starke finanzielle Belastung die ganze Familie trifft, so *kann* dadurch der Familienzusammenhalt und die gegenseitige Unterstützung gefördert werden. Wenn jedoch der Vater niedergeschlagen zu Bett geht und die Mutter in Verzweiflung versinkt, kann das Ereignis unerträgliche Lebensbedingungen für die Kinder schaffen. Bei fast allen Familienkrisen wird das Kind aufgefordert, sich an den Anstrengungen der Familie zu beteiligen. Diese Forderung kann die emotionalen Energien des Kindes erschöpfen und seine innere Integrität gefährden. Wenn die Erwartungen schließlich die Fähigkeiten des Kindes übersteigen, ist es möglich, daß es im Selbstmord einen Ausweg sucht.

Die Krise in der Familie des elfjährigen Josh verdeutlicht, was dem Kind während einer solchen Periode widerfahren kann. Joshs jüngere Schwester litt an einer seltenen Blutkrankheit. Die verzweifelten Eltern ließen nichts unversucht, um Hilfe für sie zu finden. Beide Eltern reisten häufig mit ihr zu Krankenhäusern und Ärzten. Oft war die Mutter zusammen mit der kranken Tochter fort von zu Hause. Der Vater mußte Überstunden machen, um die finanzielle Belastung aufzufangen. Die Atmosphäre war angespannt und nervös; die Familie wurde immer erschöpfter. Josh mußte im Haushalt die Rolle der Mutter übernehmen, putzen, einkaufen und kochen. Selten erhielt er eine Anerkennung für seine Anstrengungen, weil seinen Eltern nicht der Kopf danach stand, seine Arbeit zu loben oder ihm Aufmerksamkeit zu schenken. Außerdem kam Joshs Familie aus einem kulturellen Milieu, in dem eine eindeutige Rollenteilung zwischen Mann und Frau herrscht. Unter normalen Umständen wäre ein so weites Überschreiten dieser Grenzen völlig undenkbar gewesen. Josh fühlte sich in seiner Integrität und seiner Männlichkeit bedroht.

Als er das nicht mehr aushielt, kletterte er auf das Dach seiner Schule und drohte, hinunterzuspringen. "Was glauben die eigentlich, daß ich eine Frau bin?" Er sagte, er sei bereit, jede Arbeit zu tun, die Schule abzubrechen und sich für seine geliebte Schwester aufzuopfern. Er konnte nur die Rolle der Hausfrau nicht ertragen, weil sie einen direkten Anschlag auf seine männliche Identität bedeutete. Der Junge erklärte, daß seine Eltern von der Schule Schadenersatz wegen Verletzung der Aufsichtspflicht fordern könnten. Er überlegte, daß dies Geld dazu beitragen würde, sie von ihren finanziellen Sorgen zu befreien und dazu, eine Heilungsmöglichkeit für seine kranke Schwester zu finden.

In gewisser Hinsicht zeigt Joshs Geschichte Elemente altruistischen Märtyrertums. Andererseits stellt sie den Versuch dar, einer Situation zu entfliehen, die für ein Kind unerträglich ist. *Shneidman* (1985) machte die aussagekräftige Beobachtung, daß hinter jedem Suizid ein wesentliches Bedürfnis steckt und daß, vom subjektiven Standpunkt aus, der einzige Weg zu dessen Befriedigung der Tod ist. Diese Form von Krisen – in denen erdrückende und bedrohende Forderungen Gefühle von Hoffnungslosigkeit und Verzweiflung entstehen lassen – kann wahrscheinlich in allen Fällen von Kindersuizid festgestellt werden.

Leistungsdruck

Ein anderer Aspekt des Familienlebens, der mit Suizid in Verbindung gebracht wurde, ist der Druck, Erfolg zu haben und hervorragende Leistungen zu erbringen. Kinder, die versucht hatten, Selbstmord zu begehen, gaben oft schulisches Versagen als Grund für ihre Verzweiflungstat an. Eine kurze Prüfung verdeutlicht jedoch, daß das Thema wesentlich komplexer ist. Kinder und Jugendliche, die sich zu töten versuchen, sind oft überdurchschnittlich intelligent (*Shaffer*, 1974). Zumindest sind sie nicht weniger intelligent als andere Kinder ihrer

Altersgruppe. Daher muß das Versagen als ein Problem der relativen Erwartungen angesehen werden. Manchmal wird ein hervorragender Schüler dazu neigen, einen geringen und vorübergehenden Leistungsabfall als ein Zeichen für totales Versagen anzusehen – vor allem, wenn seine Leistungen überdurchschnittlich sind und seine Selbstachtung hauptsächlich auf schulischem Erfolg beruht. In solchen Fällen sollte das Leistungsversagen nicht als primäre Ursache für den Selbstmord angesehen werden, sondern eher als Teil eines umfassenderen Problems.

Erst einmal mag dieses Versagen oft nicht mehr sein als eine Widerspiegelung besonderer Umstände, die gleichzeitig zu Motivationsverminderung und Suizidwünschen geführt haben. Verlust, Trennung und Scheidung sind bekannte Gründe für schlechte Schulleistungen; und sie können alle direkt zu suizidalen Tendenzen führen, unabhängig von schulischem Erfolg oder Versagen. In solchen Situationen ist ein zeitweiliger Leistungsabfall nur eine zusätzliche Quelle des Unbehagens und der Anspannung, der die bereits problematische Situation noch weiter verschlechtert.

Zweitens dient das zwanghafte Streben nach schulischem Erfolg oft als ein Schutzschild gegen Alltagsängste oder unbefriedigende Beziehungen. Das Streben nach Erfolg wird angesichts zunehmender Entfremdung zur zentralen Basis der Anerkennung und Eigenliebe. Für manche werden hervorragende Leistungen zur Grundlage der Persönlichkeit und des Lebenskonzepts (*Hendin*, 1985). In diesem Licht bedeutet schon der kleinste Leistungsabfall, worauf er auch beruhen mag, einen bedrohlichen Anschlag. Ohne den Schutzschild des Erfolges steht das Kind nackt und wehrlos vor der Vielfalt negativer Gefühle, die es hinter sich lassen wollte.

Ein dritter Aspekt von Leistungsversagen und Suizid schließt die Eltern und den von ihnen ausgeübten Druck ein. Einige Eltern betrachten das Leben ihrer Kinder als eine Erweiterung ihres eigenen Lebens und die Leistungen ihrer Kinder als einen Spiegel ihres eigenen Selbstwertes. Wenn diese Eltern über das, was sie selbst erreicht haben, enttäuscht sind, üben sie wahrscheinlich einen gewaltigen Druck auf ihre Kinder aus. Offen oder versteckt vermitteln sie ihren Kindern, daß sie Liebe und Achtung nur durch Erfolge in der Schule erlangen werden und daß Versagen zu Zurückweisung führt. In diesem Gespinst ist nicht der schulische Erfolg in erster Linie wichtig, sondern das breitere, komplexere Feld zwischenmenschlicher Beziehungen.

Schließlich kann schulisches Versagen oder Leistungsdruck ein Problem der ganzen Familie oder eines anderen Familienmitgliedes verdecken. Bei Tim, der bei den Versuchen der Mutter, den Ehemann zurückzuholen, gleichsam als Schachfigur diente, spiegelten die Lernschwierigkeiten die häuslichen Probleme der Eltern wider. Während sein Vater fort war, meinte die Mutter beweisen zu müssen, daß sie ihr Leben selbständig bewältigen könne. Als Teil dieser Anstrengungen übte sie starken Druck auf Tim aus, hervorragende Leistungen zu erbringen, und zwar gerade zu einer Zeit, in der seine Leistungen nachließen. Tim hatte kaum Möglichkeiten, den zusätzlichen Druck durch die überhöhten Erwartungen der Mutter zu bewältigen. Seine Mutter wandte ein besonders zerstörerisches Druckmittel an. Immer wenn sie nicht zu Hause war, rief sie alle zwanzig Minuten an, um ihn zu kontrollieren. Wenn er dann einmal nicht für die Schule arbeitete, ließ sie ihn durch ein anderes Kind vom Spielen wegholen. Wenn sie zu Hause war, saß sie stundenlang bei ihm, wenn er seine Hausaufgaben machte. Befremdlich genug, warf sie Tim vor, sie dazu zu zwingen, bei ihm zu sitzen, da er eine Aufmerksamkeit verlange, die er doch gar nicht verdiene. Aber was immer Tim auch versuchte, er konnte die immer weiter steigenden Erwartungen seiner Mutter nicht erfüllen, da diese nur ein Deckmantel für andere Probleme waren.

Zusammenfassung

In diesem Kapitel wird deutlich gemacht, daß die Situationen, die im Zusammenhang mit dem Suizid von Kindern stehen, in drei grundlegende Kategorien eingestuft werden können. Die erste Kategorie enthält Bedingungen, die direkt zur Selbstzerstörung führen. Hervorstechende Beispiele sind Depression, suizidale Tendenzen oder tatsächlicher Suizid der Eltern. Die zweite Kategorie spricht die Umstände an, die durch ihren zerstörerischen Einfluß auf Mittlerfaktoren wie Selbstwertgefühl, Depression oder Hoffnungslosigkeit zum Suizid führen. In diese Kategorie gehören Kindesmißhandlung und Vernachlässigung, Scheidung oder Trennung der Eltern, der Tod eines geliebten Menschen (vor allem eines Elternteils) und Familienkrisen. Die dritte Kategorie bezieht Situationen ein, die die allgemeine Atmosphäre der Anspannung verstärken, aber keine direkte Verbindung zum Selbstmord haben. Hierzu können Aggression in der Familie, Leistungsdruck und übersteigerte Erwartungen gezählt werden. Eine übergreifende Schlußfolgerung ist, daß alle untersuchten Lebensumstände nicht losgelöst von anderen betrachtet werden dürfen. Nicht jede Scheidung oder jeder Tod eines Elternteils wird zu Selbstzerstörung führen. Eher scheint es, als gäbe es versteckte, unterschwellige Dynamiken, die diesen Ereignissen ihre zerstörerische Macht verleihen. Alle diese Bedingungen haben als gemeinsames Thema ein Problem, dem das Kind nicht entgehen kann, dessen Lösung aber nicht in seiner Macht liegt. Diese versteckte Dynamik scheint die Scheidemarke zu sein zwischen Lebensumständen, die schädigend sind, und solchen, die tödlich sind.

VI

Was Kinder über den Tod wissen und fühlen

Was wissen Kinder über den Tod? Wie wir sehen werden, stimmt beides: "sehr viel" und "überraschend wenig". Das Problem liegt darin, daß die kindliche Sichtweise von Leben und Tod sich stark von der Erwachsener unterscheidet. Um in das kindliche Verständnis von Tod Einblick zu erhalten, müssen wir oft unsere erwachsenen Einschätzungen und Gefühle beiseite lassen. Trockene Fakten und Darstellungen über die kindliche Entwicklung vermitteln nicht immer die kognitive Komplexität und die emotionale Gewichtigkeit des kindlichen Begriffes von Tod. Aufschlußreicher sind da einzelne Geschichten. Der Kinderpsychologe *Brent* (1977) liefert ein gutes Beispiel in einem Gespräch, das er mit seinem zweijährigen Sohn über den Tod führte. Das Kind fuhr mitten in der Nacht erschreckt und bitterlich weinend aus dem Schlaf und verlangte eine längst abgeschaffte Flasche mit Zuckerwasser. Zunächst beschloß *Brent*, eine konsequente Haltung einzunehmen und sagte dem Jungen, daß er zu alt für die Flasche sei und wieder ins Bett gehen solle. Als er jedoch die Verzweiflung des Jungen bemerkte, nahm er ihn auf den Arm und fragte: "Was passiert denn, wenn du deine Flasche nicht bekommst?" Der Kleine antwortete unter Tränen: "Ich kann nicht mehr zünden." "Was heißt, du kannst nicht mehr zünden?" "Wenn mein Benzin leer ist, kann ich nicht mehr zünden – mein Motor geht nicht mehr, weißt du."

An dieser Stelle erinnerte sich der Vater, daß sie im Sommer zusammen lange Strecken gefahren waren und daß ihnen dabei ein- oder zweimal das Benzin ausgegangen war. "Was soll denn passieren, wenn dir das Benzin ausgeht?" setzte der Vater das Gespräch fort. "Mein Motor wird nicht laufen und ich werde sterben," antwortete der kleine Junge. Die Worte des Kindes erinnerten den Vater daran, wie er vor kurzem sein Auto verkauft hatte. Der Käufer hatte erfolglos versucht, den Wagen zu starten und herumgenörgelt: "Anscheinend zündet er nicht. Ich glaube, die Batterie ist tot." Der Junge war Zeuge dieses Verkaufs gewesen, der Vater spürte, daß er den verworrenen Gedanken seines Sohnes auf der Spur war. Er fragte ihn: "Hast du Angst, daß in deiner Flasche so etwas wie Benzin ist und daß du – genauso wie die Autos sterben, wenn ihnen das Benzin ausgeht – daß du auch stirbst, wenn du keine Nahrung bekommst?" Der Junge nickte. Der Vater versuchte zu erklären: "Siehst du, das ist überhaupt nicht dasselbe. Wenn du etwas ißt, speichert dein Körper Energie, so daß du genügend davon für die ganze Nacht hast. Du ißt dreimal am Tag. Wir tanken das Auto nur einmal in der Woche. Wenn das Benzin ausgeht, hat es keine Reserven als Ersatz. Aber bei Menschen ist das überhaupt nicht so. Du kannst vielleicht zwei oder drei Tage ohne Essen sein. Und sogar wenn du hungrig wirst, würdest du nicht sterben. Menschen sind etwas anderes als Autos."

Der Versuch des Vaters, zwischen Lebendigem und Leblosem zu unterscheiden, beruhigte seinen Sohn nur wenig. Er versuchte es noch einmal: "Du hast Angst, daß du einen Motor hast wie ein Auto, ja?" Der Junge nickte zustimmend. "Also," fuhr der Vater fort, "du hast Angst, daß du sterben wirst, wie der Motor eines Autos, wenn dir das Benzin oder das Essen ausgeht. Aber das Auto hat einen Schlüssel, wir können es an- und abschalten, wann immer wir wollen. Wo ist dein Schlüssel?" Der Vater klopfte an dem Sohn herum, auf der Suche nach einem Schalter: "Ist das dein Schlüssel?" Der Junge reagierte mit Lachen und Erleichterung. "Kann ich deinen Motor an- und abschalten? Siehst du, du bist wirklich überhaupt nicht wie ein Auto. Niemand kann dich an- und abschalten. Wenn dein Motor erst einmal läuft, brauchst du keine Angst zu haben, daß du stirbst. Du kannst die ganze Nacht schlafen, und dein Motor wird weiterlaufen, ohne daß du Benzin nachtanken mußt. Weißt du, was ich meine? Gut, jetzt kannst du ohne Angst schlafen. Wenn du am Morgen aufwachst, wird dein Motor immer noch laufen."

Brent gelingt es mit diesem Bericht, etwas zu vermitteln, was sytematische wissenschaftliche Forschung oft nicht mitteilen kann. Er schildert die essentielle Erfahrung von Tod für einen kleinen Jungen. *Brents* kleiner Sohn ist sehr konkret in seiner Begrifflichkeit. Für ihn haben Worte konkrete Bedeutungen, fast so sehr wie es Objekte haben. Kraftstoff ist immer Kraftstoff, unabhängig von Zusammenhang und Situation. Der Kraftstoff eines Autos oder der Kraftstoff einer Flasche mit Zuckerwasser ist dasselbe. Der Tod des Autos ist dasselbe wie mein eigener Tod. Das Wort *Tod* existiert aus sich selbst heraus. Die abstrakte Erklärung des Vaters über lebendige und leblose Dinge ist zu symbolisch und vom Jungen zu weit entfernt. Schließlich gelingt es dem Vater nur durch die Übernahme der konkreten Blickweise des Jungen, das Mißverständnis zu klären.

Die Geschichte zeigt, daß kleine Kinder alles für lebendig halten und dabei keinen Unterschied zwischen Lebewesen und Sachen machen. Sie projizieren ihre eigene innere Erfahrung auf die Welt der unbelebten Dinge. Daher ist es nicht erstaunlich, daß das Kind in

Bedrängnis gerät, wenn es den Unterschied zwischen dem Ausgehen des Motors und dem Sterben eines Menschen erkennen soll. Zeit, Objekte, Kausalität, Veränderung und Identität, alles hat für kleine Kinder eine andere Bedeutung als für Erwachsene. Es wäre jedoch unangemessen, die kindliche Sichtweise einfach für unlogisch zu halten. Tatsächlich ist das Kind, wie *Brent*s Anekdote zeigt, genauso wie Erwachsene zu induktiven und deduktiven Schlüssen fähig.

Brents Erfahrung mit seinem Sohn führt uns zurück zu der Frage: "Was wissen Kinder über den Tod?" Wie können Kinder den Todesbegriff der Erwachsenen verstehen? Wie gehen sie mit dem Begriff Tod um? Beeinflußt die Exaktheit der kindlichen Wahrnehmung vom Tod die Wahrscheinlichkeit eines Suizid? Wissen Kinder, die versuchen, sich umzubringen, wirklich was Tod bedeutet?

Auch wenn man alle emotionalen Implikationen beiseite läßt, bleibt der Begriff Tod doch außerordentlich komplex. Tod wird definiert als totaler Stillstand aller Lebensfunktionen. Er ist ein unwiderruflicher, unvermeidbarer und universaler Prozeß. Er kann der Endpunkt eines natürlichen allmählichen Verfalls oder das Ergebnis einer schweren Verletzung sein. Wieviel davon begreifen Kinder und in welchem Alter? In der Literatur kann man mindestens elf verschiedene Elemente feststellen, die alle zusammen die ganzheitliche Wahrnehmung von Tod ausmachen. Zuerst muß man das Wort Tod an sich verstehen, man muß sich darüber klar sein, daß der Tod existiert, man muß zwischen Leben und Tod unterscheiden und man muß die Vergänglichkeit des Lebens realisieren. Das umfassendere Verständnis von Tod beinhaltet des weiteren die Einsicht in die Unwiderruflichkeit des Todes und in seine universelle Notwendigkeit, ebenso wie in seine Herrschaft über alles Lebendige. Darüber hinaus bedarf es der Kenntnis von Todesursachen, der Verbindung von Tod und Altern und der unterschiedlichen Erscheinungsformen von Tod. Gleichzeitig beinhaltet die reife Einschätzung von Tod die Erkenntnis von Tod als Prozeß, nicht nur als Zustand, und das Erkennen der Beziehung zwischen Tod und Trennung.

Schrittweise Annäherung an das Begreifen von Tod

Speece und *Brent* (1984) bemerken in ihrem Literaturüberblick über die kognitive Entwicklung von Kindern und deren Verständnis von Tod, daß kleine Kinder ein gutes Begriffsvermögen von Tod und seiner Bedeutung haben, auch wenn dieses Verständnis sich mit zunehmendem Alter noch erweitern und vertiefen wird. In einer älteren Studie zu diesem Thema legten *Gesell* und *Ilg* (1946) eine Beschreibung des zunehmenden kindlichen Verständnisses von Tod vor. Obwohl ihre Schlußfolgerungen auf zufälliger Beobachtung basieren, übersteigt ihre Exaktheit doch die von wesentlich später durchgeführten Studien. Sie vertreten einen dynamischen Ansatz, der sowohl den kognitiven Wandel wie auch die parallel stattfindenden emotionalen Reaktionen berücksichtigt, und sie beziehen auch die weitere Entwicklung während der Pubertät mit ein. Ihre zentrale Erkenntnis lautet, daß der größte Entwicklungsschritt im Begreifen von Tod mit ungefähr sieben Jahren stattfindet.

Gesell und *Ilg* gliederten die Entwicklungsschritte folgendermaßen:

1-3 Jahre: Das sehr kleine Kind hat ein begrenztes oder gar kein Verständnis von Tod.

4 Jahre: In diesem Alter tritt eine begrenzte oder unklare Anwendung des Wortes *Tod* auf. Obwohl das Kind in der Lage ist, die Vorstellung auszudrücken, daß Tod mit Leid und Traurigkeit zusammenhängt, ruft das Wort keine emotionale Reaktion hervor.

5 Jahre: Das Begriffsvermögen von Tod ist spezifischer, realer und genauer. Das Kind kennt die physischen Aspekte von Tod, wie die Bewegungsunfähigkeit eines Toten, ebenso ist es sich über die Endgültigkeit im klaren. Der Umgang mit Tod ist eher sachlich als emotional.

6 Jahre: Größeres Bewußtsein über und steigendes Interesse am Tod bilden sich aus, da das Kind beginnt, emotional auf ihn zu reagieren. Es kommt zu auffälliger Beunruhigung über den möglichen Tod von Angehörigen, besonders der Mutter. Die Kinder entwickeln Neugier hinsichtlich Todesursachen, wie Mord, Krankheit, Alter und Unfälle. Es besteht Interesse an Ritualen, Totenfeiern und Beerdigungen. Das Kind glaubt noch, daß es niemals sterben wird.

7 Jahre: Das Begriffsvermögen von Tod ist realistischer. Das Kind bleibt weiterhin interessiert an Todesursachen und Todesritualen.

8 Jahre: Interesse daran setzt ein, was nach dem Tod geschieht. Das Kind akzeptiert die Unvermeidlichkeit von Tod für alles Lebendige, es selbst eingeschlossen.

9 Jahre: Das Kind zeigt ein tieferes Verständnis für die beim Tod stattfindenden biologischen Prozesse und deren Endgül-

	tigkeit. Es besteht eine geringere Angst vor dem Tod, und die Reaktionen auf Tod sind weniger emotional.
10 Jahre:	Das Kind nimmt eine realistische, sachliche Haltung ohne ein besonderes Interesse an den philosophischen Aspekten von Tod ein.
11 Jahre:	Das Kind beginnt, theoretische und philosophische Fragen darüber zu stellen, was nach dem Tod geschieht und zeigt Interesse an Gesprächen über Verstorbene.
12 Jahre:	Der Vorpubertäre beschäftigt sich mit dem Leben nach dem Tod, bleibt jedoch skeptisch, ob es das wirklich gibt.
Pubertät:	Spekulatives und philosophisches Interesse richtet sich auf das Leben nach dem Tod. Es besteht eine große magische Angst vor dem Tod, begleitet von starken emotionalen Reaktionen.

Forscher nach *Gesell* und *Ilg* haben aufgezeigt, daß das Kind mit sieben Jahren beginnt, ein mehr oder weniger reifes Todesverständis zu erlangen. Bis zu diesem Alter verläuft die Verständnisentwicklung ziemlich graduell. Dann, im Alter von sieben Jahren, kommt es zu einer plötzlichen Einsicht in alle Aspekte von Tod. Das Wachstum dieses komplexen Verständnisses wird in der Arbeit von *Barbara Kane* (1978, 1979) gut dargestellt. Sie untersuchte das Begriffsvermögen von Tod bei Kindern zwischen drei und zwölf Jahren und legt die folgenden Ergebnisse vor: Im Alter von drei Jahren besteht nur ein geringes Bewußtsein über die Existenz des Todes. Im Alter von fünf Jahren wird Tod als ein Zustand der Bewegungslosigkeit und Trennung wahrgenommen. Mit sechs Jahren kommen die Begriffe Unwiderruflichkeit, Ursächlichkeit, Verlust der Körperfunktionen und Allgemeingültigkeit hinzu. Mit acht Jahren wird Tod als Erlöschen der Sinnesfunktionen wahrgenommen. Schließlich hat sich mit 12 Jahren ein klares Verständnis davon entwickelt, was den Toten vom Lebenden unterscheidet. *Kane* kommt in ihrer Studie zur Festlegung dreier Entwicklungsstadien. Im ersten Stadium ist sich das Kind über den Tod bewußt und sieht ihn als Trennung und Bewegungslosigkeit an. Im zweiten Stadium scheinen Kinder alle Aspekte von Tod zu verstehen, jedoch nur in konkreten Begriffen. Während des dritten Stadiums beginnt ein abstraktes Verständnis dieser Aspekte.

Mit der Arbeit von *Kane* vergleichbare Studien wurden mit Kindern im Alter zwischen fünf und zwölf Jahren durchgeführt *(Orbach* et al., 1985; *Orbach* et al., 1987). Fünf Aspekte von Tod – Alter, Universalität, Endgültigkeit, Ursächlichkeit und Unwiderruflichkeit – wurden anhand eines Fragebogens erhoben. Diese Begriffe wurden in

Bezug auf den Tod von Menschen und den Tod von Tieren geprüft. Die in die Studie einbezogenen Kinder wurden in drei Altersstufen eingeteilt: sechs bis sieben Jahre, acht bis neun Jahre, und zehn bis elf Jahre. Außerdem wurden die Kinder anhand ihres IQ in low-skill- und high-skill-Gruppen unterteilt. Was den Tod von Menschen betraf, war der für die jüngeren Kinder schwierigste Aspekt der der Ursächlichkeit, obwohl die jüngsten Kinder auch Schwierigkeiten mit der Endgültigkeit hatten. Die vier Begriffe Endgültigkeit, Unwiderruflichkeit, Allgemeingültigkeit und Alter waren für die sieben- bis achtjährigen fast gleichermaßen verständlich; ein Verständnis der Ursächlichkeit trat erst bei den zehn- bis elfjährigen auf. Des weiteren beeinflußte die Intelligenz die kindliche Fähigkeit, alle Aspekte – außer der Ursächlichkeit – zu verstehen.

Obwohl diese Studie etwas andere Begriffsbestimmungen verwandte als die von *Kane*, sind die Gemeinsamkeiten beeindruckend. Beide Arbeiten zeigen, daß eine einigermaßen realistische Vorstellung von Tod schon in frühem Alter vorhanden ist. Sogar kleine Kinder sind sich über die Endgültigkeit und Unwiderruflichkeit des Todes im klaren, wobei einige Aspekte, wie Ursächlichkeit, wesentlich schwieriger zu fassen sind. Hier ist anscheinend die kognitive Entwicklung notwendig, aber auch Wissen und Erfahrung, die mit zunehmendem Alter erworben werden. Die Ausbildung eines umfassenden Begriffsvermögen von Tod scheint also sowohl Erfahrung wie auch kognitive Reife zu erfordern.

Die Studien von *Orbach* und Mitarbeitern liefern auch interessante Ergebnisse bezüglich der Begriffsbildung über den Tod von Tieren. Hier tauchte das Grundmuster der Verständnisschwierigkeiten wieder auf, außer bei einem Aspekt – Alter. Obwohl Alter leicht als Aspekt beim Tod von Menschen verstanden wurde, war es einer der letzten Begriffe, die mit dem Tod von Tieren in Verbindung gebracht wurden. Der Begriff des Alterns wurde in der Tat erst ungefähr gleichzeitig mit der Ursächlichkeit in das Verständnis einbezogen.

Diese Ergebnisse scheinen die allgemeine Annahme zu widerlegen, daß unser Verständnis des Todes von Tieren dem Verständis des Todes von Menschen vorausgeht (*Mitchell*, 1967). Es läßt sich daraus schließen, daß unser Verständis von Tod nicht notwendigerweise eine initiale Begegnung mit dem Tod von Tieren verlangt, die das Kind dann auf den Menschen ausdehnt. Eher scheint unser Begriffsvermögen von Tod durch andere Erfahrungsprozesse gefördert zu werden, wie Schlaf- und Wachperioden, Trennung, oder unterschiedliche Ängste. Dieses Verständnis wird dann auf Tiere übertragen (*Anthony*, 1972).

Im hohen Alter sind die äußerlichen körperlichen Veränderungen bei Tieren viel weniger sichtbar als bei Menschen; daher hat das Kind Schwierigkeiten, hier eine Verbindung herzustellen. Das Altern von Menschen ist ein Prozeß, der sowohl beobachtet als auch durch kontinuierliche zwischenmenschliche Erfahrungen erlebt werden kann, und ist daher der am leichtesten veständliche Erklärungsbegriff. Allgemeingültigkeit und Unwiderruflichkeit sind Umstände, die nicht ignoriert werden können. Obwohl Erwachsene den Kindern einzureden versuchen, daß es ein Leben nach dem Tode gibt, ist es die direkte Erfahrung, die Kinder machen, daß der Tote nicht wiederkehrt. Während verschiedene Faktoren der Endgültigkeit – wie Bewegungslosigkeit – offensichtlich sind und leicht begriffen werden, trifft dies für andere Faktoren, wie den Stillstand von Gedanken und Gefühlen, nicht zu. Am schwierigsten ist das Begreifen der Ursächlichkeit, da dies abhängig ist vom Wissen und Erlernen von Prozessen, die nicht ohne weiteres beobachtet werden können. Das läßt vermuten, daß die Reihenfolge, in der die verschiedenen Aspekte erfaßt werden, von der Möglichkeit der direkten Beobachtung der stattfindenden biologischen Prozesse abhängt. Je verborgener oder latenter ein Prozeß ist, desto schwerer ist er zu begreifen.

Das Wissen um die verschiedenen Aspekte, die für das Begreifen von Tod Voraussetzung sind, hebt die Bedeutung der allgemeinen kognitiven Entwicklung hervor. *Piaget*s (1954) strukturelle Theorie der kognitiven Entwicklung bietet eine nützliche Ausgangsposition, um die Veränderungen im Begreifen von Tod in einem größeren Zusammenhang zu sehen. *Piaget* nennt vier allgemeine Entwicklungsstufen des Denkens: die sensomotorische, die präoperationale, die konkret-operationale und die abstrakt-operationale Stufe. Diese Stadien werden von *Lonetto* (1980) und anderen Kinderpsychologen zugrundegelegt, um parallel stattfindende Veränderungen in der Qualität kindlicher Gedanken über den Tod anhand der Aussagen und Gemälde von Kindern zu erläutern. In den folgenden Absätzen wird jede der von Piaget genannten Entwicklungsstufen zusammen mit den Veränderungen, die im Begreifen von Tod auftreten, beschrieben.

Sensomotorische Periode (von der Geburt bis zum zweiten Jahr)

In der sensomotorischen Phase liegt die besondere Bedeutung auf der Entwicklung der Motorik und der Fähigkeit, die Umwelt wahrzunehmen. Zu diesem Zeitpunkt besitzt das Kind keinen allgemeinen Begriff von der Beständigkeit der Dinge (das ist die Einsicht, daß die Existenz oder Nichtexistenz von Objekten nicht von ihrer unmittelbaren Wahrnehmung abhängt). Allerdings beginnt das Kind während dieser beiden Jahre ein Bewußtsein für konstante Tatbestände zu entwickeln – dies betrifft hauptsächlich die Eltern und die unmittelbare Umgebung. Anhänger *Piaget*s behaupten, daß es in diesem Alter definitiv kein Bewußtsein von Tod und mit Sicherheit kein Verständnis davon gibt. Diese Behauptung steht jedoch im Widerspruch zu klinischen Beobachtungen, wie *Brent*s Anekdote von seinem Sohn zeigt.

Präoperationales Stadium (vom zweiten bis zum siebten Jahr)

Die präoperationale Phase beginnt mit dem Erlernen der Sprache und einsetzendem symbolischen Denken, was ein umfassenderes Begreifen des Selbst und der Umwelt erlaubt. Im ersten Teil dieser Phase (vom zweiten bis zum vierten Jahr) sind die Gedanken durch egozentrischen Animismus und Magie gekennzeichnet. Das Kind betrachtet sich selbst als Mittelpunkt des Universums. Alles dreht sich um seinen Willen und seine Wünsche. Gedanken und Worte sind mit Zauberkraft wirkungsmächtig. Während der zweiten Hälfte dieser Phase (vom vierten bis zum siebten Jahr) kommt es zu einem verfeinerten Spracherwerb und vermehrtem Gebrauch von Symbolik und abstraktem Denken. Die kognitiven Funktionen basieren jedoch noch auf, wie *Piaget* es nennt, prälogischem Denken. Das Kind ist noch an die konkrete Umwelt gebunden, an das, was mit den Sinnen wahrnehmbar ist. Die Lern- und Problemlösungsmuster verlaufen nach dem Prinzip Versuch und Irrtum. In diesem Abschnitt vermindert sich der Egozentrismus. Das Kind beginnt, auf praktische Art Probleme zu lösen und geht über unmittelbares Wollen und Wünschen hinaus. Dabei manifestiert sich ein zunehmendes Interesse an der Kausalität durch wiederholtes Fragen nach dem "Warum?". Trotzdem bleibt die kindliche Wahrnehmung der Zeit von subjektiver Erfahrung abhängig; Zeit wird noch nicht als ein kontinuierlicher zukunftgerichteter Fluß begriffen. Schließlich treten die ersten Anzeichen von Selbstdefinition auf, und die ersten Schritte weg von der Familie, hin zu Gleichaltrigen können in dieser Phase beobachtet werden.

Wie sehen die kindlichen Gedanken über den Tod in dieser Phase aus? *Anthony* (1940) stellte fest, daß Kinder schon mit zwei Jahren vom Tod geängstigt und mit ihm beschäftigt sein können. Diese Erkenntnisse basierten auf Berichten von Eltern über die Spiele ihrer Kinder, auf der Begutachtung von Zeichnungen der Kinder und auf Gesprächen mit ihnen. Dem psychoanalytischen Forschungsansatz folgend nimmt *Anthony* an, daß die emotionalen Reaktionen der Kinder entweder durch Angst vor Kontrollverlust über aggressive Impulse oder aus der Furcht vor Verlassenwerden entstehen. *Nagy* (1948) kam zu anderen Ergebnissen bezüglich des Zeitpunkts, ab dem Kinder Interesse am Tod zeigen. Er legt ihn etwas später als *Anthony* fest – zwischen drei und fünf Jahren. Während dieser besonderen Phase nimmt das Kind nach *Nagy*s Meinung den Tod als Trennung, als zeitweilige Unterbrechung von Leben, und nicht als etwas Umfassendes oder Endgültiges wahr.

Koocher (1974) hat sich sehr direkt mit dem Gehalt präoperationaler Gedanken über den Tod auseinandergesetzt. Unter anderem wurden die folgenden Fragen Kindern gestellt, die in die präoperationale Phase eingestuft wurden:

1. Was bringt etwas zum Sterben?
2. Wie kann man wieder lebendig werden?
3. Wann wirst du sterben?
4. Was wird passieren, wenn du stirbst?

Die Antworten der Kinder auf diese bedrohlichen Fragen waren erfrischend und direkt. Ein kleiner sechsjähriger Junge beantwortete die erste Frage folgendermaßen: "Wenn du etwas Schlechtes ißt, wenn du mit einem Fremden gehst und er gibt dir vergiftete Süßigkeiten, wenn du einen Wurm runterschluckst." Ein anderes sechsjähriges Kind beantwortete die Frage "Wie wird man wieder lebendig?" so: "Wenn du viel über Naturwissenschaft weißt und du gibst ihm [dem Toten] eine Pille, dann kannst du es machen." Diese Antworten verdeutlichen die Begrenztheit des präoperationalen Denkens bezüglich der Ursachen und der Widerrufbarkeit des Todes. Der Einfluß eines unreifen Zeitbegriffs auf die Wahrnehmung von Tod zeigt sich in den Antworten auf die Frage: "Wann wirst du sterben?"

Zwar legten die Kinder ihren Tod im Durchschnitt auf das angenehme Alter von 85 Jahren, jedoch reichten die Antworten von "In einem Jahr" bis zu "Nach dreihundert Jahren".

Forschungen, die sich mit den Zeichnungen von Kindern befassen, zeigen, daß präoperationale Kinder zwischen drei und fünf Jahren sich hauptsächlich mit den physischen Aspekten von Tod beschäftigen (z. B. Bewegungslosigkeit). Sie zeigen auch großes Interesse an unmittelbaren Kennzeichen des Totseins (wie der Körperhaltung von toten Menschen) und bringen den Tod oft mit Verlassenheit und Vernachlässigung in Verbindung. In dieser Phase ist es für die Kinder schwer, zwischen Tod als Zustand und Tod als natürlichem Prozeß zu unterscheiden (*Lonetto*, 1980).

Wie die Forschungsergebnisse zeigen, ist die präoperationale

Phase gekennzeichnet von einem teilweisen Verständnis von Tod und seinen Ursachen, das aber auch von Verzerrungen begleitet wird. Kinder in diesem Stadium gehen mit dem Tod auf konkrete situationsbedingte Art um, dies wird von magischem Denken und Verallgemeinerungen überlagert. Tod wird oft als zeitlich begrenzter und widerrufbarer Zustand angesehen, ähnlich wie auch andere Phänomene der kindlichen Welt.

Konkret-operationales Stadium (zwischen siebtem und zwölftem Jahr)

Kinder im konkret-operationalen Stadium beginnen, logische Problemlösungen anzuwenden. Diese Kinder sind in der Lage, Objekte aufgrund ihrer Unterschiede und Gemeinsamkeiten einzuordnen und sind fähig, etwas einzubeziehen oder auszuklammern. Sie können nun in Sequenzen denken, wobei ein logischer Schluß auf den anderen folgt. Sie können ein Problem erneut angehen und es in seine einzelnen Elemente aufgliedern. Es besteht eine geringere Abhängigkeit von der Sinneswahrnehmung und ein größeres Vertrauen in Logik und Vorstellungskraft. Zum Beispiel kann ein Kind sich "vorstellen", ein Auto auseinanderzumontieren und wieder zusammenzusetzen, oder es kann die Konstruktion eines Flugzeuges planen, auch wenn die Einzelteile nicht vor ihm liegen. Trotz dieser bemerkenswerten Fortschritte fehlt den Kindern in der konkret-operationalen Phase noch die Fähigkeit, abstrakte Hypothesen zu entwickeln. Sie haben Schwierigkeiten, die Beziehung zwischen Ursache und Wirkung zu erfassen. Obwohl sie dazu in der Lage sind, die Welt symbolisch darzustellen, schwanken sie noch in ihrer Einschätzung der möglichen Beziehungen zwischen diesen Symbolen. Dies ist eine Phase explosiver Entwicklung. Es werden erste Schritte zum Verständis von Begriffen wie Zeit, Raum, Konstanz (das heißt, die Erkenntis, daß ein Objekt unverändert erhalten bleibt, auch wenn der Behälter, der es birgt, sich verändert) und Kausalität hin gemacht. Diese kognitiven Fortschritte gehen einher mit einer Ausweitung des Selbstgefühls und einem wachsenden Gefühl der Autonomie. Auf der sozialen Ebene wird sich das Kind des Bildes, das es bei anderen hervorruft, bewußter, und den Beziehungen zu anderen Kindern wird größere Bedeutung beigemessen. Soziale Normen und Gesetze werden wichtiger, da das Kind fähig wird, von anderen zu lernen.

Nagy (1948) belegt, daß Kinder in der konkret-operationalen Phase anfangen, Tod als die endgültige Beendigung aller Lebensfunktionen zu begreifen. Trotzdem wird der Tod weiterhin als etwas angesehen, dem vorgebeugt oder das vermieden werden kann. Tod wird noch nicht als allgemeingültig wahrgenommen, und die Möglichkeit, er könnte das Kind selbst betreffen, wird nicht in Betracht gezogen. *Nagy* fand heraus, daß Kinder in diesem Stadium dazu neigen, den Tod zu personalisieren. Sie sehen ihn als menschliches Wesen mit Wünschen, Hoffnungen und Erwartungen, das beeinflußt und kontrolliert werden kann. Todesursachen erscheinen als äußerlich und nicht als innere biologische Verschleißprozesse.

Koocher (1974) stellte fest, daß Kinder in dieser Phase konkrete Gründe für den Tod anführen: Krebs, Herzanfälle, hohes Alter, Gift, Waffen, Krankheit, Drogen und Ertrinken. Diese Antworten bleiben alle an die konkrete Erfahrungswelt gebunden; die zugrundeliegenden biologischen oder geistigen Prozesse werden nicht abstrahiert.

Lonetto (1980) teilt die Entwicklung des konkreten Denkens in zwei Unterstufen ein. Auf der ersten Unterstufe (zwischen sieben und acht) beginnt das Kind den Gebrauch sozialer Sanktionen für unangemessenes Verhalten zu verstehen. Kinder in diesem Alter glauben, daß moralische Wertmaßstäbe absolut seien und nicht in Frage gestellt werden könnten. In diesem Alter zeigen die Kinder auch Interesse an und Furcht vor dem Übernatürlichen, Geistern, Göttern, Hexen, Monstern und Naturkräften. Sie fangen an, ein starkes Interesse am Tod zu zeigen, sind besorgt um das Wohlergehen von Familienmitgliedern, haben Angst davor, möglicherweise verlassen zu werden und beginnen, den Prozeß des Alterns und ihren eigenen Platz in dem umfassenden System zu verstehen. Zeit wird jetzt zum ersten Mal als ein unilinearer Prozeß wahrgenommen. Diese Veränderungen bewirken ein umfassenderes Verständnis vom Tod.

Nach *Lonetto* gibt es in dieser frühen Phase des konkret-operationalen Stadiums ein auffälliges Interesse an Begräbniszeremonien und an Spielen, die Beerdigungen und Tod zum Inhalt haben. Die Kinder, vor allem die, die religiös erzogen werden, beginnen über das Leben nach dem Tod nachzudenken (*Anthony*, 1972). *Lonetto* nimmt an, daß die meisten Kinder in diesem Alter den Tod personifizieren und Todesursachen auf äußere Einwirkung zurückführen, ohne Beziehung zu den inneren Prozessen. Die Zeichnungen der Kinder deuten außerdem auf emotionale Schwierigkeiten im Umgang mit der Endgültigkeit des Todes hin.

In der zweiten Hälfte der konkret-operationalen Phase (von neun bis zwölf) finden wichtige Entwicklungen statt, die die Wahrnehmung von Tod verändern. Die Kinder beginnen, unabhängige moralische Beurteilungen zu entwickeln anstatt des fraglosen Akzeptierens der moralischen Werte anderer. Obwohl die Eltern nach wie vor als größte Autorität angesehen werden, werden ihre Meinungen hinterfragt. Es entwickelt sich die zunehmende Tendenz, zu sozialen Gruppierungen außerhalb des Zuhauses und der Familie gehören zu wollen. In bezug auf den Tod wird diese zweite Phase durch ein fortbestehendes Interesse am Übernatürlichen gekennzeichnet. In den Zeichnungen der Kinder in dieser Phase zeigt sich ihre Furcht vor dem Tod Angehöriger wie Eltern und Großeltern. Sie setzen Tod mit Alter und Krankheit in Verbindung - mit anderen Worten: mit inneren Kräften. Ihre Zeichnungen verdeutlichen ihr Verständnis von der Unterschiedlichkeit belebter und unbelebter Dinge und spiegeln die Beschäftigung der Kinder mit ihrem eigenen Tod wider.

Abstrakt-operationales Stadium (zwölf Jahre und darüber)

In diesem Stadium erreichen die Kinder die vollständige Reife des Denkens. Die Gedanken sind objektiv, abstrakt, logisch und hypothetisch. Sie haben ein gutes Begriffsvermögen von Naturgesetzen und physikalischen Prozessen, ebenso eine ausgebildete Zeitwahrnehmung. Die formalen und logischen Qualitäten in dieser Phase kommen in den Antworten auf Fragen nach dem Tod zum Ausdruck (*Koocher*, 1974): Ein fünfzehnjähriger Junge, der nach Todesursachen gefragt wurde, antwortete: "Im physikalischen Sinne [wird Tod hervorgerufen durch] die Zerstörung eines wichtigen Organs oder einer inneren Lebensader." Ein zwölfjähriger Junge antwortete: "Wenn das Herz aufhört zu schlagen, das Blut aufhört zu fließen und du aufhörst zu atmen, und dann ist es vorbei. Ja es kann auf unterschiedliche Weise geschehen, aber das ist es, was tatsächlich passiert." Einige Kinder erreichen diese Entwicklungsstufe in jüngerem Alter. Ein Achteinhalbjähriger gab diese Antwort: "Manchmal sterben sie, wenn sie die Dinge, die sie zum Leben brauchen, nicht haben, wie Nahrung, Wasser oder saubere Luft."

Die Rolle von Emotionen und Erfahrungen beim Begreifen von Tod

Intuitiv vermutet man, das entwicklungsbedingte Wachsen des Begriffsvermögens von Tod sei ein Ergebnis der wachsenden kognitiven Fähigkeiten. Dazu paßt die Behauptung, daß das kindliche Wissen um den Tod nicht mehr als ein Nebenprodukt ihrer umfassenderen Annäherung an ein Verständnis der natürlichen Phänomene des Lebens ist. Diese kognitive Sicht wurde jedoch ernsthaft von Psychologen in Frage gestellt, die darlegen, daß das Begreifen von Tod kein Nebenprodukt der Entwicklung ist, sondern vielmehr zu den zentralen Brennpunkten und Herausforderungen des persönlichen und emotionalen Wachstums gehört. Tod reflektiert und bedroht zugleich von Beginn des Lebens an den grundlegenden Kern von Existenz und Identität. Diese Psychologen behaupten nun, daß die Hauptaufgabe für die Kinder nicht darin besteht, den Tod als solchen zu begreifen, sondern vielmehr darin, die entsetzliche Bedrohung, die er auf das Gefühl eigener Wohlbehaltenheit ausübt, zu bewältigen und erfolgreich abzuwehren.

Unsere alltäglichen Erfahrungen verdeutlichen, daß Tod wesentlich mit primitiver Furcht und Angst verbunden ist. Daraus resultierend haben wir oft dem Tod gegenüber eine defensive und verzerrte Haltung. Die Frage ist nicht, wieviel wir wissen, sondern in welchem Maße wir bereit sind, uns mit diesem Wissen auseinanderzusetzen.

In den folgenden Abschnitten werden verschiedene Sichtweisen von Emotionalität auf den Begriff Tod angewandt und näher ausgeführt. Diese Auseinandersetzung mit emotionalen Prozessen um den Tod gibt der Frage eine andere Blickrichtung, inwieweit das kindliche Begreifen von Tod einen Einfluß auf Selbstmord ausübt. Die Frage lautet nicht mehr, ob Kinder die Bedeutung ihrer tödlichen Handlungen erkennen, sondern vielmehr, wie sie trotz ihres Wissens mit dieser Angst umgehen. Antworten auf diese neu aufgeworfenen Fragen liefern letztliche den Ansatzpunkt für Behandlungsformen und für vorbeugende Maßnahmen gegen Suizid.

Angst vor dem Tod als Grundlage für das Begreifen von Tod

Einige Psychologen und Psychoanalytiker haben die Urangst hervorgehoben, die den Tod, unabhängig von einem spezifischen Verstehen, umgibt. Sie richten ihr Augenmerk auf die emotionale und nicht auf die kognitive Entwicklung. Zum Beispiel nimmt *Klein* (1948) an, daß die Angst vor dem Tod eine primitive und instinktive Angst sei, eine dunkle, aber alles umschließende Angst vor Vernichtung und Untergang.

Mehr traditionelle Psychoanalytiker, wie *Anthony* (1940, 1972) konzentrieren sich vor allem auf die kindliche Angst vor der Trennung von ihren Eltern – einer Hauptquelle der Sicherheit – als Grundlage für die Furcht vor dem Tod. Diese Angst ist durchwoben mit der Angst des kleinen Kindes, die Eltern möglicherweise durch einen unkontrollierten Ausbruch triebhafter Aggression zu verletzen. Kinder geraten in Panik, wenn sie sich vorstellen, daß die Eltern sie wegen solcher Ausbrüche verlassen könnten, auch wenn kein tatsächlicher Schaden entsteht. Auf jeden Fall ist die Angst vor einem Verlust der Eltern ein Kern der Angst vor dem Tod.

Andere Analytiker, wie *McCarthy* (1980), heben ebenfalls Verlust der Eltern und Trennung von diesen hervor; in ihrer Sicht hängt die Angst vor dem Tod aber eher mit der Angst des Kindes zusammen, die Eltern zu verlassen, als mit der Angst, selbst von den Eltern verlassen zu werden. Hier wird das Augenmerk auf die symbolische Trennung gelegt, die auftritt, wenn das Kind beginnt, sich als unabhängiges Wesen gegenüber den Eltern wahrzunehmen. Nach dieser Ansicht ist zu einem frühen Zeitpunkt die kindliche Existenzerfahrung an die innige Einheit mit der Mutter gebunden; folglich erschüttert das zunehmende Gefühl der Unabhängigkeit und Differenzierung von den Eltern die Erfahrungsgrundlage des Seins. Trennung ruft erstaunlicherweise ein Gefühl des "Nichtseins" hervor. Die Angst vor Trennung wird auf die Angst vor dem Tod ausgedehnt. Diese Theorie vermittelt, daß in bestimmten Perioden im Leben des Kindes die Angst vor dem Tod mehr verstärkt wird als in anderen. Perioden des Übergangs zur Unabhängigkeit – wie der Schulbeginn – werden besonders problematisch. In späteren Entwicklungsstadien, wie der Pubertät, mag die Festigung einer eigenständigen Identität zu einer veränderten Einschätzung des Todes führen.

Ein mehr erfahrungsorientierter Forschungsansatz (*Maurer*, 1960) stellt eine Verbindung her zwischen der Angst vor dem Tod und den einzelnen Lebenszyklen: Tag und Nacht, Wachen und Schlafen. Diese zyklischen Erfahrungen finden einen kulturellen Ausdruck in solch alten Spielen wie "Blindekuh". Aus der kindlichen Perspektive verschwinden wir und tauchen wieder auf, je nachdem, ob wir unser Gesicht verdecken oder entblößen. Die Welt selbst scheint zu verschwinden und zurückzukehren und sich wieder von der Dunkelheit ins Licht zu bewegen. Das Bedecken des Gesichtes ruft ein Gefühl des Erstickens und des Verlustes hervor, dem dann Erleichterung und Freude folgt, wenn die Bedeckung fortgenommen wird. Man spürt eine starke, aber entfernte Analogie mit den Erfahrungen von Leben, Tod und Rückkehr ins Leben. In einer späteren Phase wird das Kind dieses Spiel begierig anregen und es wieder und wieder spielen. Das Spiel ruft dann großes Vergnügen und nur geringes Unbehagen hervor. Später erst lernt das Kind, daß Objekte verschwinden können, ohne wieder aufzutauchen.

Kastenbaum (1967) hebt besonders die Verbindung zwischen der Erfahrung von Verschwinden und Verlust und dem Begriff Tod hervor. Sehr kleine Kinder spüren intuitiv, daß dem Tod eine große

Bedeutung zukommt und daß er Angst macht. *Kastenbaum* schildert den Fall eines anderthalbjährigen Jungen, der einen toten Vogel auf dem elterlichen Grundstück fand. Obwohl er gewöhnlich neugierig und aufgeweckt war, war er beim Anblick des Vogels schockiert und versuchte nicht, ihn zu berühren. Einige Wochen später fand er einen weiteren toten Vogel und bat seinen Vater durch Gesten, den Vogel wieder auf einen Ast zu setzen. Der Vater folgte der Aufforderung, aber der Vogel fiel wieder herab. Das Kind bestand darauf, daß der Vogel wieder und wieder hinaufgesetzt wurde. Später zeigte der Junge großes Interesse an einem Blatt, das von einem Zweig gefallen war. Er versuchte viele Male, das Blatt wieder am Zweig zu befestigen, jedoch ohne Erfolg. Die sich wiederholenden Handlungen des Jungen zeigen, daß diese ersten Begegnungen mit dem Tod einen tiefen Eindruck bei ihm hinterließen.

Kastenbaum führt aus, daß später die Unterscheidung zwischen zeitweiligen, langandauernden und endgültigen Trennungen die Grundlage für das empirische Verständnis von Tod formen. Ein vier- oder fünfjähriges Kind macht die Erfahrung, daß der Vater am Morgen weggeht, aber gegen Abend wiederkommt. Im Gegensatz dazu erfährt es, daß die Großmutter auf den Friedhof geht und nie zurückkehren wird. Zu diesem Zeitpunkt beginnen die Kinder ein großes Interesse am Tod zu zeigen, vor allem am Tod naher Verwandter. Erst in der "mittleren Kindheit" (im Alter von sechs bis sieben) beginnen die Kinder, sich erfolgreich emotional von diesem Thema zu distanzieren.

Yalom (1980) verfolgt einen existentiellen Forschungsansatz, der ebenfalls das kindliche "Alles weg" als Kern des Begreifens von Tod hervorhebt. Er hat der analen Phase in der kindlichen Entwicklung eine neue Bedeutung gegeben. In der Vergangenheit haben Tiefenpsychologen den Aspekt des sexuellen Lustgewinns im Zusammenhang mit der Ausscheidung hervorgehoben. *Yalom* nimmt jedoch an, daß die Sauberkeitserziehung Ängste vor Nichtexistenz und Zerfall hervorrufen kann. Er sagt, daß das Verschwinden der kindlichen Exkremente tatsächlich das Verschwinden eines Teiles des kindlichen Selbst bedeutet. So gesehen kann die Sauberkeitserziehung die Angst vor allgemeiner Selbstauflösung freisetzen. Der passive Widerstand des Kindes gegen die Ausscheidung auf Befehl ist ein Ausdruck des kindlichen Bedürfnisses, das Gefühl der Selbstvernichtung unter Kontrolle zu bringen. Im gleichen Alter bringt dieses Bedürfnis nach Kontrolle das Kind dazu, das Spiel "Blindekuh" als ein Mittel einzusetzen, die Welt zu manipulieren. Aus ähnlichen Gründen entwickelt das Kind langsam Vergnügen daran, die Kerze auszupusten, die Küchenabfälle wegzuwerfen und den Stöpsel der Badewanne herauszuziehen. Zu einem späteren Zeitpunkt werden Kriegsspiele ein Teil der kindlichen Mittel, um mit denselben Problemen und Ängsten umzugehen. *Yalom* behauptet, daß die emotionale Erfahrung von Tod dem kognitiven Zugriff auf den Tod als Triebkraft dient.

Einen anderen Blick auf die Rolle der emotionalen Kräfte eröffnet *Rochlin* (1959, 1967), ein Anhänger der Meinung, daß Kinder von einem sehr frühen Alter an ein Bewußtsein vom Tod haben. *Rochlin* stellt fest, daß das kleine Kind zahlreiche Informationsquellen über den Tod hat. Auf dem Wochenmarkt sieht man tote Fische, bei Spaziergängen in den Feldern tote Insekten. Gespräche mit den Eltern, das Fernsehen, oder einfach das Hinausgehen auf die Straße liefern dem Kind zusätzliche Informationen über den Tod. Mit diesen Tatbeständen konfrontiert, beginne das Kind, sie einzuordnen und zu assimilieren, in dem wichtigen Bemühen, sich selbst und die Umgebung zu verstehen.

Rochlin (1959) unterstützt zweifelsfrei die Ansicht, daß die "kindlichen" Sichtweisen und Verzerrungen, die kleine Kinder zum Ausdruck bringen, nichts anderes sind als ihr defensiver Umgang mit ihrer Angst vor dem Tod. Ihre Ablehnung der Begriffe Unwiderruflichkeit und Endgültigkeit ist teilweise ein defensiver Mechanismus, um den Ansturm zu mildern. Kinder polstern ihren Schrecken durch magischen Animismus ab. Da ihre kognitiven Funktionen noch nicht voll ausgebildet sind, fällt es ihnen leicht, Tod auf diese Weise zu verleugnen. *Rochlin*s (1967) Schlußfolgerungen über das Verständnis von Tod basieren auf einfühlsamen Beobachtungen der Spiele von Kindern, in denen das Thema Tod unabhängig von der unmittelbaren Erfahrung des Sterbens einer nahestehenden Person auftrat. *Rochlin*s Beobachtungen können folgendermaßen zusammengefaßt werden:

1. Kinder reagieren sehr emotional auf den Tod und lassen insbesondere ihren Angstgefühlen freien Lauf.
2. Sie versuchen beharrlich, Informationen in Frage zu stellen, die ihre "falsche" Wahrnehmung von Tod korrigieren könnten.
3. Kinder können im selben Atemzug und sogar im selben Satz von einem "genauen" zu einem verzerrten Begriff von Tod umspringen.
4. Kinder versuchen, dem Thema Tod zu entfliehen oder es nicht zu beachten, wenn sie sich dadurch geängstigt oder angegriffen fühlen, werden jedoch nach einiger Zeit spontan auf das Thema zurückkommen.

Einige dieser Elemente werden in *Rochlin*s Gespräch mit dem vierjährigen David (D) deutlich (1967):

D: Letzte Nacht fand ich eine tote Biene.
R: Sah sie tot aus?
D: Sie wurde getötet. Jemand ist auf sie getreten, und sie starb.
R: Tot, so wie tote Menschen?
D: Sie sind tot, aber sie sind nicht wie tote Menschen. Überhaupt nicht wie tote Menschen.
R: Gibt es da einen Unterschied?
D: Menschen sind tot und Bienen sind tot. Aber sie werden in die Erde gelegt und sie sind nichts wert. Menschen.
R: Nichts wert?
D: Nach langer Zeit wird sie wieder lebendig [die Biene]. Aber nicht der Mensch. Ich möchte nicht darüber sprechen.
R: Warum?
D: Weil meine beiden Großväter noch leben.
R: Beide?
D: Einer.
R: Was passierte mit dem anderen?
D: Er starb vor langer Zeit, vor hundert Jahren.
R: Wirst du auch lange leben?
D: Hundert Jahre.
R: Und dann?
D: Ich werde vielleicht sterben.
R: Alle Menschen sterben.
D: Ja, ich werde müssen.
R: Das ist traurig.
D: Ich muß es auf jeden Fall.
R: Du mußt?
D: Sicher. Mein Vater wird bald sterben. Das ist traurig.
R: Warum wird er sterben?
D: Egal.
R: Du möchtest nicht darüber sprechen.
D: Ich möchte nun zu meiner Mutter.
R: Ich bringe dich zu ihr.
D: Ich weiß, wo tote Menschen sind. Auf dem Friedhof. Mein alter Großvater ist tot. Er kann nicht mehr heraus.
R: Du meinst, wo er begraben ist.
D: Er kann nicht raus. Nie.

*Rochlin*s (1967) zentrale These ist, daß Kinder zuerst erfahren, was Tod bedeutet und erst dann beginnen, ihn zu verzerren und zu verleugnen. Diese Verzerrung mag die Form annehmen, den Tod als einen widerrufbaren, selektiven Prozeß anzusehen. Animismus und magisches Denken vervollständigen dieses Abwehrsystem. Schließlich bedient sich *Rochlin Freud*scher Begriffe, wenn er behauptet, daß der kindliche Narzißmus und die Selbstwahrnehmung als Mittelpunkt der Welt nichts anderes sind als eine verallgemeinerte defensive Reaktion auf vage aber starke Gefühle der drohenden Zerstörung.

Rochlin führt aus, daß das Gefühl existentieller Nichtigkeit in der Abwehr zu einem Gefühl menschlicher Omnipotenz und Zentralität im Universum führt. Für *Rochlin* besteht kaum ein Zweifel daran, daß Kinder den Tod als das Erlöschen allen Lebens erkennen, und daß sie nicht bereit sind, diese Tatsache zu akzeptieren, weder pragmatisch noch philosophisch.

Auch bei Erwachsenen kommt es vor, daß sie ein wechselhaftes Verständnis von Tod an den Tag legen, oft infolge besonderer Umstände. Eine Studie (*Leviton*, 1971) verglich die Einschätzungen von Eltern schwieriger, gestörter Kinder mit denen von Eltern normaler Kinder. Die Ergebnisse zeigen, daß Eltern von problematischen Kindern viel eher dazu neigen, den Tod als eine friedvolle Situation zu idealisieren, als die Eltern, die weniger belastet waren.

Des weiteren beschrieben die belasteten Eltern das Leben als enttäuschend, ermüdend und ohne Hoffnung, während die zweite Gruppe das Leben befriedigender empfand. Gleichzeitig zeigten die Eltern der schwierigen Kinder geringere Angst vor dem Tod als die andere Gruppe.

Umgang mit den Gefühlen über den Tod

Die Angst vor dem Tod ist komplex. Ihre Variationen sind genauso vielfältig wie die Unterschiede zwischen den einzelnen Individuen. Viele Aspekte von Todesfurcht wurden festgestellt (*Kastenbaum*, 1967). Todesfurcht kann Angst vor dem Jenseits bedeuten, vor dem Unbekannten, vor der Zerstörung und vor Verlust der Identität oder Kontrolle. Auch die Angst vor Geistern ist dabei zu sehen, vor Verlust und Trennung und vor dem körperlichen Verfall.

Ist die Bandbreite der kindlichen Ängste genauso groß? *Zeligs* (1974) hat die Ängste junger Kinder vor dem Tod dokumentiert. Diese Ängste richten sich auf den Verlust der Eltern, darauf, eine Leiche zu sehen, selbst zu sterben und auf Verlassenwerden. *Anthony* (1972) kommt zu der Einschätzung, daß es drei Hauptkomponenten in der kindlichen Angst vor dem Tod gibt: Die Angst vor dem Verlassenwerden und der Aufgabe der Abhängigkeit, die Angst vor aggressiven Impulsen gegen die Eltern, und die Angst davor, verletzbar zu sein. Das Wissen darum, daß der Tod im Verborgenen lauert, läßt ein Gefühl konstanter Bedrohung entstehen.

Yalom (1980) bietet eine übersichtliche Zusammenfassung über das kindliche Wissen um den Tod und die Ängste, die daraus erwachsen. Er sieht wie *Rochlin* (1967), daß die Begegnung mit dem Tod Angst auslöst, die wiederum Abwehrmechanismen hervorruft. Er hebt eine Anzahl dieser Abwehrhaltungen und Verzerrungen hervor, wie sie bei Kindern unterschiedlichen Alters auftreten.

1. *Verleugnung von Tod.* Tod wird verniedlicht zu einem vorübergehenden Zustand. Er wird als Leben unter veränderten Umständen oder als Schlaf angesehen.
2. *Glaube an die Einzigartigkeit des Selbst.* Tod wird als selektive Kraft angesehen, einen selbst wird er nicht treffen. “Mir wird das nicht geschehen.” “Den guten Menschen geschieht es nicht.” Dies ist ein kindlicher, egozentrischer Standpunkt.
3. *Glaube an einen Retter.* Es gibt Wesen, die Macht über den Tod haben und eingreifen können, wenn es nötig ist. Der Retter kann der Arzt, ein Elternteil, Medizin, Liebe oder irgendetwas sein. Auch wenn der Mensch stirbt, können diese Wesen den Tod rückgängig machen.
4. *Verleugnung des Todes von Kindern.* Tod existiert, aber er trifft Kinder nicht. Er trifft nur Erwachsene oder alte Menschen. Da das Töten als eine Art des Todes angesehen wird, die kontrollierbar ist und vermieden werden kann, halten Kinder an dem Glauben fest, daß sie nicht sterben werden, es sei denn, etwas würde sie töten. Teil dieser Einschätzung ist die daraus folgende Angst davor, älter zu werden.
5. *Personifizierung von Tod.* Tod wird als menschliches Wesen gesehen, als Skelett oder als Geist, der darüber entscheiden kann, wer getötet wird. Personifizierung ermöglicht dem Kind die Illusion, den Tod beeinflussen, überlisten oder ihn auf andere Weise kontrollieren zu können. Gleichzeitig mit diesem Glauben tritt die Vorstellung auf, daß der Tod als äußerliche Kraft nicht so unvermeidbar ist wie ein innerer Prozeß, das Altern.
6. *Den Tod herausfordern.* Ein Mittel älterer Kinder und Jugendlicher, mit Tod umzugehen ist, ihn herauszufordern. Durch Reime (“Wenn ich morgen nicht mehr aufsteh’, lag’s an einem großen Bauchweh.”) und Spiele verspotten sie den Tod und haben keine Angst davor, ihn herauszufordern. Auf diese Weise scheinen sie ihre eigene Vitalität unter Beweis zu stellen, dadurch distanzieren sie sich vom Tod.

Wie verändern sich die Todesängste und Abwehrmechanismen mit zunehmendem Alter? Eine der bekanntesten Studien zu diesem Thema (*Alexander* und *Adlerstein*, 1958) untersuchte die psychogalvanische Reaktion (GSR) von Kindern zwischen fünf und sechzehn Jahren beim Hören von Worten, die mit Tod assoziiert werden. GSR-Reaktionen sind als gutes Instrument bekannt, die Stärke der emotionalen Betroffenheit zu messen. Die Ergebnisse waren sehr überraschend. Die jüngsten (fünf bis acht) und die ältesten Kinder (13 bis 16) zeigten die stärksten emotionalen Reaktionen; die mittlere Gruppe (neun bis zwölf) zeigte praktisch überhaupt keine Angst. Die Interpretationen dieser Ergebnisse sind unterschiedlich. Manche meinen, sie seien die Verdeutlichung einer relativen emotionalen Stabilität während bestimmter Perioden im Leben des Kindes, da die Angst vor dem Tod Teil eines umfassenderen emotionalen Status sei. Daher würde die starke emotionale Reaktion der jüngsten und ältesten Gruppe eine allgemein geringe Stabilität beider Altersgruppen aufzeigen. Für die Fünf- bis Achtjähringen resultiert diese Instabilität aus dem Übergang aus der häuslichen Sphäre hin zu Gleichaltrigen. Die Pubertät ist ebenfalls bekannt als eine Phase starker Konflikte und Krisen, begleitet von innerer Umwälzung und Verwirrung. Dementsprechend wird argumentiert, Neun- bis Zwölfjährige seien so ruhig, weil sie in diesem Alter keine neuen Orientierungspunkte brauchen.

Yalom (1980) bietet eine etwas andere Interpretation an. Er glaubt, daß das Kind sich zwischen fünf und acht Jahren mit dem Begriff Tod auseinandersetzt. Zwischen neun und zwölf Jahren ist es dem Kind gelungen, Abwehrmechanismen zu entwickeln, die ein inneres Gleichgewicht zwischen dem Wissen um und der Angst vor dem Tod aufrechterhalten. Deshalb seien Kinder in dieser Altersgruppe relativ entspannt. In der Pubertät wird dieses Gleichgewicht gestört, da die frühen Abwehrmechanismen und Personifizierungen ihre Wirksamkeit einbüßen. Das Gleichgewicht wird nur dann wieder hergestellt, wenn der Jugendliche verbesserte Bewältigunsformen, wie Rationalisierung und emotionale Distanzierung, entwickelt.

Wie die Interpretation auch aussehen mag, es ist eindeutig, daß das größere Wissen älterer Kinder sie nicht weniger anfällig für Angst macht. Dieses Ergebnis wird in einer anderen Studie (*Melear*, 1972) weiter ausgeführt, in der die Forscher Todesängste ermittelten, indem sie den Kindern direkte Fragen über den Tod stellten. Die Daten zeigen eine direkte Verbindung zwischen Todesangst und dem kindlichen Begreifen dessen, was Tod bedeutet. Ältere Kinder wiesen ein größeres Begriffsvermögen auf, sie wurden von der Vorstellung auch mehr geängstigt.

Das komplexe Zusammenspiel von Angst, Alter und Intelligenz wurde detaillierter in einer Studie von *Orbach* et al. (1985) untersucht. Diese schon oben angeführte Studie legte ihr Augenmerk auf das kindliche Verständnis von fünf Aspekten beim Tod von Tieren und Menschen. Diejenigen, die intelligenter oder älter waren, hatten ein besseres Verständnis von Tod, während die, die ängstlicher waren, ein geringeres Verständnis aufwiesen. Außerdem bestand eine Verbindung zwischen der Angst, dem Alter und der Intelligenz. Die Angst war bei den intelligenteren Kindern und bei denen der jüngeren Altersgruppe größer. Das führte dazu, daß die gescheiten Erstklässler, die keine Angst zeigten, fast dasselbe Verständnis von Tod aufwiesen, wie die aufgeweckteren unter den Fünftklässlern.

Diese Ergebnisse zeigen, daß eine Anzahl von Variablen die kindliche Wahrnehmung von Tod beeinflussen und dies sowohl einzeln als auch im Verbund. Eine Variable scheint die Fehleinschätzung aufgrund geringer Intelligenz oder einem Mangel an Information zu sein. Eine andere die Angst. Die Feststellung ist interessant, daß die drei Faktoren Alter, Intelligenz und Angst einen unterschiedlichen Einfluß auf die fünf geprüften Todesaspekte hatten. Das Alter hatte einen Einfluß auf alle fünf Begriffe – Endgültigkeit, Unwiderruflichkeit, hohes Alter, Allgemeingültigkeit und Ursächlichkeit. Intelligenz wirkte sich auf alle bis auf die Ursächlichkeit aus. Angst beeinflußte jedoch nur die Begriffe Allgemeingültigkeit und hohes Alter. Hier ergibt sich Grund für die Annahme, daß ängstliche Kinder daran glauben, der Tod fände nur selektiv statt und würde Kinder nicht betreffen.

Diese Studie verdeutlicht, daß das Begreifen von Tod mit Bewältigungsprozessen zusammenhängt. Diese Schlußfolgerung entspricht *Rochlin*s Behauptung, daß Emotionen das intuitive Verständnis der Kinder vom Tod verändern, daher können sogar schon vierjährige Kinder ein entwickeltes Begriffsvermögen haben, es ist jedoch überlagert von zusätzlichen emotionalen Abwehrmechanismen und Verzerrungen.

Der Einfluß von Begegnungen mit dem Tod auf das Begreifen von Tod

Der kindliche Zugang zur Sterblichkeit offenbart sich auf eindrucksvolle Weise in der Art ihrer Begegnungen mit dem Tod – zum Beispiel dem Verlust eines Haustieres, oder bedeutsamer, dem tragischen Verlust eines Familienmitgliedes. Eine Untersuchung dieser Begegnungen legt den emotionalen Prozeß frei, durch den sich die Kinder dem Tod annähern, und die Art und Weise, in der die Gesellschaft die abwehrende Verzerrung begünstigen oder auflösen kann. Obwohl man annehmen mag, daß der direkte Kontakt mit dem Tod eines geliebten Menschen das Wissen um den Tod erweitern müßte, zeigen klinische Fälle und die Forschung, wie komplex diese Erfahrungen zu bewerten sind.

In einer Studie über Kinder im Alter zwischen einem und drei Jahren fand *Speece* (1982) heraus, daß die Hälfte der Kinder bereits Erfahrungen im Zusammenhang mit Tod gemacht hatten, einschließlich dem Verlust eines nahestehenden Menschen. Die Reaktionen der Kinder auf ihre Erlebnisse waren klar und deutlich. Einige suchten nach der abwesenden Person oder nach dem Tier; andere stellten Fragen bezüglich der Bewegungslosigkeit des toten Tieres. Eine Anzahl drückte große Wut über den Verlust ihres geliebten Haustiers aus. Schließlich waren andere darüber beunruhigt, was nach dem Tod geschähe und äußerten Sorge über das Ergehen von Angehörigen.

Das erhöhte Verständnis von Tod durch direkte Begegnungen mit ihm wird in einer Studie von *Reilly* et al. (1983) eindeutig aufgezeigt. Diese Forscher verglichen drei Gruppen von Kindern: solche, die einen nahen Angehörigen durch den Tod verloren hatten; solche, deren Eltern sich hatten scheiden lassen und solche, die nie einen derartigen Verlust erlitten hatten. Bei den fünf- bis zehnjährigen, die in dieser Studie untersucht wurden, hatte die Erfahrung des Verlustes durch Tod eine starke Auswirkung auf das Begreifen und Akzeptieren von Tod. Die Kinder dieser Gruppe hatten eine tiefere, reifere Einsicht in den Tod. Außerdem schien die Erfahrung von Trennung als solche keinen Einfluß auszuüben, da die Ansichten der Kinder, deren Eltern sich getrennt hatten, sich nicht wesentlich von denen der Kinder unterschieden, die weder einen Verlust durch Tod noch eine Trennung durch Scheidung erlebt hatten. Diese Studie erweitert frühere Erkenntnisse (*Nagy*, 1948), die besagen, daß das Erleben von Tod dem Kind eine bessere Einsicht in den Begriff vermittelt, zumindest bis zu einem Alter von sechs Jahren. Diese jüngeren Kinder, die den Tod erlebt hatten, zeigten ein tiefergehendes Verständnis, als Kognitionstheorien hätten vermuten lassen (*Kastenbaum*, 1977).

Gegenläufige soziale Einflüsse können die Auswirkungen solcher Erlebnisse verändern. Einige Erwachsene meinen, den Schrecken der Kinder mildern zu müssen. Andere versuchen dem Kind zu helfen, indem sie es dabei unterstüzen, die wahren Dimensionen zu erkennen. Diese unterschiedlichen Umgangsformen und der Konflikt, den sie auslösen, kommen im Fall von Susy zum Ausdruck, den *Furman* (1974) beschreibt. Susy war noch keine drei Jahre alt, als ihre Mutter starb. Wenn vom Sterben der Mutter gesprochen wurde, fragte sie sofort: "Wo ist Mutter?" Zuerst erinnerte der Vater sie an den toten Vogel, den sie kurze Zeit zuvor gefunden und begraben hatten. Dann erklärte er, daß die Mutter ebenfalls tot und begraben sei. Er versprach Susy, ihr das Grab zu zeigen, wann immer sie wolle. Einen Monat später erzählte Susy ihrem Vater, daß ein Nachbarjunge ihr gesagt habe, die Mutter würde bald wiederkommen. "Das hat ihm seine eigene Mutter gesagt. Ich habe ihm gesagt, daß das nicht stimmt, daß meine Mutter tot ist und daß man nie wiederkommen kann, wenn man gestorben ist. Stimmt das nicht, Papa?"

Trotz ihres geringen Alters spricht Susy in einer reifen Weise über den Tod. Sie denkt darüber nach, was der Vater ihr mit einfachen Worten und vor ihrem Erfahrungshintergrund erklärt hat. Diese Erklärung verringert in keiner Weise das Leid oder den Schock des Verlustes, aber sie hilft dem Kind, sich damit auseinanderzusetzen. Der Einwurf des Nachbarjungen dagegen bewirkt nur Verwirrung.

Religiöse Erklärungen wirken oft verängstigend und verwirrend. Ein fünfjähriges Mädchen zum Beispiel, das ein gutes aber eher sachliches Todesverständnis aufwies, hörte von jemandem, daß "Gott den Menschen holt." Sie wurde durch diese Information geängstigt und versuchte, sie in ihre alte Einschätzung einzugliedern, daß Tod bedeutet, nicht zu atmen, zu sehen, zu hören oder sich zu bewegen und begraben zu werden. Ihre teilweise Erklärung war, daß Gott den Menschen an ein Seil bindet und in den Himmel bringt, aber nur dann, wenn der Mensch schlecht war. Auf diese Weise gliederte sie die verwirrende falsche Information in ihr realistisches, aber sachliches Verständnis ein.

Ein anderes Beispiel (*Anthony*, 1972) ist das eines fünfjährigen Jungen, der mit seiner Mutter, einer Professorin, über den Tod sprach. Das Kind fragte die Mutter, ob Tiere am Ende sterben. Die Mutter antwortete mit ja, die Tiere würden auch sterben. Alles stürbe irgendwann. Das Kind antwortete, daß es nicht sterben wolle. Er wolle länger leben als alle anderen. Die Mutter beruhigte den Jungen schnell mit den Worten, daß er nie sterben müsse und ewig leben würde. Die mütterlichen Versuche, die Ängste ihres Sohnes zu zerstreuen, können leicht eine falsche Einschätzung hervorgerufen haben. Auch wenn Worte eine zeitweise Erleichterung schaffen, können sie zu langandauernder Verwirrung führen, während der der Junge versuchen wird, seine Angst durch Verzerrung der Realität zu bewältigen.

Natürlich müssen einige Aspekte berücksichtigt werden, wenn man mit Kindern über den Tod spricht. Die meisten ihrer Fragen haben eine emotionale Konnotation. Das bedeutet, daß Kinder außer der Suche nach sachlicher Information auch eine emotionale Bedrängnis zum Ausdruck bringen. Sie fragen daher nicht notwendigerweise aus Wißbegierde. Das Gegenüber ist eher dazu aufgefordert, dem Kind einfühlsam zuzuhören und seine Fragen und seine Probleme zu akzeptieren. Aber auch wenn eine realistische Atmosphäre herrscht, sind ausführliche Lektionen und Erklärungen über alles, was mit dem Tod zusammenhängt, nicht effektiv und haben oft nicht die erwarteten Auswirkungen. Sie verwirren das Kind und regen es mehr auf, vor allem dann, wenn es nicht darauf vorbereitet ist, alles zu hören. Dem Kind muß gestattet sein, das Tempo zu bestimmen. Die Antworten müssen leicht verständlich und konkret sein und dürfen die kognitiven Fähigkeiten des Kindes nicht überfordern.

Begegnungen mit dem Tod, vor allen in seiner bedrohlichen und aggressiven Form, sind in Kriegszeiten nichts außergewöhnliches. In einigen Ländern wie Israel, Nordirland, Libanon oder Südvietnam wurde der Krieg zu einem beständigen Lebenshintergrund für Generationen heranwachsender Kinder. Logisch und psychologisch ist zu erwarten, daß eine solche Realität die kindliche Einschätzung von Tod drastisch beeinflußt. Es gibt jedoch nur wenige Studien über den Einfluß des Krieges. Wenn überhaupt, wurden einige Kultur-Querschnittsvergleiche zwischen Gruppen im Krieg und im Frieden durchgeführt.

Eine einzige Feldstudie (*McWhirter* et al., 1983), die in Nordirland durchgeführt wurde, zeigt die diffusen Auswirkungen des Krieges. Kinder verschiedener Altersgruppen und unterschiedlicher Religionszugehörigkeit aus verschiedenen geografischen Gebieten wurden befragt, um ihr Bewußtsein und ihre Auffassung von Tod festzustellen. Der Krieg hatte anscheinend das Wissen um den Tod bei den Kindern verstärkt, er hatte jedoch nicht spürbar ihr Begriffsvermögen von Tod verändert. Das heißt, die Kinder verbanden Tod nicht in erster Linie mit Krieg und Gewalt – die Forscher vermuten, daß dies vielleicht so ist, weil die Kinder in anderen Zusammenhängen Erlebnisse mit dem Tod hatten, trotz des Kriegszustands und des Terrors, oder daß sie sich stufenweise an den Krieg angepaßt hatten, so daß dessen Einfluß begrenzt war. Natürlich spiegeln solche Anpassungsleistungen auch kulturelle Einflüsse wider (*DeVos,* 1980; *Florian* und *Kravetz*, 1985).

Der Holocaust des Zweiten Weltkriegs liefert ein erdrückendes Repertoire an Erinnerungen und Erfahrungen vom Tod in seiner brutalsten Form. Der Horror und die Ungeheuerlichkeit dieser Epoche machen es sogar schwierig, die angemessenen Fragen zu formulieren, wenn man jemanden darauf anspricht. Der Holocaust stellt die Möglichkeit einer Verallgemeinerung in Frage. Trotz all dieser Unsicherheiten fragt man sich, wie kleine Kinder mit dem Tod in seiner schrecklichsten Form umgegangen sind. Welche Bedeutung hatte er? Was fühlten sie beim Tod eines Elternteils oder eines Geschwisters in dieser Hölle? Was erlebten sie, wenn sie mehr als nur passive Zeugen der furchtbarsten Todesarten waren? Die Grenzen menschlicher Erfahrungsmöglichkeiten angesichts des Todes wurden von einer tschechischen Überlebenden des Holocaust dargestellt. Die ältere von zwei Schwestern feierte ihren neunten Geburtstag am Ende des Zweiten Weltkriegs. Ihre Familie war die einzige des Dorfes, die den Terror überlebte. Sie wurden jedoch ebenfalls getrennt. Der Vater war ins Konzentrationslager Auschwitz deportiert worden. Die Mutter war durch eine Reihe von Lagern und auf verschiedenen Fluchtwegen bei ihren beiden Töchtern geblieben. Sie wurden schließlich ebenfalls getrennt, trafen sich dann aber auf fast wundersame Weise wieder.

Die heutigen Erinnerungen der Frau sind von den vielen Jahren gefärbt, die seit dem Krieg vergangen sind. In dieser Zeit hat sie sich in bewundernswerter Weise ein gesundes und zufriedenes Leben zurückerobert. Es besteht eine offenkundige Schwierigkeit, die Worte des kleinen Mädchens aus denen der erwachsenen Frau von heute herauszuhören: Diese Erinnerungen sind sicherlich keine exakte Dokumentation, ihre Stärke und Tiefe sind jedoch unverkennbar. In der nun folgenden Gesprächsaufzeichnung erscheinen die Fragen des Interviewers in Klammern.

(Was ist ihre erste Erinnerung an die Begegnung mit dem Tod?)

Ich war sechs Jahre alt. Wir und Mutter flüchteten aus Theresienstadt, wurden aber von der slowakischen Polizei gefangengenommen. Sie verhörten Mutter lange, um herauszufinden, ob wir Juden seien oder nicht. Aber Mutter leugnete es und erzählte ihnen einen Haufen Lügen. Sie lieh sich die Lebensgeschichte unseres Hausmädchens aus. Wir schauspielerten, bis sie uns fast glaubten. Plötzlich kam ein anderer Polizeioffizier herein. Er sah uns an und fragte: "Was machen sie denn hier, Frau Cohen?" Es war einer von Vaters Schulfreunden. Als ihm klar wurde, was er getan hatte, war es zu spät. Die Offiziere berieten sich lange untereinander und beschlossen, uns in ein anderes Lager zu schicken. Es war nicht Theresienstadt, aber es war ebenfalls eine Fassadeneinrichtung von den Deutschen, zum Vorzeigen für das Rote Kreuz.

Wir verfielen dort in eine Art Routine. Am Vorabend von Yom Kippur, Kol Nidre, kamen zwei Leute herein und sagten zu uns allen in der Synagoge: "Wir haben die Wachen getötet, alle Tore sind offen, rennt los." Wir waren 324 Juden, als wir alle in den Wald zu den Partisanen rannten. Die Partisanen brachten uns an einen sicheren Ort. Aber zuerst mußten wir ein Gebiet durchqueren, das von Deutschen wimmelte. Wir mußten durch das Tal und dann auf einen Berg klettern. Das nach drei Tagen ohne Nahrung oder Wasser.

Die Partisanen wiesen uns an, das Tal allein zu durchqueren. Leute fingen an, auf das Wasser zuzurennen und in die Lachen zu springen, aber Mutter hielt uns zurück und sagte, wir sollten nicht loslaufen. Die Deutschen begannen, auf die anderen zu schießen. Sie wurden niedergeschossen. Später, in der Nacht, durchquerten wir das Tal und trafen auf die Überlebenden. Es waren jetzt nur noch ungefähr hundert.

Ich sah einen Mann mit glasigen Augen, der ein Bündel in seiner Hand hielt, er hielt es eng an sich gepreßt. Ich sagte Mutter, ich glaubte, er habe ein Baby darin. Mutter ging zu ihm und bat ihn, sich um das Baby kümmern zu dürfen. Der Mann wich zurück und drückte das Bündel an seine Brust. Er sagte: "Nein, nein, sie braucht Wärme, damit ihr nicht kalt wird." Ich sah mir das Bündel genauer an; es war ein Baby ohne Kopf.

(Als sechsjähriges Kind, was haben Sie da gefühlt?)

Nichts.

Später wurde dieser Mann getötet. Er hatte einen schwarzen warmen Mantel, und ich wollte ihn nehmen. Mutter wollte mich zum Weitergehen bringen, aber ich bestand darauf. Ich zog ihm den Mantel aus. Ich sah sein Gesicht und seine glasigen toten Augen, aber ich dachte nur an den Mantel und daran, wie ich ihn von seinem Körper ziehen könnte. Dieser Mantel rettete mich. Am Ende wurden nur ich, meine Schwester und meine Mutter gerettet, von all den Juden, die geflohen waren. Alle anderen wurden unterwegs umgebracht.

(Was dachten Sie da über den Tod?)

Tod war eine einfache Sache. Es war ein deutscher Soldat.

(Wovor hatten Sie Angst?)

Daß ein Zweig bei Nacht kein Zweig sei, sondern die Hand eines Deutschen, davor hatte ich Angst.

Als wir das Dorf erreichten, waren da viele Partisanen, und sie versteckten uns. Alles in allem waren fünf Juden in dem Dorf, wir, ein anderes Mädchen und ein Junge. Wir lebten wie Christen, wir gingen zur Kirche. Der Priester wußte es. Ich erinnere mich, wenn ich zur Beichte ging, sagte der Priester: "Ich weiß schon. Du brauchst nichts zu sagen. Setz dich einfach eine Weile hin und dann geh hinaus." Eines Tages kamen die Deutschen und befahlen allen Männern, sich auf dem Kirchplatz zu versammeln. Ihnen wurde befohlen, sich auszuziehen. Wir sahen die Deutschen, als sie den jüdischen Jungen entdeckten. Vier Soldaten gingen an seine eine Seite und vier auf die andere. Ich will ihnen nicht erzählen, was sie taten.

(Was taten sie?)

Alle schlossen ihre Augen. Sie bedeckten ihre Gesichter mit Taschentüchern und bekreuzigten sich. Ich sah sie starr an. Sie rissen ihn entzwei.

(Was fühlten sie?)

Ich dachte, welche Schmerzen er wohl erlitten haben muß. Ich spürte nichts. Die ganze Zeit sprach ich mit Gott. Ich hatte Angst vor Gott, weil ich oft Nahrungsmittel gestohlen hatte und dachte, er würde mich bestrafen. Aber ich sprach zu ihm und sagte ihm, daß das nicht richtig sei. Ich sagte, daß ich hungrig sei und keine Wahl habe. Nichts sonst ängstigte mich, weder Tiere, noch Ratten, noch der Tod, nichts.

(Gab es Zeiten, zu denen Sie sterben wollten?)

Mit Sicherheit nicht. Nicht einmal einen Moment lang. Die ganze Zeit überlegte ich, wie ich leben könne, wie überleben, wie ich einen bequemen Baum finden könne, an den gelehnt ich nachts schlafen kann und was es zu Essen gab.

(Wenn sie daran dachten, sie könnten sterben, was dachten sie darüber. Was machte ihnen Angst am Sterben?)

Zu sterben bedeutete, entzwei gerissen zu werden. Der Schmerz.

Später, als ich acht Jahre alt war, war ich allein, ohne meine Schwester und Mutter. Ich ging nachts durch den Wald. Als ich ein Dorf erreichte, näherte ich mich einem Haus und klopfte an die Tür. Ein Bauer öffnete, und ich bat ihn um etwas zu essen. Er warf mir einen finsteren Blick zu und ließ mich dann ins Haus. Er brachte mich in die Küche, und die Familie gab mir zu essen. Ich überlegte die ganze Zeit, was zu tun sei, wenn jemand die Küche verlassen sollte. Das wäre ein Zeichen dafür gewesen, daß sie mich meldeten. Ich legte mir zurecht, wie ich durch das Fenster entfliehen würde. Aber sie waren in Ordnung und gingen nicht hinaus.

Der Bauer fragte mich: "Du bist Jüdin, nicht wahr?" Ich sagte nichts. Ich wollte weg. Er sagte zu mir: "Du gehst nicht gleich. Wir werden für dich sorgen." Sie ließen mich dort schlafen. Gegen Morgen führten sich mich in einen Verschlag, in dem sie die Kartoffeln lagerten. Dort blieb ich am Tag und nachts brachten sie mich ins Haus, damit ich unter warmen Decken schlafen konnte.

So ging es drei Tage lang. Dann verriet mich jemand. Als sie am Abend nicht kamen, um mich zu holen, versuchte ich, von mir aus das Versteck zu verlassen. Das war keine leichte Sache. Man mußte wissen, wie man hinauskam. Zuerst spähst du kurz umher, dann ein bißchen länger und danach schiebst du die Abdeckung weg. Ich kletterte hinaus auf den Hof, und dann sah ich die Familie. Den Vater, die Mutter und alle vier Kinder hatten sie in einer Reihe aufgehängt. Und ich war so froh, daß ich nicht dort hing, daß sie mich nicht geschnappt hatten.

Ich werde selbst heute noch nicht emotional durch den Tod berührt. Nur wenn meiner Familie etwas geschieht, spüre ich plötzlich etwas. Aber auch wenn ich nicht nervös werde, geraten alle anderen in der Familie in Panik, wenn jemand plötzlich für einen Augenblick verschwindet. Meine Angst vor Ratten und Küchenschaben setzte erst nach vielen Jahren wieder ein. Und das passiert nur, wenn mein Mann zu Hause ist. Wenn er nicht zu Hause ist, erschreckt mich nichts.

Jeder Versuch einer psychologischen Analyse kann den nüchternen Horror dieser Erzählung nur schmälern.

Umgang mit Tod bei tödlicher Krankheit

Der Holocaust kann das Leid der meisten anderen menschlichen Erfahrungen als belanglos erscheinen lassen. Der durch ihn hervorgerufene Schrecken kann jedoch auf der persönlichen Ebene mit der Angst eines kleinen Kindes gleichgesetzt werden, das den Tod aufgrund einer unheilbaren Krankheit erlebt. Was tun Krankheit und das Wissen um den drohenden Tod einem Kind an? Wie wirkt sich ein solcher Zusammenstoß mit dem Tod auf das Begreifen und die emotionalen Reaktionen aus?

Einige interessante Erkenntnisse können aus Studien über Erwachsene gezogen werden, die wußten, daß sie bald sterben würden (*Shneidman*, 1982; *Kastenbaum* und *Aisenberg*, 1972). Die meisten dieser Menschen werden nicht von Furcht überschwemmt. Viele erwecken den äußeren Eindruck von Ruhe und Entschlossenheit, indem sie weiterhin logisch denken und ihre letzten Momente mit Würde planen. Für diese Menschen ist der Tod nichts als der letzte Akt der menschlichen Erfahrung.

Studien über Kinder, die an einer chronischen und tödlichen Krankheit leiden, heben hervor, wie subtil sich die Ängste der Kinder und ihre Bewältigungsfähigkeiten während ihrer Begegnung mit dem Tod verändern. *Bluebond-Langner* (1978) führte teilnehmende Beobachtungen auf Stationen für krebskranke Kinder durch. Auf der Wanderung durch die Wartezimmer und Behandlungskabinen war die Forscherin stiller Zeuge der inneren Welt dieser Kinder und ihres emotionalen Umsturzes. Besonders wichtig war, daß sie den Behandlungsverlauf evaluieren konnte sowie das Verhältnis der Kinder zu ihren Familien und dem Ärzteteam. Da sie die Kinder allein erlebte, aber auch dann, wenn sie ihre Maske für den Umgang mit anderen aufgesetzt hatten, lernte sie, das Ausmaß an unaufrichtiger Kommunikation zwischen Eltern und Kindern zu erkennen. Diese Unwahrheiten dienten dazu, alle Betroffenen vor der Tiefe der kindlichen Einsamkeit und Verzweiflung zu schützen. *Bluebond-Langner* erfuhr, was sterbende Kinder vom Tod wissen und wie sie damit umgehen. Ihre Arbeit ist ein lehrreiches Dokument über diese Kinder und die besondere Kultur, in der sie leben und sterben. Sie beschreibt auf einfühlsame, realistische Weise den Weg, den die Kinder beschreiten, beginnend mit der ersten Begegnung mit dem Krankenhaus. Ein vielschichtiger Prozeß setzt ein, in dem Krankheit, Tod und das “Selbst” zu einer neuen Identität zusammengeschmiedet werden.

Nach *Bluebond-Langner* errichten diese Kinder in fünf Phasen ein neues Selbstbild. In der ersten Phase der Diagnosestellung erkennen die Kinder, daß sie einer schweren Krankheit ausgesetzt sind. In der zweiten Phase lernen sie die Namen ihrer Medikamente kennen und erfahren die verschiedenen Nebenwirkungen. Während der dritten Phase verstehen sie das Ziel der Behandlung und die unterschiedlichen Behandlungsformen. In der vierten Phase erkennen die Kinder die Ernsthaftigkeit und die Hoffnungslosigkeit ihrer Krankheit. In der fünften Phase erkennen sie, daß der Tod unausweichlich ist. Ob ihre Krankheit sich verbessert oder verschlechtert, ob es zu zeitweiligen Rückschlägen oder zu Fortschritten kommt, am Ende wartet doch der Tod. Jede dieser Phasen wird begleitet von einer allmählichen Veränderung des Selbstbildes. Zuerst ist da das Bild: "Ich bin sehr krank." In der zweiten Phase lautet es: "Ich bin krank, aber ich werde wieder gesund." In der dritten Phase: "Ich bin krank und ich werde nie wieder gesund, aber manchmal wird es mir besser gehen." In der vierten Phase: "Ich bin krank und werde nie wieder gesund." In der letzten Phase: "Ich sterbe."

Das meiste lernen sie von Kindern, deren Krankheit schon weiter fortgeschritten ist. Einiges erfahren sie durch geschickte, meist an das Stationspersonal gerichtete Fragen. Tom sagt vielleicht zu einer Krankenschwester : "Jennifer ist letzte Nacht gestorben. Ich habe dasselbe, oder?" Die Krankenschwester: "Aber sie werden dir andere Medizin geben." Tom: "Was passiert, wenn sie ausgeht?" Die Krankenschwester: "Na, vielleicht finden sie vorher mehr davon."

Durch den ständigen Vergleich mit anderen versuchen die Kinder, ihren Zustand einzuschätzen. Benjamin: "Dr. Richard hat gesagt, ich soll Sie fragen, was mit Maria geschehen ist." Mira: "Was glaubst du, was mit Maria geschehen ist?" Benjamin: "Na, ich weiß, sie ist nicht in ein anderes Krankenhaus gekommen und nicht nach Hause gegangen." Mira: "Sie war sehr krank, viel kranker als du, und sie ist gestorben." Benjamin: "Sie hatte Nasenbluten. Ich hatte auch Nasenbluten, aber bei mir hat es aufgehört."

Ein kleines Mädchen, Mary, wählte einen Umweg, um zu verdeutlichen, daß sie wußte, daß sie sterben würde. Ihre Mutter hatte sich sehr bemüht, ihre Tochter vor dem Wissen um ihren Zustand zu bewahren, und war davon überzeugt, daß ihr dies gelungen sei. Der Therapeut wandte sich an Mary: "Was soll ich mit diesen Puppen machen?" Mary: "Lege sie in ihr Grab, in die Kleenex-Schachtel. Laß mich das machen. Bring sie her. Ich beerdige sie vorsichtig, jede Puppe zwischen zwei Kleenextüchern." (Bluebond-Langner, 1978).

Die emotionalen Reaktionen der Kinder verlaufen analog zu den Phasen ihres Todeskampfes. Als Reaktionen dabei sind Traurigkeit, Angst, Wut und Angriff bekannt. Ein Kind schrie seinen Bruder an: "Ich werde an deinem Geburtstag nicht hier sein", und verkroch sich unter seiner Bettdecke. Am Ende tritt eine allmähliche Distanzierung von der Umwelt ein, eine vorweggenommene Trennung, gespeist aus Wut und Rückzugstendenzen. Als er gefragt wurde, warum er seine Mutter angeschrien habe, antwortete ein Junge: "So wird sie mich nicht vermissen, wenn ich weg bin." Die Mutter erklärte, ihr Sohn wisse, daß sie gehen würde, weil sie sein Schreien nicht ertragen könne. Sein Schreien war ein Zeichen, daß sie ihn allein lassen sollte.

Gemeinsames schützendes Lügen ist ein Schlüsselverhalten zwischen Eltern und Kindern während der Krankheit. Wenn die Eltern da sind, tun die Kinder so, als wäre ihnen die Bedeutung ihrer Krankheit nicht bewußt. Sobald aber die Eltern den Raum verlassen haben, wird das Thema mit anderen Kindern oder Erwachsenen angesprochen. Der Begriff dieser Kinder vom Tod ist realistisch und ohne Illusionen. Ihre Beschreibung vom Tod endet am Grab, ohne Erwähnung eines Lebens nach dem Tod. Tod wird als Beendigung angesehen, das Ende der Spiele, des Fernsehens, der Schule und der Freundschaften. Tod bedeutet Trennung und Abschied. Obwohl die Kinder mit dem Tod auf eine "wissenschaftliche" Art umgehen, schleicht sich gelegentlich magisches Denken ein, wie z. B. die Angst davor, sich an den Namen eines verstorbenen Kindes zu erinnern.

Tod bedeutet auch eine Verkürzung der Zukunft auf die direkte Gegenwart. Diese Kinder fordern, daß Geburtstage früh gefeiert werden und daß Geschenke lange vor den Feiertagen übergeben werden. Panisch versuchen sie, alles noch rechtzeitig zu schaffen. Diese Kinder sind nicht bereit zu warten, sie wissen, daß das Leben kurz ist.

Bluebond-Langner stellt fest, daß Kinder, die sich dem Tod gegenübersehen, vielfältige Paradigmen für den Tod zur Verfügung haben, die sie je nach ihrem gegenwärtigen Zustand einsetzen. Sowohl realistisches wie animistisches Verständnis, starke Personifizierung und grundlegende Abstraktion stehen im Bewußtsein des Kindes nebeneinander. Was ihre Äußerungen bestimmt, sind die direkten Gefühle der Kinder und die Gesellschaft, in der sie sich befinden. *Bluebond-Langner* kommt zu dem Ergebnis, daß die Verbalisierung von Tod und das Wissen um die Bedeutung von Tod nicht identisch sind. Ein Kind teilt nicht alles mit, was es über den Tod weiß, und nicht alles, was ein Kind über den Tod sagt, ist ein Beweis für sein vollständiges Begreifen von Tod. *Bluebond-Langner* sagt, daß diese vielfältigen Wahrnehmungen auch gesunden Kindern zur Verfügung stehen, egal wie alt oder intelligent sie sind.

Todeswahrnehmung von suizidalen Kindern

Weiß das suizidale Kind wirklich, was Sterben heißt? Dies ist eine der ersten von Erwachsenen gestellte Frage, wenn sie einem Kind gegenübertreten, das sich umzubringen droht. Die in diesem Kapitel vorgestellten Ergebnisse machen deutlich, daß Kinder, die sieben Jahre oder jünger sind, wissen, was Tod ist. Es ist jedoch noch immer nicht sicher, ob Kinder mit suizidalen Tendenzen einen genauen Begriff von Tod haben. Ihre Handlungen mögen von einer Vorstellung verstärkt werden, die auf Imagination, Fehlinformation oder Wunschdenken basiert. Außerdem können emotionale Abwehrmechanismen und Verzerrungen in die selbstzerstörerischen Handlungen einbezogen sein. Der grundlegende psychoanalytische Ansatz, der zu Beginn dieses Jahrhunderts formuliert wurde (*Van Hellmuth*, 1965) besagt, daß der Todeswunsch darauf gerichtet sein könnte, nur eine zeitweilige Trennung zu erreichen. Das suizidale Kind mag den Tod als ein freundliches Wesen ohne böswillige Absichten begreifen. Dieses freundliche Bild wird durch das Unbewußte des Kindes und kulturell übernommene Vorstellungen verstärkt, Tod sei nichts als Schlafen.

Diese psychoanalytische Sichtweise, daß Menschen mit suizidalen Tendenzen den Tod als zeitweilige oder positive Erfahrung werten, ist allgemein bekannt.

Kosky (1983) berichtet von einem achtjährigen Jungen, der wünschte, tot zu sein, weil er bereits wisse, wie es sei, zu leben, und weil er nun sehen wolle "wie es im Himmel ist." Ein Elfjähriger wollte sterben, um mit der geliebten Großmutter zusammen zu sein. Ein anderer Junge erklärte, er wolle tot sein, um "Ruhe zu haben und lange Zeit zu schlafen." *Orbach* (1981) berichtet, daß ein Sechsjähriger, der versuchte, sich mit einem Messer zu erstechen, erwartete, in den Himmel zu kommen und von Gott begrüßt zu werden, einem wohlmeinenden alten Mann mit Bart, mit Süßigkeiten und Spielzeug. Wenn sie genügend Spaß gehabt hätten, würde Gott ihn auf einem besonderen Lichtstrahl wieder zu seinen Eltern zurückbringen. Diese vereinzelten Anekdoten, aber auch systematische Beobachtungen lassen vermuten, daß suizidale Kinder den Tod als weniger endgültig und positiver sehen, als andere Kinder ihres Alters. Diese Neigung suizidaler Kinder scheint auch bei Erwachsenen wieder aufzutreten. Es gibt eine Reihe von Beispielen Erwachsener (*Leviton*, 1971), die über den Tod als besseres Leben, Frieden, Ruhe und Liebe sprechen.

Ist es möglich, daß die Vorstellung, Tod sei ein Leben unter besseren Bedingungen, suizidale Menschen auf ihre verzweifelten Taten zutreibt? Nur zwei Studien haben bisher versucht, eine direkte Antwort auf diese Frage zu finden (*Orbach* und *Glaubman*, 1978, 1979a). In beiden Untersuchungen wurden die Todesvorstellungen von Kindern mit suizidalen Tendenzen mit denen von aggressiven und unauffälligen Kindern verglichen. Fragen waren unter anderem: "Wie stirbt etwas? Was passiert beim Sterben? Kann etwas Totes wieder lebendig werden?"

Alle drei Gruppen gaben fest umrissene Arten von Antworten. Die Antworten der suizidalen Kinder waren jedoch besonders bemerkenswert, weil ihre Vorstellungen vom *eigenen* Tod auffällig anders waren als die Vorstellung von Tod im allgemeinen. Keine der anderen Gruppen zeigte diese gespaltene Wahrnehmung. Außerdem glichen die Vorstellungen der suizidalen Kinder von Tod im allgemeinen überraschenderweise denen der anderen Gruppen. Die suizidalen Kinder schilderten ihren eigenen Told als eine Fortführung des Lebens. Die Sätze begannen oft mit Worten wie: "Ich werde mich schlecht fühlen", "Ich werde mir wünschen zu...", "Ich würde gerne..." – alle weisen auf eine weiterführende Art von Existenz hin. Darüber hinaus glaubten die suizidalen Kinder mehr an die eigene Auferstehung oder an ein Leben im Himmel oder in der Hölle als die Kinder der anderen Gruppen. Wenn sie jedoch über den Tod im allgemeinen sprachen, schilderten sie ihn als endgültig und unwiderruflich, ohne die Möglichkeit eines Lebens nach dem Tod.

Die Todesvorstellungen der aggressiven Kinder waren voll von Gewalttätigkeiten. Tod wurde als das Ergebnis von Mord oder tödlichen Unfällen angesehen. Keinem aggressiven Kind fiel die Möglichkeit ein, krank oder in Ruhe alt zu werden. Die Beschreibungen waren auf eine brutale Weise realistisch, hervor stachen Vorstellungen von Verwesung, Gestank, Zersetzung und Bilder von Gerippen. Für diese Kinder ist der Tod endgültig und unwiderruflich.

Die unauffälligen Kinder beschrieben Tod hautpsächlich als die Folge von Krankheit oder hohem Alter. Sie nahmen Tod als die vollständige Beendigung des Lebens wahr. Sie waren die einzigen, die die Reaktionen der hinterbliebenen Familie in Betracht zogen, und sie schilderten Leid und Traurigkeit als Reaktionen auf Tod. Auch sie meinten, daß der Tod unwiderruflich sei, und glaubten nicht an ein Leben nach dem Tod.

Theoretisch mag man vermuten, daß die Vorstellung suizidaler Kinder vom eigenen Tod eine Abwehrfunktionen gegen die Bedrohlichkeit des Todes ist. Ähnliche Abwehrmechanismen der Verzerrung wurden von *Rochlin* (1967) in seiner Arbeit über normale Kinder angeführt. Die Verzerrung von suizidalen Kindern mag nicht mehr sein als eine Übertreibung dieses Prozesses. Kinder, die einen Selbstmord in Erwägung ziehen, sehen sich der ganzen Bedrohlichkeit des Todes gegenüber. Sie sehen sich vor zwei Wahlmöglichkeiten gestellt: den Tod und seine furchtbare Endgültigkeit zu akzeptieren oder das Leben mit unerträglichem Schmerz und Leid fortzusetzen. Diese Kinder wählen jedoch eine dritte Möglichkeit. Sie bauen sich ein Bild vom Tod, das die Durchführung des Selbstmordes oder die Entscheidung für den Tod leichter macht. Diese These wurde zuerst von *Schilder* und *Wechsler* (1934) aufgestellt.

Abwehrende Verzerrung wurde noch in einer zweiten Studie untersucht (*Orbach* und *Glaubman*, 1979a). Wie zuvor wurden drei Gruppen von Kindern einbezogen: Kinder mit suizidalen Tendenzen, aggressive Kinder und normale Kinder. Die Kinder wurden ebenfalls einem kurzen Intelligenztest unterzogen, und eine Befragung über ihren Begriff von Leben wurde durchgeführt. Der Vergleich der geistigen Fähigkeiten erbrachte keine bemerkenswerten Unterschiede zwischen den drei Gruppen, was darauf hinweist, daß die besonderen Vorstellungen der suizidalen Kinder keine intellektuellen Ursachen haben. Außerdem traten keine Unterschiede zwischen den Gruppen bezüglich des Begriffs von Leben auf. Der einzige Unterschied bestand in ihrem Begriff von Tod.

Diese Ergebnisse stehen in Übereinstimmung mit der These, die Todeseinschätzung suizidaler Kinder sei eine abwehrende Verzerrung. Klinische Beobachtungen zeigen, daß diese Einschätzungen alles andere als stabil sind; eher ändern sie sich je nach Veränderungen im Leben des Kindes – wie dies der Fall eines zehnjährigen Jungen verdeutlicht, der ursprünglich wegen Mißhandlung eines anderen Kindes in die Therapie kam. Fast seit der Geburt hatte das Kind bei seiner Großmutter gelebt. Nachdem vor ihm zwei Kinder tot geboren worden waren, hatte ein Wunderheiler seinen Eltern geraten, ihn aus dem "verfluchten" Haus zu entfernen. In der Vorstellung des Kindes jedoch war nicht das Haus verflucht, sondern er selbst. Er glaubte, auf ihm liege ein magischer Fluch, zu töten. Eine innige Beziehung, die sich zwischen ihm und der Großmutter entwickelt hatte, wurde abgeschnitten, als die Großmutter krank wurde und ins Krankenhaus kam. Der kleine Junge, sicher, daß sie sterben würde, drohte, sich selbst umzubringen. Er beschrieb, was der Tod für ihn bedeutete: "Wir leben zusammen im Himmel genauso, wie wir es hier taten. Wir essen und schlafen weiter zusammen, ob in der Hölle oder im Himmel." Später, als die Großmutter genesen war und nach Hause zurückkam, begann das Kind in einem anderen Licht vom Tod zu sprechen: "Er ist bedrohlich. Ich will nicht sterben. Es macht Angst, in der Hölle zu sein."

Die Worte des Jungen zeigen deutlich, daß die zeitweilige Verzerrung von Tod für ihn sehr bedeutsam war. Sie half, den Suizid durchführbar zu machen. Als die Idee des Suizids aufgegeben werden konnte, wurde das abwehrende, verzerrte Todeskonzept fallengelassen.

Versuche, diese verzerrten Sichtweisen von Tod aufzulösen, rufen oft Furcht und Feindseligkeit hervor. Wenn sie dazu gedrängt werden, ihr Todeskonzept während der Therapiesitzungen näher zu beschreiben, äußern suizidale Kinder starke Beklemmungen. Einige wollen das Gespräch abbrechen, andere reagieren mit Wut, und wieder andere wechseln absichtlich das Thema. In vielen Fällen klammern sich die Kinder eisern an ihre verzerrte Sichtweise, als wenn sie einen wertvollen Besitz aufgeben sollten.

Anzeichen für sich in ähnlicher Weise verändernde Sichtweisen wurden bei suizidalen Erwachsenen festgestellt. *Neuringer* (1970) untersuchte den positiven und negativen Gehalt von Tod, wie er ihm von Erwachsenen zugemessen wurde, die wegen ernsthafter Suizidversuche eingeliefert worden waren. Die erste Erhebung wurde zwei Tage nach dem Suizidversuch durchgeführt, die zweite nach zwei Wochen im Anschluß an die Therapie. Die Patienten bewerteten Tod direkt nach dem Suizidversuch positiver. Zu beiden Zeitpunkten wurde das Leben jedoch als sehr positiv bewertet.

Alles in allem stellen die Wissenschaftler nicht in Abrede, daß die Beschäftigung mit Tod ein Anzeichen für suizidale Intention ist. Diese Forschungsergebnisse geben jedoch Grund zu der Annahme, daß ein verzerrter Todesbegriff und eine Spaltung der Wahrnehmung vom eigenen Tod und dem Tod im allgemeinen zusätzliche Anzeichen für eine hohe Suizidgefährdung sind. Die Vorstellung, der eigene Tod bedeute Leben unter verbesserten Bedingungen, kann als unübersehbarer Hinweis auf eine suizidale Absicht dienen. Weitere Forschungsergebnisse, die diese Annahme stützen, werden in den noch folgenden Kapiteln vorgestellt.

Die Phantasie eines kleinen Jungen, daß Tod bedeute, auf dem Schoß eines freundlichen alten Mannes zu sitzen, der Süßigkeiten verteilt, vermittelt ein Lebensgefühl von Befriedigung und Liebe. Es zeigt uns sein Bedürfnis und seine Erwartung, Wärme und Freundlichkeit zu erhalten und wie ein kleiner Knirps behandelt zu werden. Diese Phantasien sind der Schlüssel für das Verständis der emotionalen Verflechtung, die diese Kinder an den Abgrund bringt.

Wir dürfen die therapeutische Bedeutung der Todesvorstellung nicht übersehen. Wenn verzerrte Todesvorstellungen eine mentale Abwehr darstellen, die den Suizid durchführbar macht, dann kann ein therapeutisches Eingreifen auch realistische Todesängste hervorrufen, die diese Abwehr entkräften. Solche Todesängste können definitiv als eine zeitweilige Blockade dienen, die die Ausführung des geplanten oder impulsiven Suizids zumindest hinauszögert.

Zusammenfassung

Entgegen der allgemeinen Meinung scheint der Suizid von Kindern nicht das Ergebnis eines Mißverständnisses zu sein. Sowohl kognitiv wie auch emotional scheinen die suizidalen Kinder ein genügendes Bewußtsein über die Bedeutung ihrer Handlungen zu haben. Sie begreifen die Endgültigkeit von Tod genauso wie andere auch. Daher wäre es falsch, ihre Handlungen als Spiele mit tragischem Ausgang oder Unfälle ohne Hintergrund anzusehen. Wenn sich selbstzerstörerische Kinder von anderen unterscheiden, dann nicht so sehr durch ihre Kenntnis von der Bedeutung des Todes, als vielmehr durch ihre Beurteilung seines instrumentellen Wertes. Suizidale Menschen scheinen Tod als eine mögliche Alternative zum Hier und Jetzt anzusehen. Diese Einschätzung wird manchmal in abwehrende Verzerrungen eingebettet, die die Ängste vor dem Unaussprechlichen verringern und die Hoffnung auf ein gutes Jenseits stützen. Im Mittelpunkt dieser Einschätzung steht jedoch die Wahrnehmung von Tod als einer möglichen Alternative zur gegenwärtigen Verzweiflung.

VII

Wie das Familienleben zum Kindersuizid beiträgt

In den vorangegangenen Kapiteln wurden spezifische Faktoren des Familienlebens angesprochen, die zum Suizid von Kindern beitragen können – wie der Tod eines Familienmitgliedes, Scheidung und Trennung, Vernachlässigung und Mißhandlung oder Aggression in der Familie. In einer Reihe von Untersuchungen wurde sehr viel systematischer und umfassender auf verschiedene Aspekte von Familienleben eingegangen, die zu erhöhter Suizidneigung beitragen können. Drei dieser weitergefaßten Fragestellungen werden in diesem Kapitel vorgestellt.

Der erste Ansatz befaßt sich mit der "Viel-Problem-Familie", in der eine Reihe von schwerwiegenden Problemen und Krisen die normale Entwicklung des Kindes stören und die Befriedigung sogar der Grundbedürfnisse verunmöglichen. Ohne die Möglichkeit zur Bewältigung wird das Kind erschöpft, desillusioniert und schließlich suizidal.

Der zweite Ansatz richtet sein Augenmerk auf die "tödliche Botschaft", die Familienmitglieder dem potentiellen Opfer übermitteln. Diese Botschaft ist Teil eines unbewußten Planes, die Familie von einem unerwünschten oder als Sündenbock angesehenen Kind zu befreien. Ziel dieses Planes ist es, einen inneren Konflikt oder unerträgliche Familienbedingungen aufzulösen. Das suizidale Kind agiert als Mitspieler bei seiner Zerstörung.

Der dritte Ansatz, der "destruktive Familiendynamiken" hervorhebt, befaßt sich mit undramatischen, aber oft verheerenden Mustern der Familieninteraktion. Ein solches Muster, das der *umschlingenden Symbiose*, wird durch Mechanismen gekennzeichnet, die eine Trennung der Familie mit allen Mitteln zu verhindern suchen, selbst durch Anwendung sadomasochistischer Nötigung. Dieses Muster zerstört jegliche Individualität, flößt allen Beteiligten Furcht und Angst ein und verunmöglicht jedes unabhängige Leben außerhalb des Familienverbandes. Die Gleichzeitigkeit von kindlichem Wunsch nach Freiheit und Unfähigkeit, sich zu trennen, wird als die Wurzel des selbstzerstörerischen Verhaltens angesehen.

Die zerfallende Viel-Problem-Familie

Wenn man Fälle von Kindersuizid studiert, ist man beeindruckt von dem immer wiederkehrenden Bild des Familienzerfalls und der Krise. Dieses Bild taucht zum Beispiel in *Farberow*s biografischer Skizze eines zu erwartenden Suizids auf. Seine Familie hatte ihm beigebracht, sich als minderwertig zu empfinden und hatte ihn mit Gefühlen der Schuld, der Scham und dem Bedürfnis nach Selbstzüchtigung beladen. Er wurde dazu ermutigt, Probleme zu verleugnen und zu verdrängen und bei der Suche nach Problemlösungen unbeweglich zu bleiben. Die Familie hatte ihn zum Sündenbock gestempelt und ihn seiner Identität beraubt. Ihm war die Schuld an sich wiederholenden Familientragödien gegeben worden, und die Familie hatte ihn sich selbst überlassen. Das Familienchaos gab ihm ein Gefühl, verloren, abgelehnt und die Ursache des Familienschmerzes zu sein. In einer Plfegefamilie fühlte er sich den anderen Familienmitgliedern unterlegen. Seine Überlebenschancen werden verringert, wenn sein Vater Selbstmord begangen hat und seine Mutter ihm daran die Schuld gibt.

*Farberow*s hypothetisches Bild einer suizidalen Jugend gleicht den empirischen Erhebungen bei Erwachsenen. *Maris* (1981) zum Beispiel hat gefolgert, daß suizidale Kinder und Erwachsene aus Familien mit vielgestalten Problemen und Krisen kommen. Er hebt hervor, daß Suizid das Ergebnis des beständigen Drucks ist, der durch eine Vielzahl langwährender Probleme auf verschiedensten Gebieten entsteht. Dieser Druck führt mehr als ein einzelnes Ereignis oder ein bestimmter Faktor zum Zerfall der Familie und dem Anwachsen zerstörerischer Familiendynamiken. Es ist wichtig festzuhalten, daß die suizidalen Menschen selbst – und nicht nur die Forscher – ihre Familie als von vielgestalten Problemen auf vielen Gebieten belastet sehen.

Diese Hypothese der “vielfachen Probleme” oder des “Familienzerfalls” wurde von einer Anzahl von Autoren herangezogen, um den Suizid von Kindern zu erklären (*Tishler*, 1980; *Shafii* et al., 1984). Das allgemeine Bild ist das einer instabilen Familie, der jedes positive Mittel fehlt, die entnervenden Veränderungen zu bewältigen, die sie belasten. *Hussain* und *Vandiver* (1984) ziehen klinische Daten und empirische Forschungsergebnisse heran, um zu zeigen, daß suizidale Kinder mit größerer Wahrscheinlichkeit Ereignisse wie den Tod eines Familienmitgliedes, Trennung, Scheidung oder langwährende Familienprobleme erlebt haben. Das Leben ihrer Eltern wird oft durch Arbeitslosigkeit oder Arbeitsplatzwechsel erschüttert, durch frühere Ehen oder Scheidungen und durch Klinikeinweisung aufgrund einer

Krankheit. Die primären Familienfunktionen werden oft nicht erfüllt, wie in Fällen, in denen Kinder in Pflegefamilien gegeben oder mit dem Druck sadomasochistischer Tendenzen belastet werden. Viele der Familienmitglieder zeigen Gesundheitsprobleme: Alkoholmißbrauch, Depressionen und Angstzustände stehen im Vordergrund; oft hat ein Familienmitglied versucht, sich umzubringen.

Das Krisenmuster läßt vermuten, daß die Eltern in ihren eigenen Problemen gefangen sind und wenig Zeit haben, sich um die Kinder zu kümmern. Diese Vernachlässigung kann zerstörende Formen annehmen, wie versteckte oder offene Ablehnung der Kinder; einige Kinder werden sogar von ihren Eltern körperlich bedroht und mißhandelt. Diese Ausbrüche richten sich im allgemeinen gegen eines der Kinder, gegen dasjenige, das am ehesten zum Suizid greifen mag.

Die Rolle dieser Familienbedingungen bei der Selbstzerstörung von Kindern wird in einer Anzahl klinisch dokumentierter Fälle beleuchtet. *Tishler* (1980) berichtet von einem solchen Fall versuchten Suizids: J. ist ein fünfjähriger Junge, der in die Notfallaufnahme gebracht wurde, nachdem er siebenundvierzig Aspirin-Tabletten geschluckt hatte. Er wollte sterben, weil sein Bruder nicht mit ihm spielte. Er wollte Jesus und seine Großmutter treffen, die ein halbes Jahr zuvor gestorben war. Sein Großvater stand kurz davor, wieder zu heiraten. J.s Anamnese zeigte eine Reihe problematischer Verhaltensweisen wie Feuerlegen, von zu Hause weglaufen und Tierquälerei. Seine Mutter beschrieb ihn als "hoffnungslos verdorben". J.s Mutter hatte dreimal geheiratet. Ihr erster Mann war an einer Überdosis Drogen gestorben. Ihr zweiter Mann, J.s biologischer Vater, war rauschgiftsüchtig. Ihr derzeitiger Mann schlug sie häufig, wie dies auch die früheren getan hatten, und J. war im allgemeinen Zeuge dieser Züchtigungen. Seine Mutter war mindestens zweimal in Nervenheilanstalten eingeliefert gewesen.

Ähnliche Krisen- und Zerfallsmuster zeigen sich in der Familie von Jerry, einem elfjährigen Jungen, der sich umbrachte; ein Fall, den *Shafii* und seine Mitarbeiter (1984) beschrieben. Jerry wurde tot in einem Wandschrank gefunden, erhängt mit einem Seil, das an der Kleiderstange befestigt war. Er hatte fünf Brüder und Schwestern, alle aus früheren Ehen der Mutter. Als Jerry vier gewesen war, hatte seine Mutter seinen natürlichen Vater verlassen, nachdem dieser eine seiner Stieftöchter vergewaltigt hatte. Jerrys Mutter hatte als Elfjährige erlebt, wie ihre Mutter den alkoholsüchtigen Vater in Notwehr getötet hatte. Ein Jahr vor seinem Tod war Jerry Zeuge des Todes zweier Freunde gewesen, einer ertrank, einer wurde überfahren. Einige Monate vor seinem Tod war Jerry wegen seines "schändlichen

Betragens" von der Schule gewiesen worden. Wenige Tage vor seinem Selbstmord war er hart von seiner Mutter und dem Stiefvater bestraft worden.

Die grundlegende Prämisse der "Viel-Problem"-Hypothese lautet, daß das fortwährende Familienchaos die Ichfunktionen des Kindes und seine Bewältigungsfähigkeit zermürbt. Dadurch mag auch die normale emotionale Entwicklung unterbrochen und verhindert und das Selbstwertgefühl geschädigt werden. Suizid bietet einen Ausweg aus leidvollen Erfahrungen angesichts sich auftürmender Lebensprobleme.

Die tödliche Botschaft

Klinische Beobachter suizidaler Kinder (*Sabbath*, 1969; *Glaser*, 1965; *Gould*, 1965; *Toolan*, 1962) berichten, daß sie oftmals starke elterliche Ablehnung des Kindes feststellten. Diese Ablehnung beginnt sehr frühzeitig und kann sogar entstehen, bevor das Kind geboren wird. Bei Eltern, die in die Elternschaft gedrängt werden, hallt das tragische Gefühl "vielleicht wäre alles besser, wenn es überhaupt nicht geboren wäre", über Jahre hinweg nach. Sicherlich können solche Gefühle von Zeit zu Zeit sogar bei den liebevollsten Eltern auftauchen; hier jedoch haben wir es mit einer starken, alles beherrschenden Ablehnungshaltung zu tun. Das Unheil der Schwangerschaft ist nur einer in der Reihe von Unfällen und Katastrophen, die alle lawinenartig in die Ablehnung des Kindes münden. Tatsächliche Defekte oder Geburtsschäden verstärken nur die Ablehnung durch infantile oder egozentrische Eltern.

Paradoxerweise kann diese elterliche Ablehnung die kindliche Abhängigkeit von den Eltern noch verstärken (*Toolan*, 1962). Manchmal ist es schmerzlich zu beobachten, wie diese Kinder verzweifelt nach dem Elternteil verlangen, das sie ablehnt und vernachlässigt. Dieses Verhalten wird natürlich durch die erdrückende Bedrohung durch Verlassenwerden gesteuert, die diese Kinder empfinden. Von Panik erfüllt, haben sie keine Wahl, als sich um Hoffnung und Sicherheit an dieselben Eltern zu wenden, die ihren Zustand der Furcht und Panik hervorgerufen haben.

Elterliche Ablehnung ist oftmals nur schwer nachzuweisen, weil sie sich auf vielfältige Weise ausdrücken kann. Ein übliches Muster ist das der Bipolarität: Liebe/Haß, Nähe/Distanz, Einbeziehung/Ausgrenzung, Sorge/Vernachlässigung. Das elterliche Schwanken zwischen den Extremen macht das Kind verwirrt, unsicher und emotional niedergeschlagen. Ein zweites Muster der Ablehnung ist das der emotionalen Nichtverfügbarkeit. Die gequälten Eltern, in ihren eigenen Sorgen gefangen, sind unfähig, die Bedürfnisse ihrer Kinder zu erkennen. Sie ignorieren das Kind und reagieren ärgerlich, wenn das Kind versucht, sich in Erinnerung zu bringen oder um Hilfe zu bitten.

Kinder nehmen eine solche Ablehnung nicht immer passiv hin. Sie drücken ihre Rebellion oft durch problematisches Verhalten, Phobien, Provokationen und schulisches Versagen aus. Durch diese Verhaltensweisen äußern die Kinder ihren emotionalen Druck und protestieren gleichzeitig dagegen. Dadurch wird jedoch oft nur eine Verstärkung der elterlichen Ablehnung bewirkt.

Mit der Zeit entwickelt sich ein Muster gegenseitiger Feindseligkeit. Die Haltung der Eltern ist gekennzeichnet von einer fortwährenden, heftigen Wut gegen das Kind – über sein Verhalten, seine Ansprüche, seine Existenz überhaupt. Diese Haltung spiegelt sehr gut eine Bemerkung wider, die eine Mutter mir gegenüber über ihr Kind machte, das kurz nach dem Tod seines Vaters versucht hatte, Selbstmord zu begehen: "Dieser Junge macht mich so wütend, daß ich ihn aus dem Fenster werfen möchte." Diese Mutter und ihr Kind weisen viele Elemente von Ablehnung auf: Die Mutter war seit seiner Geburt auf ihren Sohn ärgerlich. Sie spürte, daß sie niemals etwas mit ihm würde anfangen können, und sie hatte ihn aus ihrem Leben geworfen, als sei er ein Fremder. Die Ablehnung gegenüber dem Sohn wurde nur noch deutlicher durch ihre gegenteiligen Gefühle für die jüngere Tochter, die sie mit Liebe und Zuwendung überschüttete. Der Sohn schlug zurück, indem er auf die wundesten Punkte seiner Mutter zielte. Er machte dort alles schmutzig, wo sie gerade saubergemacht hatte, er aß hungrig, aber mit abstoßenden Manieren, er vergaß ihre Aufträge und er setzte sich permanent über Regeln hinweg. Er gab jedoch nie auf, um die Liebe der Mutter zu kämpfen. Manchmal kroch er zu ihr wie ein kleines Kind und versuchte, ihr Herz zu gewinnen. Dann wieder versuchte er, sie durch Tränen oder die herzzerreißende Klage zu erweichen: "Warum haßt du mich so?". Seine Versuche brachten ihm keine Erleichterung – seine Mutter berührte oder küßte ihn nicht ein einziges Mal und versuchte nie, seine Angst zu beschwichtigen.

Ein endgültig destruktives Elememt der Ablehnung ist das der Isolation und des Außenseitertums. Die Eltern und manchmal sogar die anderen Familienmitglieder entwickeln das Gefühl, daß das abgelehnte Kind tatsächlich nicht zur Familie gehört und die anderen auf irgendeine Weise anstecken könnte. Zum Beispiel weigerten sich die Eltern eines suizidalen Kindes, die Geschwister mit in die Therapie zu bringen. Sie beharrten darauf, daß sie die anderen Kinder vor dem "Fluch" bewahren wollten. Sie klagten, daß dieses Kind die anderen zerstöre und sie permanent aus der Ruhe bringe. Obwohl für diese Klagen kein Grund bestand, stellten sie ein Mittel dar, das die Eltern davor schützte, die Ursache ihrer Probleme erkennen zu müssen.

Ablehnung durch die Familie liefert den Nährboden für eine tödliche Botschaft: "Ich will dich nicht, geh weg von hier." Diese Botschaft mag zunächst in verborgenen Gedanken und Wünschen auftauchen, nimmt später jedoch durch Worte und Taten eine explizitere Form an. Der Fall eines erfolgsorientierten Ehepaars mit einem sechsjährigen Sohn bringt die Sache auf den Punkt. Die Geburt des Jungen war unerwünscht und fand zum falschen Zeitpunkt statt. Im ersten Jahr wurde er von der Großmutter versorgt. Die von Schuldgefühlen geplagte Mutter versuchte fortwährend, dieses frühe Abschieben wieder gutzumachen, ihre Handlungen schienen aber immer zum gegenteiligen Ergebnis zu führen und vermittelten dem Kind um so stärker das Gefühl der Isolation und der Unerwünschtheit. Zum Beispiel vergaßen die Eltern, etwas für den Jungen zu kaufen, wenn sie den anderen Kindern Geschenke mitbrachten. Es wurden keine Worte gewechselt, aber die Botschaft war eindeutig.

Sabbath (1965) nennt Beispiele für die banalen Sätze, die die tödliche Botschaft übermitteln. Eine Mutter sagte zu ihrer fünfzehnjährigen Tochter, sie solle "tot umfallen." Ein Vater sagte zu seiner Tochter: "Wenn du einen verfaulten Apfel in einer Tonne hast, mußt du ihn loswerden." Indirekter ist *Glaser*s Beispiel (1965) einer Mutter, die ihre Tochter ermahnte, nicht in die Fußstapfen ihres suizidalen Vaters zu treten. Die Todesbotschaft wurde deutlich verstanden, wie der darauffolgende Suizidversuch der Tochter zeigt.

Für jemanden, der nicht in die Hintergründe pathologischer Familien eingeweiht ist, scheint die Hypothese von der tödlichen Botschaft unvorstellbar. Aufmerksame Zeitungslektüre kann jedoch Zeugnis von diesem Phänomen geben. Berichte über ein Überhandnehmen von Mißhandlungen und Fällen, in denen Eltern tatsächlich versucht haben, ihre Kinder zu töten, sind bekannt. Die tödliche Botschaft wird gekennzeichnet durch noch dramatischere, unerträgliche Elemente: Ablehnung, Feindseligkeit, Isolation und das Abstempeln zum Sündenbock. So erhält das Kind die Botschaft, daß es verschwinden muß. Hinweise auf den Tod bringen es in die gewünschte Richtung. In diesem Licht ist der Suizid des Kindes schließlich eine Unterwerfung unter den elterlichen Willen.

Richman (1971, 1978, 1979a, 1979b, 1984) hat ausführlich über die zerstörenden Auswirkungen von Familiendynamiken geschrieben, die auf den ersten Blick harmlos erscheinen. Er hebt eine Anzahl solcher Prozesse hervor, wie Symbiose ohne Empathie, verschlossene Familiensysteme, verschlüsselte Kommunikation, Verweigerung der Unabhängigkeit, Unfähigkeit, sich von der Herkunftsfamilie zu lösen, und die Weitergabe von Problemen von einer Generation auf die andere.

Symbiose ist ein Zustand, bei dem zwischen Mutter und Kind eine starke gegenseitige Bindung besteht, so daß beide auf unnatürliche Weise voneinander abhängig werden. Die Differenzierung zwischen beiden geht verloren, und Mutter und Kind beginnen, sich als eine ungeteilte Einheit anzusehen. Die fortdauernde Abhängigkeit des Kindes beim Heranwachsen kann zu einem vollständigen Mangel an Unabhängigkeit und Identität für sein ganzes Leben führen.

In ähnlicher Weise hat eine symbiotische Familie eine stark ausgeprägte, gemeinsame Identität mit nur geringer Unterscheidung zwischen den einzelnen Mitgliedern. Alle werden als Teil eines größeren Ganzen gesehen. Jedes Mitglied empfindet sich nur durch die emotionale Vermischung mit den anderen vollständig. Bei diesem extremen Hang zur Einheit empfinden die Mitglieder symbiotischer Familien oft das paradoxe Gefühl der Isolation und des Identitätsverlustes. Gleichzeitig sehen symbiotische Eltern ihre starken emotionalen Forderungen als den Ausdruck von Loyalität und Liebe an.

Symbiose setzt sich oft über drei Familiengenerationen fort. Sie kann in einer Generation beginnen und dann in der nächsten weitergeführt werden, weil die erwachsenen Kinder Partner wählen, die ihre Bedürfnisse nach Elternschaft und Abhängigkeit zu befriedigen vermögen. Dieses symbiotische Band zwischen den Eltern wird dann ausgedehnt, um die Kinder mit einzubeziehen. Auf diese Weise wird ein neues Band dualer Loyalitäten, Komplikationen und Konflikte hervorgerufen. Beispiele solcher Konflikte werden in den Forderungen deutlich, die ein symbiotischer Vater an seine Frau stellte: "Ich will, daß du mich verstehst, wie unsere Tochter es tut, ohne Worte. Warum kann meine Mutter mich ohne Worte verstehen, und du nicht?"

Im wesentlichen bringt Symbiose eine Auslöschung des Selbst mit sich, eine Zerstörung all dessen, was individuell und einzigartig ist. Symbiotische Partner haben Angst vor wirklichen emotionalen

Kontakten und der Harmonie mit anderen, weil sie glauben, daß solche Kontakte vielleicht die noch verbliebenen Reste an Eigenständigkeit vernichten könnten. Sie können nicht glauben, daß emotionale Beziehungen nicht notwendigerweise einen Verlust des Selbst verlangen.

Richmans klinische Erfahrung hat ihn zu der Folgerung geführt, Symbiose sei ein häufig vorkommendes Element in der Genese von Suiziddynamiken, vor allem dann, wenn Empathie oder Sensibilität für die Gefühle anderer fehlen. Symbiotische Eltern erlauben ihren Kindern häufig nicht einmal, ihren Gefühlen Ausdruck zu verleihen. *Richman* (1978) beschreibt eine Therapiesitzung mit einem suizidalen Mädchen und seiner Mutter. Als das Mädchen in Tränen ausbrach, schimpfte die Mutter: "Du denkst überhaupt nicht an mich, du denkst nur an dich." Die Forschung hat tatsächlich gezeigt, daß Mütter von Jugendlichen, die einen Suizid versuchten, weniger Empathie zeigen als Mütter von Kindern, die aus anderen Gründen eingewiesen werden. (*Topol* und *Reznik*, 1982).

Ein anderer Empathieaspekt scheint in Familien Suizidaler ebenfalls zu fehlen: die Fähigkeit, Wärme und Sympathie zu vermitteln. Die Eltern erscheinen oft distanziert und entfremdet. Die Kinder solcher Eltern werden dadurch in eine unerträgliche Position gebracht: Sie erleben die Familie als eine angespannte, erstickende Fessel ohne einen Ausdruck von Liebe oder Wärme. Diese Kombination symbiotischer Bindung und emotionaler Distanz läßt bei den gefangenen Familienmitgliedern die Neigung entstehen, sich gegenseitig zu quälen.

Richman (1979b) führt aus, daß suizidale Familien außerdem ein geschlossenes System bilden. Symbiotische Familien tendieren dazu, die Familienmitglieder mit einer Mauer aus Argwohn und Antipathie von der Außenwelt abzuschotten. Die einzigen zulässigen Kontakte sind oberflächlich, kontrolliert und funktional. Der einzig zulässige Ausdruck von Loyalität ist nach innen auf die Familie gerichtet, nur hier kann man emotionale Erfüllung suchen. Jeder Öffnung gegenüber der Außenwelt wird mit Feindseligkeit, Entmutigung und furchteinflößenden Taktiken begegnet. Ein symbiotischer Ehemann kann zum Beispiel seine Frau, die den Wunsch äußert, arbeiten zu gehen, angreifen: "Du bringst es doch sowieso zu nichts. Glaubst du, für deine Arbeit würde einer auch noch zahlen?"

Ein Ausdruck dieses Lebensstils ist das vollständige Tabu, enge Beziehungen außerhalb der Familie aufzubauen. *Richman* (1979b) führt die Mutter einer suizidalen Tochter an, die sagt, sie würde jeden hassen, der ihre Tochter oder deren Eltern liebe. Diese Mutter wurde von der Angst verfolgt, jemand würde ihre Familie entführen und sie allein zurücklassen. Ähnlich beschreibt *Richman* einen Vater, der das Telefon aus der Wand riß, weil seine Tochter mit einem Freund telefonierte. Diese Ausbrüche von Feindseligkeit und Gewalt entstehen eher aus Angst als aus Böswilligkeit.

Bei den Kindern wird Nähe zu anderen von Gefühlen der Scham und Untreue begleitet. Das Kind muß wählen zwischen vollständiger Abwendung von der Außenwelt oder einem kompletten Bruch mit der Familie. Außerdem ist es unvermeidbar, daß die Gefühle der Beschränkung und Isolation auch auf die innerfamiliären Beziehungen übertragen werden. Die Kinder fangen an, sich von ihren engsten Bezugspersonen isoliert und entfremdet zu fühlen. Fast alle Fälle von versuchtem Suizid bei Kindern, denen ich begegnete, waren durch diese Isolationsgefühle gekennzeichnet.

Eines der zerstörendsten Ergebnisse symbiotischer Verhaltenserwartungen ist eine tiefe Trennungsangst. Die Kinder gelangen zu der Einschätzung, daß jedes Anzeichen einer Vereinzelung, schon durch die banalsten Worte, wahrscheinlich den Zerfall der Familie mit sich bringen und ihre innere Welt umkippen wird. Diese Kinder haben das Empfinden, unabhängig von der Familie nicht existieren zu können.

Kommunikation findet in der symbiotischen Familie geflüstert, indirekt und in Geheimnisse verpackt statt. Die Mutter eines Jungen, der versuchte, Selbstmord zu begehen, bemerkt: "Ich werde nie böse auf ihn, aber wenn er etwas Böses tut, werde ich niedergeschlagen." Ihre nonverbale Mittelung ist unendlich viel bedrohlicher als jede direkte verbale Äußerung. Sogar der Gebrauch von Schweigen kann bedrohlich sein. Ich erinnere mich an einen Jungen in der Behandlung, der außer sich geriet, wenn seine Mutter als Reaktion auf sein schlechtes Betragen nur unheilverkündend schwieg. Der Junge konnte betteln: "Tu was du willst mit mir, strafe mich, schlage mich, schreie mich an, aber sag was." Die Mutter benutzte ihre Wortlosigkeit, um ihre strafende Zurückweisung zu unterstreichen.

Die fehlende Kommunikation kann sich in Wutausbrüchen mit Schreien und Türenschlagen entladen. Die verschlossene, verschwiegene Atmosphäre verstärkt die Wutgefühle, die sich manchmal in Mißhandlungen, manchmal in Selbstquälerei äußern. Das Lebensmuster ist im Grunde das einer langsamen Selbstzerstörung auf einer symbolischen und auf einer realen Ebene. Die symbiotische Familie als Ganzes wird erschöpft und mit der Zeit instabil, und ihre Mitglieder werden geschwächt und verletzbar, da ihre Quellen für eine Bewältigung versiegt sind.

Die Mitglieder einer symbiotischen Familie werden aus allen

Richtungen eingesperrt. Sie sind von der Außenwelt abgeschnitten, aber es fehlen ihnen die Möglichkeiten auszubrechen. Die Familie ist fordernd und erstickend, aber jedes Mitglied fühlt sich isoliert und allein. Jede Suche nach Eigenständigkeit kann nur innerhalb der alles umschließenden Verbindung gegenseitiger Abhängigkeit stattfinden. Die Familienmitglieder suchen wahren emotionalen Kontakt, sie befürchten jedoch, daß dadurch ihre noch verbliebenen Reste von Identität bedroht würden. Sie investieren alles, was sie können, in die Loyalität gegenüber der Familie, sind jedoch von durchdringenden Gefühlen des Betrogenseins ausgefüllt. Es ist leicht erkennbar, zu welch verheerenden Folgen es führen kann, wenn die Familienmitglieder schließlich doch in die Außenwelt gezwungen oder gezogen werden.

*Richman*s Konzept von der verschlossenen Familie in der Symbiose scheint eine besondere Bedeutung beim Suizid von Kindern zuzukommen. Obwohl dies keinesfalls die einzig möglichen Erklärungsansätze sind, machen sie deutlich, warum Kinder Suizid als einen bevorzugten Problemlösungsweg ansehen. Aus dieser Sicht wäre es nützlich, die Dynamiken von Familien, in denen Suiziddrohungen vorkommen, mit denen von Familien zu vergleichen, in denen keine solchen Tendenzen vorliegen. Die folgende Gegenüberstellung zweier Familien mit suizidalen Kindern und einer Familie ohne diesen Hintergrund skizziert Faktoren, die diese Dynamiken tödlich werden lassen.

Der erste Fall suizidaler Symbiose ist der von Ron, einem stattlichen achtundzwanzigjährigen Mann, dessen Selbstmordversuch vereitelt worden war. Als eines von drei Kindern, beliebt und mit glänzender akademischer Karriere, war er immer der ganze Stolz der Familie gewesen. Seine Eltern hatten Hervorragendes von ihm erwartet, und er hatte die von ihnen vorgegebene Aufgabe gewissenhaft erfüllt. Ihre Pläne sahen seinen Militärdienst in einer Eliteeinheit vor, einen wichtigen Offiziersposten für einige Jahre und dann eine Stellung im Familienbetrieb. Während Ron gewissenhaft seinen Weg außerhalb der Familie verfolgte, hielt er doch immer die enge Bindung zu seinen Eltern aufrecht; er bezog sie vollständig in seine Pläne ein und suchte immer ihren Rat. Die Familie war für ihn und die anderen Familienmitglieder ein geheiligter Wert. Rons Vater war ein selbstgerechter, autoritärer Mann, der die Belange des Geschäftes und der Familie mit fester Hand lenkte. Unfähig, Autorität an andere abzutreten, mischte er sich in die kleinste Einzelheit seiner Firma ein; dies galt auch für das Familienleben und ging sogar soweit, daß er die anderen Familienmitglieder während der Mahlzeiten in Tischmanieren unterwies. Rons Mutter war ebenfalls ein dominanter Mensch und drängte sich permanent in das Leben ihres Mannes und ihrer Kinder. Sie war zwar impulsiv, doch emotional kalt.

Empathie oder Sympathie schienen ihr kindische Bedürfnisse nach Verhätschelung zu sein. Solange die Familienmitglieder ihrer Linie folgten, barst sie vor Stolz, aber geringste Anzeichen der Abweichung wurde mit unterdrückter Wut und Zurückweisung begegnet: "Wie kannst du so schwach sein, das ist überhaupt nicht männlich." Es war überraschend, wie wirkungsvoll ihre schneidenden Bemerkungen sein konnten.

Die Familienharmonie zerbrach, als Ron mit sechsundzwanzig Jahren heiratete. Seine Eltern wandten ein, er sei zu jung, seine Frau sei nicht die Richtige, ihre Familie sei alles andere als standesgemäß und der Zeitpunkt der Heirat mache seine Militärkarriere zunichte. Ron blieb jedoch hart, bis sie nachgaben. Mit der Hochzeit beschloß Rons Mutter, seine Frau unter ihre Fittiche zu nehmen, sie schrieb ihr alles im Leben vor, vom Kleidungsstil bis zum Zeitpunkt für die Geburt der Kinder. Zwischen den beiden Frauen entwickelte sich ein verdeckter Kampf um Ron.

Ron wollte in diesem Kampf weder gegen seine Eltern noch gegen seine Frau Stellung beziehen. Nachdem anfängliche Vermittlungsversuche fehlschlugen, spürte Ron, daß er langsam doch seine Unabhängigkeit und Entschlußkraft verlor. Er fühlte sich erschöpft und abgespannt. Zum ersten Mal in seinem Leben hatte er das Empfinden, nicht leistungsfähig genug im Beruf zu sein und folgerte daraus, daß er seinen Militärdienst quittieren sollte. Dies tat er, aber das rief bei ihm eine starke depressive Reaktion hervor, die über Monate hinweg anhielt. Er lag zusammengerollt in seinem Bett, bis er schließlich zu Medikamenten griff, um sich wieder zu fangen. Schließlich trennte er sich von seiner Frau und kehrte ins Haus seiner Eltern und unter die wachsame Kontrolle seiner Mutter zurück. Sobald er jedoch wieder zu Hause war, verschloß er sich stumm in sich selbst, als könnte er durch die Weigerung, zu sprechen, seine Wut gefahrloser mitteilen. In dieser belastenden und kummervollen Zeit versuchte er sich umzubringen.

Von dem Moment an, in dem seine Eltern um Behandlung für ihn nachsuchten, versuchten sie mir vorzugeben, wo seine Probleme lägen und wie er zu behandeln sei. Nachdem die Therapie begonnen hatte, riefen sie permanent an, um mich zu überprüfen und Bericht zu erhalten. Meinen frühzeitigen Versuchen, sie auszuschließen, um ein Arbeitsbündnis mit Ron aufzubauen, wurde mit Wut und schockiertem Verhalten begegnet. Ron selbst schien ihrer Allgegenwart völlig gleichgültig gegenüberzustehen. Trotzdem bat ich die Eltern erst Monate später um eine Zusammenkunft, nachdem Ron eine Chance gehabt hatte, über seine lähmende Depression hinwegzukommen.

In den gemeinsamen Sitzungen mit den Eltern entwarf sich mir ein Familienportrait voller Zorn. Zuerst beleidigte Rons Mutter seine Frau, indem sie ihr die Schuld an all seinem Leid gab. Dann beschuldigte sie Ron, seine Loyalität geteilt zu haben. Schließlich beschimpfte sie ihn für das, was aus ihm geworden sei: "Du bist nicht der, der du warst; du bist nicht mein Kind, du bist nicht mehr mein Mann." Der Vater schalt ihn ebenfalls für seinen falschen Weg: "Du brauchst wirklich ein Hörgerät. Wenn du nur auf uns hören würdest, würde alles klargehen."

Auf Rons geringste Äußerungen von Eigenständigkeit wurde mit Wut reagiert. Seine Unabhängigkeitserklärungen wurden als hoffnungslos, verrückt und fatale Fehler heruntergemacht. Seine Gefühlsäußerungen brachten seine Mutter nur noch mehr in Rage. Sogar Gesprächsangeboten während der Therapiesitzungen wurde mit Zurückweisung begegnet. Diese stürmischen Familiensitzungen endeten mit Ausbrüchen der Verachtung gegen mich und mit Rons Rückzug hinter eine Mauer aus Schweigen, hinter der er Schutz suchte. Ron blieb weiterhin abhängig von seinen Eltern und lebte wie ein Einsiedler in ihrem Haus, indem er sich weigerte zu arbeiten, Freunde zu treffen oder nur zu sprechen.

Das Vorgehen in Rons Therapie mußte gut überlegt sein. Einerseits ermutigte ich ihn zur Behauptung seiner Eigenständigkeit, zum freien Sprechen, zur Individualität, andererseits mußte ich helfen, den erstickenden Zugriff durch die fordernden Eltern zu vermindern. Die Eltern mußten lernen, Rons Ausdruck seiner eigenen Persönlichkeit zu akzeptieren, auch wenn dieser ihnen launenhaft erschien; Ron mußte lernen, Eigenständigkeit zu erlangen, indem er Grenzen setzte, ohne die Kommunikationsdrähte zu durchschneiden.

Das Thema Suizid in Rons Familie ist wesentlich in ihrer symbiotischen Grundstruktur angelegt, in der Forderung, nicht aus der Reihe zu tanzen, im Anspruch nach unbedingter Loyalität gegenüber der Familie und in ihrer Wut auf jedes Zeichen von Individualität. Trotz der echten Sorge um Ron fehlte es völlig an Wärme, Verständnis und Akzeptanz. Rons suizidales Verhalten ist ein Beispiel für Symbiose ohne Empathie, bei der in Krisenzeiten Suizid zu einer ernsthaften Option wird.

Die tödlichen Konsequenzen von Symbiosen ohne Empathie scheinen auch im Fall von Jimmy auf, einem Achtjährigen, der versuchte, sein Leben durch einen Sprung aus dem Fenster zu beenden. Die unmittelbaren Einzelheiten seines versuchten Selbstmordes muten fast banal an. Während einer Schulpause zog eine seiner Mitschülerinnen Jimmys Hose bis zu seinen Knöcheln herunter, zum Vergnügen der anderen. Gedemütigt und schockiert lief Jimmy zum Fenster des Klassenzimmers im zweiten Stock und schrie: "Ich werde springen." Die schnelle Reaktion zweier Mitschülerinnen hinderte ihn an der Ausführung seiner Drohung. Erst später erzählte Jimmy seinem Lehrer, daß er lange vor dem Vorfall beschlossen habe, sich umzubringen.

Jimmys Familienleben veranschaulicht *Richman*s Definition der symbiotischen Familie. Sein Vater wirkte sanft und gutmütig, ein Mann, der sich unermüdlich seiner Familie widmete. Tatsächlich hatte er oft die Arbeitsstelle gewechselt und Aufstiegsmöglichkeiten abgeschlagen, um ein konstantes, enges Familienleben aufrechtzuerhalten. Jimmys Mutter wirkte erschöpft und müde, von einer auswärts gelegenen Arbeitsstelle ausgelaugt, die sie nicht mochte, die die finanzielle Lage der Familie aber erforderte. Beide Eltern spürten, daß ihre starken Verpflichtungsgefühle gegenüber den Kindern ihrer eigenen weniger glücklichen Kindheit als Schlüsselkinder entsprangen. Ihre eigenen Eltern hatten sie den Großteil des Tages in fremder Obhut lassen müssen, während sie selbst arbeiteten. Beide Eltern hatten in ihrer Kindheit ein Defizit an liebevoller Berührung empfunden und versuchten nun auszuschließen, daß ihre eigenen Kinder jemals diesen Mangel erlitten. Zur Kompensation verbrachten sie jede freie Minute mit Jimmy und seiner jüngeren Schwester und riefen im Laufe des Tages häufig zu Hause an, um an den Aktivitäten der Kinder teilzuhaben.

Hinter diesem idyllischen Stand der Dinge verbarg sich jedoch ein dunklerer Hintergrund. Die Aktionen der Mutter offenbarten deutlich eher Überfürsorglichkeit als bloße Sorge. Sie verlangte, daß die Kinder sofort nach Schulschluß nach Hause gingen, und schon die kleinste Verspätung versetzte sie in Panik. Einmal ließ sie bei der Arbeit alles stehen und liegen und lief nach Hause, um sich zu vergewissern, daß mit den Kindern alles in Ordnung sei. Ihre Anrufe zu Hause waren gespickt mit Anweisungen und Strafandrohungen. Sie übergab Jimmy lange Listen mit Aufträgen und drohte ihm mit Bestrafung, wenn er sie nicht ausführte. Während er seine Hausaufgaben machte, rief sie häufig an, um sein Vorankommen zu überprüfen. Und wenn sie nach Hause kam, wurden die Strafandrohungen wahrgemacht.

Soziale Kontakte außerhalb der Familie wurden sanktioniert. Wenn Jimmy bat, hinausgehen zu dürfen, um mit Freunden zu spielen, schalt sein Vater ihn für seinen Mangel an kindlicher Anhänglichkeit, da er seine Freunde den Eltern vorziehe. Er wurde dazu angehalten, unbedingt Beschäftigungen innerhalb der Wohnung zu suchen. Außer gelegentlichen Besuchen bei den Großeltern gab es kaum Außenkontakte der Kernfamilie. Seltene Ausflüge mit anderen Familien endeten im allgemeinen mit Jimmys Bestrafung für irgend ein kleines Vorkommnis.

Wärme und Liebe fehlten. Als Jimmy während der Therapie einmal seinen Kopf an die Schulter der Mutter legte, schob sie ihn brüsk von sich: "Geh weg, du hast das Alter schon hinter dir, in dem du es brauchst, wie deine Schwester gehätschelt zu werden." Jimmy antwortete mit stillen, unaufhörlichen Fußtritten in die Luft.

Jimmys Eltern äußerten oft ihr Entsetzen über seinen Mangel an Dankbarkeit: Jimmy wisse einfach ihre Zuneigung und ihre Opfer nicht zu schätzen. Ohne ihn wäre ihr Leben viel angenehmer, wie das anderer Eltern. Ihre eigene Beziehung wurde als ein Ideal an Harmonie dargestellt, ohne jegliche Spannung und ohne Konflikte.

Ein kleines Rollenspiel während der Therapie brachte auf dramatische Weise einige der tödlichen Dynamiken ans Licht, die zu Jimmys Selbstmordversuch geführt hatten und die Gewalt hinter dem Familienideal. Zufällig rutschte Jimmy heraus, daß sein Vater einen Tisch mit einem einzigen Schlag zertrümmert habe. Der Vater erklärte zu seiner Rechtfertigung, daß Jimmy ihn so sehr gereizt habe, daß er seine Gefühle an dem Tisch anstatt an seinem Sohn ausgelassen habe. "Ich erklärte ihm," sagte der Vater, "daß ich mit dem Tisch getan hatte, was ich eigentlich mit ihm tun wollte." Als er nach dem Grund seines Ärgers gefragt wurde, erinnerte sich der Vater, sie wären einmal mit einer Gruppe anderer Kinder ins Kino gegangen. Nach der Vorstellung habe Jimmy ein Eis verlangt, obwohl er vorher schon Süßigkeiten bekommen habe. Diese Art Forderungen machten ihn blindwütig.

Jimmy war begeistert von dem Vorschlag, Vater und Sohn sollten die Rollen tauschen und den Vorfall nachspielen. Der Vater beugte sich vor und jammerte: "Vati, ich will ein Eis." "Sei still, du Idiot, du Dummkopf. Schämst du dich nicht, du verzogenes Gör, du willst nur haben und haben." Bei diesen Worten lehnte sich Jimmy hinüber und schlug seinen Vater. Des Vaters widerwillige Bestätigung dieser Rekonstruktion machte dem Mythos der idealen, schutzgewährenden Familie ein Ende.

Jimmys Familie teilt gewisse charakteristische Merkmale mit anderen symbiotischen Familien: die erstickende Enge, der erdrükkende Zugriff auf die Kinder, die strafende Demütigung und das Verlagern von eigenem Leid auf die Schultern der Kinder, die den

Sündenbock abgeben müssen. Es ist nicht erstaunlich, daß Jimmy auf Selbstmord kam, als er im Klassenzimmer gedemütigt wurde.

Symbiose kann jedoch auch ohne solche tödlichen Qualitäten auftreten, wie der Fall der vierzehnjährigen Diana zeigt. Als zweites von vier Kindern hatte Diana seit frühester Kindheit unter chronischem Bettnässen gelitten. Familiendynamisch gesehen war Dianas Rolle im Leben, die enge Bindung zwischen den Familienmitgliedern aufrechtzuerhalten; eine Aufgabe, die sie dadurch löste, daß sie die Aufmerksamkeit aller immer aufs Neue auf ihre Probleme lenkte. Diese unbewußte Taktik hatte ein zweifaches Ziel: sie beugte Konflikten zwischen den Eltern vor und gab Diana eine besondere Rolle innerhalb der Familie.

Gespräche mit der Familie drehten sich immer wieder um Themen, die für Symbiosen typisch sind: Loyalität, Vertrauen, Trennung, Grenzen, Beziehungen zu anderen Menschen. Diana reagierte auf Fragen wie: was sie für sich behalten könne, was sie ihrer Familie erzählen solle und wieviel Zeit sie mit Freunden verbringen solle, immer beunruhigt. Diana, ihre Mutter und – in einem geringeren Ausmaß – die anderen Familienmitglieder erklärten, sie glaubten an vollständige Loyalität und absolute Anteilnahme zwischen Menschen, die sich liebten. Jede Trennung von Familienmitgliedern war Grund für eine Krise, viele Reisen wurden deshalb abgebrochen.

Diese Symbiose in Dianas Familie zeichnete sich jedoch durch ein großes Ausmaß an Empathie und Liebe aus. Trotz der versteckten Konflikte fanden viele Kommunikationsversuche statt. Oftmals konnte man Nähe, Teilnahme und Einfühlung in Gedanken und Emotionen anderer feststellen. Außerdem zeigte Dianas Familie keine der in anderen symbiotischen Familien üblichen versteckten feindseligen und sadomasochistischen Tendenzen.

Beim Vergleich von Dianas Familie mit denen von Ron und Jimmy fallen die Unterschiede in der Familiengeschlossenheit und der offenen Affektäußerung auf. Diese Unterschiede geben den symbiotischen Merkmalen eine völlig andere Bedeutung, als sie im allgemeinen haben. Sie scheinen *Richman*s Schlußfolgerung zu bestätigen, daß selbstzerstörerisches Verhalten hauptsächlich dann entsteht, wenn Symbiose ohne ein Polster von Empathie und Herzlichkeit auftritt.

Zusammenfassung

Dieses Kapitel hat drei Forschungsansätze über Familiendynamiken bei kindlicher Selbstzerstörung vorgestellt: Die Viel-Problem-Familie, die tödliche Botschaft und das Problem der Symbiose ohne Empathie. Ein gemeinsames Thema dieser Sichtweisen ist der tödliche Schaden, der durch Familien angerichtet wird, die Liebe, Glück, Erfüllung und Eigenständigkeit ablehnen. Es zeichnet sich ein Bild von innerer Feindseligkeit, von Sadomasochismus, von Haß, Zurückweisung und erdrückenden Forderungen. Klinische Erfahrungen zeigen jedoch, daß diese Atmosphäre der Feindseligkeit nicht immer notwendiges Merkmal suizidaler Familien sein muß. Das folgende Kapitel zeigt, daß Selbstzerstörung auch in einer Atmosphäre liebevoller Teilnahme entstehen kann.

VIII

Der Selbstmord einer Jugendlichen

Familiendynamik und Kindheitsgeschichte

Der Fall von Sonia, einem siebzehnjährigen Mädchen, das sich umbrachte, verdeutlicht viel von den in Kapitel VII diskutierten Familiendynamiken. Er zeigt jedoch, wie wir erfahren werden, daß Suizid auch in einem Familienzusammenhang vorkommen kann, der von gegenseitiger Liebe und Anteilnahme geprägt ist. Auf diese Familie scheint *Richman*s Definition von Symbiose zuzutreffen, es fehlt jedoch die Stumpfheit und Feindseligkeit, die er beschreibt. Eher war Sonias Familie in einem komplizierten Netz gemeinsamer Normen und idealistischer Werte gefangen, die die Familienmitglieder zu sozialen Außenseitern machten. Aufgrund dieser Regeln und Erwartungen hatten die Familienmitglieder Schwierigkeiten, sich in der Außenwelt zurechtzufinden und waren nur allzu bereit, Mißerfolge zu erleben, auch wenn sie etwas leisteten.

Sonias Familie gewährt einen Einblick in Dynamiken, die für viele suizidale Kinder gelten. Sonia starb mit siebzehn Jahren, aber der Keim für den Suizid wurde schon lange vorher gelegt und genährt. Die Wurzeln für die Selbstzerstörung können in den besonderen Kommunikationsstrukturen der Familie gesehen werden, den eingeschränkten Gefühlsäußerungen, der Selbsttäuschung und in der beständigen Auseinandersetzung mit dem Tod.

Die leidtragende Familie

Es war Nacht, als Sonia aufstand und das Gewehr nahm, dessen Gebrauch ihr Vater ihr kürzlich erklärt hatte. In einen warmen Mantel gehüllt verließ sie leise das Haus, ohne die Familie zu wecken. Sie ging paar hundert Meter durch die kalte Nacht zu einem Obstgarten. Auf einem Pfad zwischen den Bäumen ging sie ein Stück weit und setzte sich dann nieder, mit dem Rücken gegen einen Baum gelehnt. Sie legte den Lauf an die Stirn und beendete damit ihr Leben. Ihre Leiche wurde einige Tage später gefunden, immer noch an den Baumstamm gelehnt. Der Brief in ihrer Tasche klang lakonisch: "Mutter, Vater, Mike, John. Ich bin an einem Punkt ohne Umkehr angelangt. Ich bin nichts wert. Alles, was mir bleibt, ist die Abhängigkeit von Euch bis an mein Lebensende. Es tut mir leid um Euren Schmerz, aber dies ist der beste Weg für mich. Sonia."

Sie war eine hervorragende Schülerin gewesen. Durch das Überspringen eines Schuljahres hatte sie die Oberschule früh beendet, mit sehr gute Noten und Beurteilungen. Bei Freunden galt sie als agil, hart, direkt und unerschütterlich in ihren Überzeugungen. Denen, die es ihrer Meinung nach verdienten, drückte sie ohne Zögern ihre Anerkennung aus, übte aber schneidende Kritik an denen, die ihren Ansprüchen hinsichtlich Fairneß und Leistung nicht genügten. Außerdem hatte sie die Tendenz, gegen den willkürlichen oder gönnerhaften Gebrauch von Autorität und Macht zu rebellieren. Mit nicht geringer Dreistigkeit verlangte sie Erklärungen für Instruktionen oder Forderungen, die sie für unvernünftig hielt. Sie stellte an sich selbst allerdings dieselben hohen Erwartungen wie an andere.

Trotz aktiver sozialer Kontakte war Sonia oft distanziert, und ihre Bekannten hatten gelernt, sich ihr nur mit vorsichtiger Aufmerksamkeit zu nähern. Obwohl sie bei Lehrern und Mitschülern hohes Ansehen genoß, fürchteten sie doch ihre Kritik und Zurückweisung. Es war, als lebte Sonia auf einer einsamen Anhöhe, einem Gipfel der Leistung und Moralität, der sie von den Menschen um sie herum abhob.

Ungefähr zwei Monate vor ihrem Tod hatte eine schnelle Folge von Niederlagen sie zu Boden gedrückt. Auf für sie charakteristische Weise hatte Sonia beschlossen, das Ferienjahr vor ihrem Eintritt in die israelische Armee der freiwilligen Arbeit in einer armen Gegend zu widmen, die weit entfernt von ihrem Heimatort lag. Hier spürte sie – vielleicht das erste Mal im Leben – den bitteren Schmerz des Mißerfolges. Berstend vor Energie und voller Träume war sie aufgebrochen, froh um die Gelegenheit, ihre Ideale in die Tat umsetzen zu können.

Sie war sich ihrer Fähigkeit so gewiß gewesen, so standhaft auf ihrem Weg, so sicher, daß sie das Richtige tat. Plötzlich sah sich Sonia mit der eigenen Niederlage und der Mittelmäßigkeit konfrontiert, die sie bei anderen verachtet hatte.

Sonia hatte sich freiwillig mit einer Gruppe Gleichaltriger, die ebenfalls auf ihre Einberufung warteten, für die Gemeindearbeit gemeldet. Da niemand sie von früher kannte, hatte sie nicht ihren bisherigen Nimbus als Rückhalt. Bei dem Versuch, sich durchzusetzen, blieb sie weit hinter ihren Erwartungen und Fähigkeiten zurück. Sie war wie betäubt von der Erkenntnis, daß sie nicht einmal die einfachsten Pflichten erfolgreich erfüllen konnte.

Sonia gab nicht so schnell auf. Sie versuchte mit aller ihr zur Verfügung stehenden Kraft, die Hemmnisse zu überwinden, zu überzeugen, zu erklären und vorwärts zu treiben – aber ohne Ergebnis. Ihr Erstaunen über Niederlagen, die Abgründe, die sich plötzlich vor ihr auftaten und die Angst, die sie darauf befiel, geben Anlaß zu Verwunderung. Ein Mädchen, das bis dahin nur die süßen Früchte des Erfolgs kennengelernt hatte, wurde plötzlich dazu getrieben, in ihrem Abschiedsbrief zu schreiben: "Ich bin nichts wert". Als Sonia nun mit dem, was sie als verächtliches Scheitern empfand, konfrontiert wurde, schwand ihre Lebensfreude. Sie verlor den Appetit, konnte nachts nicht schlafen, und sogar ihre Menstruation setzte aus. Sie zog sich in sich selbst zurück; wenn andere sprachen, antwortete sie, als käme sie aus einem tiefen Schlaf. Oft erweckten ihre Antworten den Anschein, als antworte sie nur inneren Stimmen.

Zu Hause machten sich die ersten Gefahrenanzeichen in Form von häufigen Anrufen bemerkbar, in denen sie Heimweh und Sehnsucht zum Ausdruck brachte – Gefühle, die sie bis dahin verachtet hatte. Sie begann plötzlich für kurze Besuche zu Hause aufzutauchen, obwohl die Reise viele Stunden dauerte. Solche Besuche gaben ihr neue Vitalität, aber sie blieb dann nie lange daheim. Ihre Mutter erinnerte sich:

Einmal rief sie an, um zu sagen, daß sie unterwegs sei, und ich konnte ihrer Stimme anmerken, wie dringend es war. Sie hatte ein dringendes Bedürfnis zu sprechen, als sie jedoch zu Hause ankam, sagte sie einfach nur "Hallo". Sie stellte nur ihr Gepäck ab, nahm das Telefon und rief ein Freundin an; redete und redete und redete, ohne Sinn und Verstand. Es war, als klammere sie sich an ihre Freundin, von einer plötzlichen Furcht befallen. Ich wartete geduldig, aber es dauerte und dauerte. Ich wurde so müde, daß ich ihr schließlich einen Zettel hinlegte, daß ich schlafen ginge und sie mich wecken solle, wenn sie fertig sei. Als ich früh am nächsten Morgen erwachte, war sie nicht im Bett, und es war keine Mitteilung da. Sie war schon wieder gefahren.

[Bei anderen Besuchen, während der Winterferien:] Wir redeten viele Stunden bis tief in die Nacht hinein. Sie sprach über ihre Enttäuschung, ihre Schwierigkeiten, ihre Niedergeschlagenheit. Ich versuchte, sie zu beruhigen und zu entlasten, aber es half nicht viel. Manchmal sah es aus, als wolle sie sich die Ohren zuhalten. Meine Worte schienen nicht bei ihr anzukommen, und sie antwortete wie aus weiter Entfernung. Ich konnte nicht mit ihr in Kontakt kommen. Sie antwortete mir wie aus ihrer eigenen Welt.

Sie war völlig durcheinander. Sie bat um Rat und Hilfe. Sie konnte nicht die kleinste Sache für sich selbst tun; es war, als habe sie das innere Gefühl für eine Richtung verloren. Aber auch so konnte sie sich von Zeit zu Zeit zusammenreißen und beruhigen, aber dann fing sie mit allem wieder von vorne an.

In einer ihrer kurzen klaren Perioden begann sie, uns allen Geschenke zu machen. Sie schien von einer Besessenheit gepackt zu sein. Als die Ferienzeit zuende ging, hatte sie jedoch noch kein Geschenk für ihren jüngsten Bruder, John, gefunden. Das versetzte sie in Panik. ... Sie mußte es noch erledigen. Jetzt weiß ich, daß dies das erste Mal war, daß sie ihren geheimen Selbstmordplan offenbarte.

Später, drei Wochen vor dem Selbstmord, trat plötzlich eine Beruhigung ein. Sonia schien sich wiederzufinden. Die Anzeichen von Konfusion verschwanden. Die ganze Familie atmete auf, und die Eltern beschlossen, trotz anfänglicher Zweifel die geplante Urlaubsreise anzutreten. Aber nachdem sie zehn Tage unterwegs waren, machte ein plötzlicher Anruf des ältesten Sohnes, Mike, der Reise ein Ende.

Mike hatte sich aufgemacht, seine Schwester zu besuchen und fand sie in einem furchtbaren Zustand vor. Er hatte sie, fast hinter sich herschleifend, dazu gebracht, wieder nach Hause zu kommen. Konfusion und Depression waren mit aller Macht zurückgekommen. Mikes Anruf brachte die Eltern sofort nach Hause. Sonia stürzte auf sie zu und flehte, sie sollten sie schlagen und strafen, weil sie nicht gut sei. Sie rief, daß sie alle enttäuscht habe und hinter ihre Erwartungen zurückgefallen sei. Mit ähnlicher Hingabe bat sie darum, wieder zu ihren Freunden und dem freiwilligen Dienst zurückgebracht zu werden. Ihre Eltern versuchten ihr das auszureden, aber mit Worten, die an ihren fundamentalen Qualitäten vorbeizielten: "Nicht jetzt, ruh' dich erst ein bißchen aus. Du bist noch nicht recht auf den Beinen. Jetzt bist du das schwache Glied in der Familie und es ist an uns, dir zu helfen. Denk nicht an uns. Du kannst das nicht bewältigen, du bist jetzt nicht richtig auf der Höhe."

Sonia stimmte zu und ging einen Schritt weiter: Sie bat darum, in eine Nervenheilanstalt eingewiesen zu werden. Die Eltern begegneten diesem Ansinnen mit dem Vorschlag, sie solle den Hausarzt aufsuchen. Obwohl sich Sonia zunächst weigerte, ging sie schließlich einmal hin, lehnte dann jedoch weitere Besuche ab und sagte, sie glaube nicht, daß Medikamente ihr helfen könnten. Das Thema einer psychotherapeutischen Behandlung wurde nicht wieder aufgegriffen.

Die endlosen nächtlichen Gespräche setzten wieder ein. Es schien, als leide Sonia besonders unter dem Gedanken, daß sie nun eine Last sei, daß sie nicht genügend gäbe, daß sie eine Enttäuschung sei. Beschwichtigende Proteste, daß alles in Ordnung sei, daß sie diejenige sei, die nur jetzt gerade Hilfe brauche, nutzten nicht viel. Sonia beharrte auf ihrer Selbstgeißelung.

Sie brachte nun das Thema Selbstmord direkt und unvermittelt ins Gespräch. "Vielleicht sollte ich das mit mir selbst abmachen und es nicht allen schwer machen." Ihre Mutter, die nicht wußte, wie sie reagieren sollte, versuchte mit Vorsicht zu antworten: "Sonia, du mußt jetzt an dich selbst denken, nicht an andere. Denk nicht an uns, denk daran, was das Beste für dich ist."

Die Mutter wollte Sonia von ihrer Meinung abbringen, sie sei eine Last. Sie sagte, die Eltern und Brüder gäben ihr doch nur zurück, was Sonia ihnen in der Vergangenheit gegeben habe. Diese Mitteilung war jedoch recht kompliziert, jedenfalls interpretierte Sonia sie ganz anders. Am Ende, sagte sie, würde sie das tun, was sie für das Beste halte, ohne sich um die anderen zu kümmern. Belastet und von Schuldgefühlen geplagt, empfand die Mutter es später so, daß alles anders gekommen wäre, wenn sie sich Sonia deutlicher mitgeteilt hätte, wenn sie nur gesagt hätte: "Nein, nicht Selbstmord, ich würde vor Trauer verrückt werden." Vielleicht hätte sie dann ihre Tochter retten können.

Die Worte der Mutter wurden vom Vater in einer Therapiesitzung wiederholt: "Ich bin sicher, wenn sie gewußt hätte, welches Leid sie hervorruft, hätte sie es nie getan. Wir haben ihr einfach ein zu großes Maß an Freiheit gegeben. Wir hätten sie nicht so unabhängig sein lassen dürfen. Was für ein schreckliches Gefühl, jemand Geliebtem nahe zu sein und nicht dazu in der Lage zu sein, ihn vor dem Ertrinken zu retten, direkt vor deiner Nase."

Tatsächlich war die ganze Familie hilflos. Der Vater beobachtete alles ängstlich und verzweifelt und versuchte, Sonia von ihrem Schmerz abzulenken, indem er sie zum Essen oder zu Unterhaltungsveranstaltungen einlud. Ihre Eltern verbrachten Stunden um Stunden mit ihr, damit sie sich nicht alleine fühlte, ihr Vater rief oft von der Arbeit aus an, um sich nach ihr zu erkundigen. Auf ähnliche Weise machte ihr älterer Bruder jede Anstrengung, drängte sie mit ins Kino oder auf Reisen. Er redete auf sie ein, sie solle sich doch zusammenreißen. Er machte sich lustig, ohne zu realisieren, daß er damit nur noch mehr Druck auf sie ausübte. Der jüngere Bruder beobachtete alles aus ängstlicher Distanz, unsicher, in stiller Anteilnahme.

Und die emotionale Achterbahn ging weiter. An einem Tag schien es, als wäre Sonia wieder zu sich gekommen, aber am nächsten Tag fiel sie wieder in Depression und Konfusion zurück. Drei Tage vor ihrem Selbstmord platzte Sonia gegenüber ihrer Mutter heraus: "Was werde ich hinterlassen? Du mußt gut auf John achtgeben." Aber auch diese offene Botschaft wurde nicht wirklich verstanden. Es scheint, daß eine Mutter eine tiefe Quelle innerer Kraft haben muß, um die Tatsache akzeptieren zu können, daß ihr Kind über seinen bevorstehenden Tod spricht. Dabei beschlich doch Sorge die Mutter. Sie fragte, wo das Gewehr aufbewahrt wurde. Sie wollte, daß es aus dem Haus kam.

Und dann, eines Tages, erwachte Sonia ruhig und erfrischt. Sie war zu dem überraschenden Entschluß gekommen, ihr Zimmer fertig zu streichen, ein längst überfälliges Stück praktischer Arbeit, das sie sich vorgenommen hatte. Sie strich bis in den frühen Nachmittag und ging dann am Abend mit ihrem älteren Bruder aus. Als sie zurückkam, ging sie ruhig zu Bett. Alle stießen einen Seufzer der Erleichterung aus: der Sturm hatte sich gelegt. In dieser Nacht erschoß sich Sonia.

Zwei Monate nach dem tragischen Ereignis kam die Familie in die Therapie, um eine Rückkehr zum normalen Alltag zu finden. "Rückkehr zur Funktionsfähigkeit" war der Schlüsselsatz während der Therapie. Die Familienmitglieder glaubten zu wissen, was Sonia in den Tod getrieben hatte, sie suchten nicht nach irgendwelchen Erklärungen oder Schuldigen. Sie suchten eher Rat bei einer Anzahl von Problemen: Sollte John nun auf das Internat gehen? Sollte Mike nach Hause zurückkehren? Sollte die Mutter wieder anfangen zu arbeiten? Wie fängt man wieder ein normales Leben an? Jeder war in seiner eigenen Welt und trug seinen eigenen Schmerz auf seine Weise. Neben dieser Einzigartigkeit im Erleben jeden Mitglieds gab es jedoch so verbindende Merkmale, daß sie die Familie zu einer Einheit zusammenschlossen – ein Beziehungsmuster, das wahrscheinlich Sonia ebenfalls umgeben und geformt hatte.

Sonias Vater

Der Vater war ein schwergewichtiger, dicker Mann von fünfundfünfzig. Als Autoritätsperson beschützte er seine Lieben mit unangefochtenen Entscheidungen. Seine Energie war bedrohlich und vermittelte eine Atmosphäre der Explosivität. Dies kam zum Ausdruck durch seine angespannte, hohe Stimme und die aggressive Körperhaltung, während er sprach. Er konnte jedoch auch verletzlich sein. Sein Gesicht konnte sich plötzlich vor Schmerz verziehen, bei Sonias Namen traten ihm Tränen in die Augen. Ein Zittern überlief seinen Körper, wenn der Schmerz nachließ.

Er war die zentrale Autoritätsperson, die fortwährend über die Außenkontakte der Familie wachte. Er war der Türhüter, immer wachsam beobachtend, wer kam und ging; er plante die Außendarstellung. Auf mich wirkte er oft wie ein grimmiger Löwe, der seine Jungen bewachte, bereit und willens, jeder Bedrohung entgegenzutreten. Es gab viele Tabus: das Sprechen über Wut, Liebe, Gefühle, Kommunikationsstrukturen. Während der Therapie wies er mich oft brüsk zurück, wenn ich intime Gebiete berührte: "Ich warne Sie, das geht Sie nichts an, Sie machen einen großen Fehler." Sogar im Rahmen der Therapie fühlte er sich noch von jeder angedeuteten Kritik von seiten der Familie bedroht.

Sonias Vater legte immer großen Wert auf eine intellektuelle Herangehensweise. Er entwickelte philosophische Diskurse, lieferte historische Verweise, machte literarische Einwürfe und vertiefte sich sogar in Physik, um irgendetwas zu beweisen. Manchmal konnte er so lange reden, bis die anderen in ihre Stühle zurücksanken, hilflos, diesen Redeschwall zu unterbrechen. Aber obwohl seine Monologe sie verdrossen, reagierten sie mit Schrecken auf jede Unterbrechung meinerseits.

Der Vater konnte es nicht ertragen, mit seiner Frau oder seinen Kindern auf einer emotionalen Ebene umzugehen. Wenn starke Gefühle auftauchten, verleugnete er sie, übersah sie oder wechselte das Thema. Er trat innerlich beiseite, während seine Frau auf die Gefühlsäußerungen ihrer Kinder reagierte. Es war, als fürchte er, daß das leiseste Zulassen eines Gefühles ihn hoffnungslos überwältigen würde.

Er blieb steif und fest bei seiner Meinung, daß die Familie alles gemeinsam tun müsse. Reisen, Entscheidungen, sogar Schmerz und Leid waren nur gemeinsam vorstellbar. Lange Familiensitzungen gingen jeder Entscheidung voraus, und wenn etwas nicht gemeinsam getan werden konnte, wurde es unterlassen. Ein Ergebnis war, daß auf individuelle Bedürfnisse oft verzichtet werden mußte. Die kleinste Abweichung von der Familie galt als Untreue. Während der Therapie war der Vater jedesmal verletzt und ärgerlich, wenn jemand den Wunsch nach mehr Freiheit ausdrückte.

Die Rollen der Familienmitglieder waren für alle klar abgegrenzt. Gefühle und Erziehung waren zweitrangig und gehörten in den Bereich der Ehefrau. "Bei diesen Dingen bin ich von meiner Frau abhängig." Sie kümmerte sich um alle Ausflüge, die Ernährung, die Erziehung und war fürs Herzausschütten zuständig. Nur wenn er das Gefühl hatte, daß sie ins Schwanken geriet, mischte er sich ein, um die benötigte Lösung und Richtung anzugeben.

Seine Beziehung zu seiner Frau speiste sich aus einer eigenwilligen Mischung von Verehrung und Abhängigkeit, die von beschützender Sorge bis zu kindischen, anmaßenden Forderungen reichte. Er betrachtete seine Frau als zart und zerbrechlich, fühlte sich jedoch hilflos ohne sie. Er wachte grimmig über ihre Zeit und ihre Beschäftigungen. Seine Erwartungen an die Söhne waren klar und genau. Sie hatten unternehmend und vital zu sein, entschieden, innovativ und vor allem besonnen. Jede Gefühlsregung bedeutete Schwäche.

Seine Beziehung zu Sonia war für mich nicht vollständig durchschaubar. Er hatte sie sehr geliebt, es aber vorgezogen, ihr nie nahe zu kommen. Er war nicht in der Lage gewesen, mit ihr zu reden, und fühlte sich unsicher, wenn er es versuchte. Wie auf den meisten intimen Gebieten verschloß er seine Gefühle in sich und hielt sie auf Armeslänge von sich. Er hatte Sonia als die Intellektuelle der Familie angesehen, die durch ihre Brillanz viel erreichen würde. In den Wochen vor ihrem Selbstmord hatte er wenig Anteil an ihrem Gefühlsstrudel genommen. Da er keine Alternative sah, hatte er die Initiative seiner Frau überlassen. Er war jedoch bereit, alles zu tun, was verlangt wurde, z. B. Sonia dahin zu bringen, ihre Medizin zu nehmen, wenn sie dies ablehnte. Als Einzelkind war er ein hingebungsvoller und loyaler Sohn gewesen, der sich ergeben um seine Eltern gekümmert hatte. Solange seine Frau ihn kannte, hatte er unter starken periodischen Stimmungsschwankungen gelitten, die einer manisch-depressiven Störung glichen. In manischen Perioden wurde er aufgekratzt, redete ohne Ende und riß die Familie mit in alle möglichen Arten sonderbarer Ideen. Das steigerte sich dann langsam in vehementen Argumentationsketten bis zu aggressiven Rücksichtslosigkeiten, Drohungen und Beleidigungen.

Obwohl er in solchen Phasen niemandem wirklichen Schaden zufügte, erzeugte er doch eine verschreckte Familienatmosphäre. Jeder versteckte sich in einer Ecke und vermied es, ihm über den Weg zu laufen.

Entspannung trat ein, wenn der Vater in eine depressive Phase glitt. Dies waren Zeiten der Ruhe, Zurückgezogenheit und Melancholie. Dann kam er langsam wieder zu sich. Er hatte oft unter diesen Stimmungsschwankungen gelitten, jedoch nie ernsthaft therapeutische Hilfe gesucht.

Sonias Mutter

Die Mutter war schlank und attraktiv, sie strahlte eine ruhige innere Kraft aus, die im Widerspruch zu ihrer zarten, zerbrechlichen Erscheinung stand. Ende vierzig, hatte sie immer noch Züge eines jungen Mädchens. Während des ersten Treffens trug sie Kleidung, die einmal Sonia gehört hatte.

Die Mutter war das emotionale Sprachrohr der Familie. Die seelische Belastung durch diese Rolle ging über ihre Kraft. Immer stellte sie jedoch ihre eigenen Bedürfnisse hinten an, um anderen Familienmitglieder zu ermöglichen, ihre Probleme zur Sprache zu bringen. Wenn der Betreffende ins Wanken geriet, leistete sie Beistand, ermutigte sie ihn und half, durch die Schwierigkeiten hindurchzukommen.

Sie hatte zahllose Stunden in der Sorge um ihre Kinder und ihren Mann verbracht. Jede Handlung war sorgfältig geplant; jeder Schritt war Teil eines umfassenderen Erziehungskonzepts mit weit in die Zukunft reichenden Zielen. In bezug auf ihre Familie überließ sie nichts dem Zufall; alles hatte einen Zweck. Sie machte sich viele Gedanken darüber, welche Bücher sie mit nach Hause bringen sollte, welche Arten von Zerstreuung von erzieherischem Wert waren, welches die gesündeste Ernährung war. Ihre Tage waren sorgfältig eingeteilt, um ihren Beruf, den Haushalt, das Kochen, die Aufmerksamkeit gegenüber ihrem Mann und das Spielen mit den Kindern miteinander zu vereinbaren.

Sogar die Beziehungen innerhalb der Familie blieben nicht dem Zufall oder der Spontaneität überlassen. Sie legte fest, wer wen traf, wer am besten zueinander paßte und wann die jeweiligen Menschen sich treffen sollten. Sie versuchte sogar zu planen, wie sie ihren Kindern helfen könne, unabhängig zu werden und wie sie ihnen die genau richtig dosierten Anforderungen auferlegen müsse, um ihre Kraft zu entwickeln, Probleme zu lösen. Sie empfand ihre Versuche, Unabhängigkeit durch rigide Kontrolle zu stärken, keineswegs sonderbar.

Dieses ganze Netz aus Sorgen und Mutterpflichten wurde schlicht "Funktionieren" genannt. Eine ihrer größten Sorgen war, daß sie vielleicht nicht in der Lage sei, weiterhin zu funktionieren; sie konnte sich kein größeres Unglück vorstellen. Gleichermaßen besorgt war sie um die Funktionsfähigkeit ihrer Kinder und behielt ihre Schwächen genau im Auge, während sie ihre Stärken förderte. Die Schwächen versuchte sie dadurch zu mildern, daß sie "einen Weg fand, damit umzugehen", ein Satz, der in dieser Familie häufig verwendet wurde. All dies tat sie völlig selbstlos, hingebungsvoll und mit der Gewißheit, ihr Ziel zu erreichen.

Es war deutlich, daß sie wenig von dem möglichen Schaden wußte, der durch ihre fortwährenden Manipulationen entstehen konnte. Es war ebenso deutlich, daß ihre Anstrengungen von tiefer Sorge und Achtung für die anderen Familienmitglieder getragen wurden. Oft war sie jedoch, trotz ihres tiefen Glaubens an die Aufrichtigkeit, weit davon entfernt, offen zu sein. Die verborgenen Winkel ihres Herzens enthielten mehr Geheimnisse, als sie preisgab, und sie "wußte" immer mehr, als sie sagte.

Nicht nur ihr Mann und ihre Kinder, sondern auch ihre Eltern, die angeheiratete Verwandtschaft und alle anderen ihr nahestehenden

Menschen wurden von ihr mit liebevoller Sorge bedacht. Sie hielt genauso enge Beziehungen zur weitläufigen Familie ihres Mannes wie zu ihrer eigenen. Und auch auf diese verwandte sie, wie auf ihre eigene Familie, umsichtige Anteilnahme und Planung.

Am erstaunlichsten ist die Tatsache, daß sie bei allem, was sie für andere tat, noch Zeit fand für sich, ihre Karriere und ihre persönliche Entwicklung. Ihre zahlreichen Verpflichtungen forderten jedoch ständige Aktivität und riefen eine sichtbare Erschöpfung hervor. "Ich bin dauernd am Rennen, um mit mir selbst Schritt zu halten," bemerkte sie. Aber genau in den schwierigsten Zeiten schien sie zu Höchstform aufzulaufen. Sie nahm die Last auf sich und die Dinge in die Hand, bis die Krise vorüber war. Ihre Ängste traten oft Tage nach dem Abwenden der Gefahr auf, dann ließ sie ihnen freien Lauf.

In der Therapie konnte sie lange Zeit weinen, kennzeichnender für sie war jedoch, keine Gefühlsregung zu zeigen. Äußerungen von Wut, Liebe oder Nähe wurden in einer präzisen Sprache und mit so komplizierten Andeutungen gemacht, daß sie steife, intellektuelle Übungen wurden. Auch wenn sie sarkastische oder ironische Bemerkungen auf humorvolle Weise machte, um ihre Schärfe zu mildern, hinterließen sie einen bitteren Nachgeschmack. Ich habe nie erlebt, daß sie körperliche Nähe anbot, und nur selten zeigte sie mütterliche Sanftheit. Sie drückte Unterstützungsbereitschaft und Verständnis aus, aber immer aus einer gewissen Distanz.

In ihrer Herkunftsfamilie war sie eines von zwei Kindern gewesen; ihre Eltern waren idealistische Intellektuelle in gehobener gesellschaftlicher Stellung. Der Tod ihres jüngeren Bruders durch einen schrecklichen Unfall hatte die ganze Familie in tiefe Depression gestürzt. Ihr Vater hatte sich nie wieder vollständig davon erholt. Während der Therapiestunden mit mir fiel es ihr schwer, über die Trauer um Sonia ohne Anspielung auf den Tod ihres Bruders zu sprechen.

Der Tod ihres Bruders markierte den Beginn ihrer eigenen Verantwortung für andere Menschen. Zum damaligen Zeitpunkt bedeutete dies die Sorge um die Eltern unter Hintanstellung der eigenen Bedürfnisse – sie mußte den Verlust des Bruders ausgleichen. Die melancholische Atmosphäre in ihrem Elternhaus verdichtete sich mit der Zeit. Die Stimmung war so unerträglich, daß sie während der Pubertät eine Zeitlang das Haus verlassen mußte, sie kam auf ein Internat. Die Bindung an ihre Familie wurde jedoch nicht schwächer.

Als ich sie traf, war Sonias Mutter im klinischen Sinne depressiv. Sie hatte das Empfinden, daß sie immer nahe an der Schwelle zur Depression gestanden hatte. "Ein Wirbelwind, der dich nach unten drückt, in eine Grube mit glatten Wänden, ganz allein. Wenn du versuchst herauszukommen, rutschst du nur noch tiefer." Sie begann die Beschreibungen ihrer depressiven Gefühle immer mit dem Wort "man" anstatt mit "ich", als wenn sie versuchte, sich davon zu distanzieren und zur "Funktionsfähigkeit" zurückzukehren. Sie wandte all ihre Energie auf, um die Depression abzuwehren, bis ihr Mann einen seiner "Anfälle" überstanden hatte. Sie sammelte alle ihre Kraft, um ihrer gedrückten Stimmung zu entfliehen, um zu helfen, zu beruhigen, zu besänftigen oder zu stützen. Sobald sie allein war, überfiel die Depression sie wieder. Vielleicht hielt sie sich deswegen so mit den Bedürfnissen anderer in Atem. Ich hatte oft Angst um sie, besonders zu einem Zeitpunkt, an dem sie und die Familie sich langsam von dem Trauma erholten. Sie fühlte sich erschlagen von der Tatsache, daß man sogar über die schrecklichsten Ereignisse hinwegkommen könne, eine Erkenntnis, die sie mit Angst geradezu überschwemmte.

Sie hatte selbst einige Male an Selbstmord gedacht, lange vor Sonias Tod. Sie hatte sich im letzten Moment gefangen und einen verzweifelten Versuch unternommen, um ihr Leben zu kämpfen. Sie betrachtete Tod als tiefe Ruhe, ein Ausweg, der persönliche Tapferkeit widerspiegele, und als die einzig erlaubte Form der Selbstsucht. Zu einem späteren Zeitpunkt in der Therapie gab sie zu, daß sie neidisch sei auf den Mut ihrer Tochter. Unter Schuldgefühlen und Scham erinnerte sie sich daran, daß sie sich einmal nach Sonias Tod erleichtert gefühlt hatte: Sonia habe in ihrer Situation den besten Weg gewählt.

Die Enthüllungen der Mutter machten für mich verständlicher, was die Familie am Beginn der Therapie über das Verstehen von Sonias Motiven gesagt hatte. Dadurch erklärte sich zum Teil auch, warum sie nicht böse waren. Zumindest die Mutter glaubte mit voller Überzeugung, daß Sonia keine Wahl gehabt hatte und daß der Tod besser sei als ihr leidvolles Leben. Man kann nur darüber spekulieren, ob diese tiefe Überzeugung die Mutter gehindert hatte, Sonia zu helfen und auf ihre Todesschreie einzugehen.

Die Brüder

Der ältere Bruder, Mike (vierundzwanzig Jahre alt), schien auf den ersten Blick der emotional offenste der Familie zu sein. Während der ersten Sitzungen war er der erste, der über den Schmerz der Familie sprach. Er war voller Wut, Leid und Verwirrung und zögerte nicht, diese Gefühle mit anderen zu teilen. Mike ging deutlich am besten mit der Tragödie um, seine emotionale Offenheit war jedoch nur eine zeitweilige Haltung.

Mike glaubte, daß man schnell und mit einem Schritt über Ereignisse hinwegkommen könne, wenn man seinen Gefühlen explosionsartig Ausdruck verleiht. Man solle sich dem Schmerz hingeben, über ihn sprechen, bis man ihn überwunden habe, und dann die ausgebrannte Wunde hermetisch abschließen. Er drängte alle anderen Familienmitglieder dazu, seinem Beispiel zu folgen: Redet! Sprecht es aus! Spürt euren Schmerz! Laßt ihn raus! Er wurde getrieben von dem Wunsch "zum Leben zurückzukommen, wie es gewesen war, wir alle zusammen", und dies so schnell wie möglich. Voller Ungeduld war er nicht dazu in der Lage, mit der langsameren Gangart der anderen umzugehen.

Er zeigte fast denselben Widerstand wie sein Vater, wenn die Therapie sich von dem momentanen Leid auf längerwährende Probleme, wie die Beziehung der Eltern, Gewohnheiten und Kommunikationsstrukturen richtete. Er hatte nicht das Empfinden, daß die Familie sich überhaupt verändern müsse, und er wollte einen Therapieplan entwerfen, der in bestimmten Zeitgrenzen und mit festen Zielsetzungen verlief. Seine Annäherung an Sonias Verzweiflung war auf ähnliche Weise verlaufen. Er hatte seine gewohnten Beschäftigungen zurückgeschraubt und sich ganze Tage um sie gekümmert. Während der gesamten Zeit, die sie miteinander verbrachten, hatte er versucht, ihr ihren Schmerz auszureden. Er drängte sie dazu, auszugehen, alles zu vergessen, etwas zu unternehmen und wieder zu funktionieren – alles, um sie von ihrer Depression abzubringen. Er fühlte sich persönlich verantwortlich für sein Versagen, daß er ihr nicht habe helfen können.

Mike empfand es als seine Pflicht, die Familie wieder ins Lot zu bringen. Während der Therapie forderte er, daß die anderen wieder zum "normalen Funktionieren" zurückfinden sollten; über ihren Mangel an Reaktion war er enttäuscht. Einmal bat er mich um Einzelsitzungen, um die Legitimation zu erhalten, sich anders zu fühlen als die anderen. Er brauchte eine Erlaubnis, sein Leben wieder aufnehmen zu dürfen und sich von der Familie zu lösen, aber im Innersten hatte er Angst davor, der Familie untreu zu werden.

Er verlieh seinen Ängsten und seiner Liebe in der bevorzugten Familientradition Ausdruck. Er wandte sich an die Mutter mit den Worten: "Mama, du funktionierst nicht wie eine Mutter. Du mußt dich zusammenreißen. Daß du nicht funktionierst, schadet der Familie."

Tatsächlich hatte er nur sagen wollen, daß er sie liebte und sich Sorgen um sie machte.

Mikes Reaktion auf die Krise machte ein anderes Familienmerkmal deutlich: er begann, ihrer aller Leben zu organisieren. Er drängte John, auf den Vater zu achten, den Vater, auf die Mutter zu achten, und die Mutter, auf John zu achten. Er entwarf Pläne, was jeder für jeden anderen tun solle. Der einzige Unterschied zwischen Mikes Planungen und denen der Mutter war, daß er seine offen darlegte. Dieses Kontrollmuster rief natürlich häufig Konflikte hervor, weil es mit den diesbezüglichen Anstrengungen des Vaters konfligierte.

Mikes Bruder John war mit vierzehn der Jüngste. Er war mit seinem Schmerz in sich selbst gefangen und kämpfte hart und erfolglos darum, über die Familientragödie weinen zu können. Als er das erste Mal in die Therapie kam, war er voller Verzerrungen. Jedes Gefühl war verzerrt und immer, wenn er versuchte, seine Gefühle auszudrücken, fühlte er sich blockiert. Schließlich kam er mit einem sterilen, intellektuellen Kommentar heraus: "Natürlich macht es mich nicht glücklich.", oder: "Sagen wir, es ist nicht das Beste, was passieren konnte."

John war so schockiert über Sonias emotionalen Verfall, daß er Angst hatte, mit irgendeinem seiner eigenen Gefühle umzugehen. Deshalb neigte er dazu, eine Gewohnheit noch zu übertreiben: Gefühle durch intellektuell hochgestochene Formulierungen auszudrücken. John zeigte für die Familie charakteristische Kommunikationsmuster in übertriebener Form. Eines war, formalistische Sätze mit austauschbaren Worten, deren Bedeutung ungenau war, zu benutzen: "In diesem Zusammenhang weißt du nicht, ob es eins ist oder zwei." "Hier ist es wichtig zu bestimmen, wer, wann und wo." "Dann weißt du nicht genau, ob es oben oder unten ist." Ein weiteres Muster war eine Art pseudologische Verknüpfung von Nebensächlichkeiten zu einer höheren Bedeutung: "Wenn A dies mit B tut, wird er C oder D bekommen" oder "Wenn jemand nicht auf sich selbst achtet, wird das Ergebnis sicherlich nicht positiv sein." Im ganzen war dieser Stil sehr geeignet, um emotionale Inhalte abzuwehren, alles mit einem intellektuellen Anstrich zu versehen und sich so vage auszudrücken, daß jeder mögliche Konflikt oder jede Meinungsverschiedenheit vermieden wurde.

Bei John stieß ich auf eine Mischung aus Kind und Erwachsenem. Ich mußte mir häufig in Erinnerung rufen, daß er *schon* vierzehn oder *erst* vierzehn Jahre alt war. Als Jüngster zog er alle beschützenden Impulse der Familie auf sich. Er füllte einen Großteil der Gedanken seiner Mutter aus, sein Vater war unaufhörlich damit beschäftigt, ihm den Weg zu ebnen und alle Gefahren abzuwenden, Mike lenkte und führte ihn, und Sonia hatte ihn mit liebevoller Verantwortung umsorgt.

Die Bindung an seine Mutter war am stärksten. Er spürte, daß sie die einzige war, bei der er sein Herz ausschütten konnte; sie verbrachten ganze Nächte mit Gesprächen. Sein Vater war distanzierter und vorsichtiger und mit ihm genauso wenig umgänglich wie mit den anderen. Johns Vater brachte es nicht über sich, die Hand seines Sohnes zu halten, ihn zu streicheln, zu beruhigen, nicht einmal, ihm in die Augen zu sehen. Sie konnten jedoch lange Stunden damit verbringen, über Gott und die Welt zu sprechen, nur nicht über sich selbst.

John hatte ebenfalls schon Selbstmordgedanken gehegt. Einige Jahre zuvor hatte er unter Migräneanfällen gelitten; der Schmerz war zermürbend und niederdrückend. Obwohl er nie konkrete Pläne gemacht hatte, dachte er oft über Selbstmord nach. Eine homöopathische Behandlung hatte die Kopfschmerzen schließlich beseitigt und damit auch seine Selbstmordgedanken.

John wurde, genau wie Sonia, von seinen Freunden sehr geschätzt und genauso als distanziert empfunden. Er fand keine gemeinsame Sprache mit ihnen und war unfähig, ihnen auf ihrer Ebene zu begegnen. Mit der Bande "herumtoben" hatte er nie als anziehend empfunden, es erschien ihm zu kindisch. Tatsächlich empfand er Freundschaftsbezeugungen als beunruhigend und fühlte sich nur wohl beim Argumentieren und Räsonieren über Ereignisse. Erst seit dem Selbstmord seiner Schwester hatte er sich überlegt, daß er freundlicher sein müsse und sich nicht zurückziehen dürfe, wenn andere ihm ihre Zuneigung zeigten. Glücklicherweise war er mit seinen Anstrengungen erfolgreich.

Sonia: Bruchstücke aus der Kindheit

Nach der Beschreibung der Familienmitglieder scheint Sonia ein intelligenter, idealistischer, energischer und entschlossener junger Mensch gewesen zu sein. Sie fühlte sich dem Wohlergehen der Gesellschaft verpflichtet, hatte aber Probleme im sozialen Umgang, da sie sehr fordernd war und voller Geringschätzung gegenüber solchen Mitmenschen, die sie nicht respektierte. Sie wurde von vielen geachtet, aber nur von wenigen gemocht oder geliebt. Sie hatte keinen Freund und keine enge Freundin. Ihre Eltern berichteten, daß "sie Freunden und Spielen immer Bücher vorzog." Ihre vermeintliche

Distanz mag als Abwehrhaltung gegen Ängste gedient haben, deren genaue Ausprägung nicht klar ist.

Sonias Vater weigerte sich, über irgendwelche problematischen Merkmale von Sonia zu sprechen und behauptete, sie sei ein gesundes, gut angepaßtes Kind gewesen. Er meinte, der Selbstmord könne nur mit den Ereignissen der letzten Monate ihres Lebens zusammenhängen. Sonias Mutter war weniger abwehrend. Während einiger ihrer Einzelsitzungen eröffnete sie, daß Sonia als kleines Mädchen viele extreme und widersprüchliche Verhaltensweisen an den Tag gelegt habe. Sie war sehr wagemutig bei ihren Spielen und hatte vor keiner Gefahr Angst. "Ich war deswegen immer in Sorge. Einmal stürzte sie sich aus dem Fenster, als spränge sie in ein Schwimmbekken. Mit solchen Dingen ängstigte sie mich oft." Außerhalb des Hauses war Sonia viel weniger überdreht. Mit sechs Jahren litt sie unter einer Schulphobie. Während der ersten Wochen in der ersten Klasse wuchs ihre Angst von Tag zu Tag, bis sie in eine Psychotherapie kam. Nach vier Monaten Therapie waren ihre Ängste völlig verschwunden. Während dieser Zeit hatte Sonia auch unter Schlafstörungen gelitten und sich übertrieben an die Mutter geklammert. Sie wies jeden Versuch des Vaters zurück, sich ihr in Zeiten persönlicher Krisen zu nähern. Als sie älter wurde, gab es einige Phasen, in denen sie große Angst vor dem Tod hatte. Sonia beschäftigte sich intensiv mit dem Tod, sie war besonders beunruhigt vom möglichen Tod der Mutter. Sie erschrak beim Anblick einer toten Fliege. Man kann nur vermuten, daß Sonias damalige Probleme mit den Schwierigkeiten der Eltern – den Depressionen der Mutter und den Ausbrüchen des Vaters – und der besonderen Familiendynamik zusammenhingen, die ihr Leben in dieser Zeit bestimmten. Es ist möglich, daß Sonias Phobien den Versuch darstellten, die Mutter vor den heftigen Ausbrüchen des Vaters und ihren eigenen Depressionen zu schützen. Die wenigen Einzelheiten, die wir über Sonia wissen, gestatten uns keine endgültige Bestätigung dieser Vermutung.

In eine der Einzelsitzungen brachte Sonias Mutter einen Ordner mit Sonias Zeichnungen mit, vom Kindergarten bis in das dritte Schuljahr. Einige der Zeichnungen spiegelten Traurigkeit und depressive Merkmale wider: dunkle Farben, schwarzer Himmel, schwarze Blumen und Bäume. Die meisten Bilder waren jedoch eher bunt und fröhlich. Trotzdem fehlten offensichtlich Zeichnungen von Menschen, Selbstbildnisse und Bildnisse der Familie.

Sonias Abschiedsbrief ist sehr vielsagend in dem, was er *nicht* enthält. Im ganzen Brief steht kein einziges Wort der Liebe zu ihren Eltern oder Brüdern – keine tröstenden Worte, keine wirkliche Sorge um ihr Wohlergehen oder ihr Leid, kein Versuch, ihre Schuldgefühle zu vermindern. Eher zeigt sich ein Hauch von Anklage und Wut. Indirekt sagt Sonia deutlich, daß sie den Eltern die Schuld daran gibt, sie so abhängig von ihnen und so unsicher gemacht zu haben: "Alles was mir bleibt, ist die Abhängigkeit von Euch bis an mein Lebensende."

Es ist sehr schwierig, Sonias suizidale Tendenzen auf exakte Weise aus diesen Mosaiksteinen zusammenzusetzen, aber es gibt genügend Anhaltspunkte für die Spekulation, daß es – neben der wirklichen Liebe, die die Familie für Sonia empfand – sehr früh in Sonias Leben schmerzliche Prozesse gab, die zu ihrem Selbstmord führten. Einige der von der Mutter berichteten Tatsachen erwecken den Eindruck, daß Sonia die Rolle hatte, ihre Mutter vor ihren eigenen Depressionen, Verlassenheitsängsten und Selbstmordwünschen zu schützen, und wahrscheinlich auch vor der emotionalen Instabilität des Vaters.

Eine Familienanalyse

Die Mitglieder von Sonias Familie zeigen viele Merkmale von symbiotischen Familien mit undifferenzierten Identitäten. Dies sind Familien, die das Zusammensein und gemeinsame Aktivitäten über alles setzen. Jedes Familienmitglied versuchte, für die anderen zu denken, zu fühlen und zu handeln. Tatsächlich enstand keine echte Kommunikation, da jeder glaubte, er oder sie wisse, was das Beste für die anderen sei, als ob ein symbolisches geistiges Band sie miteinander verbände. Teil dieser Struktur war die Meinung, daß jeder sich den anderen anschließen müsse. Abweichung von der Familienfront wurde fast als kriminell angesehen. Aufgrund dieses hartnäckigen Bestehens auf Zusammengehörigkeit erkannten sie nicht, daß sie ihre Kommunikation verloren und je ihre Individualität preisgegeben hatten. Die Erkenntnis in der Therapie, daß sie die anderen vielleicht falsch einschätzten, war für die Familienmitglieder ein Schock. Daher verleugneten sie entweder die Möglichkeit von Fehleinschätzungen oder versuchten, die anderen dahin zu bringen, sich den Einschätzungen gemäß zu verhalten.

Die Familienmitglieder befanden sich in einem Zustand der Symbiose ohne Empathie. Als eine Einheit fühlten sie sich völlig verantwortlich für das, was die anderen taten oder fühlten. Diese gegenseitige Verantwortlichkeit erlaubte einem Familienmitglied, ein zweites dazu zu drängen, für ein drittes zu handeln, als wäre ein Mitglied einfach der verlängerte Arm des anderen. Ohne es zu wissen, hatten

sie einen Punkt erreicht, an dem es einem Familienmitglied nicht mehr erlaubt war, etwas allein zu bewältigen.
Besondere Bedeutung im weiteren Familienzusammenhang kommt dem gegenseitigen Abhängigkeitsverhältnis von Mutter und Vater zu. Die Abhängigkeit des Vaters von der Mutter drückte sich oft in Form kindischer Eifersucht aus. Er forderte, daß sie jede freie Minute mit ihm verbrachte. Dagegen war die Mutter abhängig von der instrumentellen Fähigkeit des Vaters, Veränderungen und Begegnungen mit der Außenwelt in die Wege zu leiten. Immer, wenn Probleme bei ihrer Arbeit oder mit Vorgesetzten auftraten, wandte sie sich an ihn, damit er sie löse. In dieser gegenseitigen Abhängigkeit lagen die Wurzeln für die übergroße Abhängigkeit der Kinder vom Familienverband. Ungeachtet dieser Verstrickung waren die verschiedenen Rollen der Familienmitglieder deutlich voneinander differenziert. Die Mutter war für Gefühle und die Entwicklung der zwischenmenschlichen Beziehungen zuständig. Der Vater war Ernährer und Beschützer. Sonias Rolle war, sich um John zu kümmern und eine akademische Karriere zu machen. Mike hatte in der Beziehung der Eltern zu vermitteln. John war das Baby. Und vor allem hatte jeder zu "funktionieren", um seine Aufgabe zu erfüllen.

Diese Dynamiken führten bei jedem Familienmitglied zu tiefen Konflikten zwischen den Bedürfnissen nach Individualität und der Verantwortung gegenüber der Familie. Für lange Zeit wurde der Ausdruck von Individualität unterdrückt. Sogar die Wahrnehmung, daß individuelle Bedürfnisse existierten, wurde als ein Betrug an der gemeinsamen Sache angesehen. Außerdem befürchtete jedes Familienmitglied, die anderen zu enttäuschen, wenn es den Gruppenerwartungen nicht gerecht wurde. Obwohl diese Erwartungen nie offen und direkt ausgesprochen wurden, war allen ihre mächtige Gegenwart deutlich. Im Familienplan zu versagen, beschwor innere Angstzustände und äußere Ablehnung herauf.

Für alle Famlien normale negative Gefühle und Konflikte durften in dieser vernetzten Gruppe nicht an die Oberfläche kommen. Sie konnten einfach nicht zugelassen, geäußert oder diskutiert werden. Meinungsverschiedenheiten über künstliche, unbedeutende Themen wurden toleriert, Uneinigkeiten oder negative Gefühle über das Familienleben waren jedoch tabuisiert und riefen schockierte Erregung hervor. Der Familie fehlte jedes Mittel, um mit solchen Brüchen in der allgemeinen Harmonie umzugehen.

Überhaupt fehlte die Fähigkeit, Gefühle jeglicher Färbung zu tolerieren, und seien es positive. Wenn ich Familienmitglieder dazu verleitete, solchen Gefühlen Ausdruck zu verleihen, waren sie fast immer unfähig, dies angemessen zu tun. Sie konnten nie den Punkt vollständiger Affektauslösung erreichen. Sobald sie damit begannen, stieg ihr innerer emotionaler Druck so stark an, daß sie stocken mußten und sich hinter einem dichten Wortnebel, komplizierten Definitionen oder angelernten Äußerungen verbargen. Die Flucht vor der Affektauslösung konnte auch konkretere Formen annehmen, vom kurzen Spaziergang, um Luft zu schnappen, bis hin zu ausgedehnten Therapiepausen. Einfacher war es noch, plötzlich andere Problemthemen anzusprechen, bis der Sturm sich gelegt hatte.

Intellektuelle Problemlösung war ihr zentrales Instrument für die Bewältigung ihres Alltagslebens und für ihre Anpassung. Alle Probleme wurden in vollständige, sachliche Sätze gekleidet. Sogar emotionale Themen, die einfach nur danach verlangten, einmal ausgesprochen zu werden, erfuhren diese sachlich analysierende Behandlung.

Ihr Bedürfnis nach Abwehr mittels Intellektualisierung war so groß, daß schon jede mögliche Argumentationsschwäche als stärkste Bedrohung angesehen wurde. Allein das Vergessen oder Verwechseln eines logischen Aspekts war ein Grund zur Panik. Außerdem wurde Relativem, Widersprüchlichem oder Unklarem kein Platz eingeräumt. Alles hatte präzise zu sein.

Ein anderer Abwehrmechanismus war, die Außenwelt, die mindestens auf Armeslänge ferngehalten wurde, zu verunglimpfen. Ich selbst war auch das Ziel dieser langjährigen Familientaktik, die darin bestand, Ärger in grotesker Maßlosigkeit gegen diejenigen zu richten, die außerhalb des Familienkreises standen.

Das Aussperren und Beschimpfen von Außenstehenden diente als zusätzliches Instrument, die innerfamiliären Beziehungen zu idealisieren. Dieser Effekt wurde durch das absolute Tabu verstärkt, mit jemand anderem über die Familie zu sprechen.

Erstaunlicherweise befand sich die Familie keineswegs im sozialen Abseits, obwohl sie sich von der Welt fernhielt. Alle Familienmitglieder gehörten einer Vielzahl von Verbänden an und beschäftigten sich mit sozialen Themen. Sie waren Gastgeber bei sozialen und kulturellen Treffen, viele gerade mit dem Thema sozialer Reformen. Dieses soziale Engagement bekam jedoch oft Risse durch eine gönnerhafte Haltung, als ob die Familienmitglieder das Vorrecht hätten, über den Dingen zu stehen.

Alles in allem hatte Sonias Familie einzigartige Regeln und Gesetze aufgebaut, die sie von der Außenwelt entfremdeten und sie ihr gegenüber unverletzbar machen sollten. Zum Beispiel wurde von jedem Familienmitglied erwartet, immer für Familie und Freunde da zu sein, selbst jedoch niemals Hilfe von anderen anzunehmen; etwas zu nehmen galt als Zeichen von Schwäche. Eine andere Regel bezog sich auf den Stellenwert äußerer Autoritäten. Von den Kindern wurde nicht erwartet, den Lehrern oder der Schulordnung zu folgen, selbst dann nicht, wenn es um die Hausaufgaben ging. Wenn Anordnungen nicht vernünftig erschienen, brauchte man sie nicht zu befolgen. Ein anderer Grundsatz, der Sonia und ihre Brüder ins Abseits stellte, betraf die Freizeitaktivitäten. Spaß zu haben war für die Familie nur dann akzeptabel, wenn dahinter ein erzieherisches oder soziales Motiv stand. Auf ähnliche Weise glaubte Sonias Familie, daß materielle Dinge wie Geld und Besitztümer eigentlich zu verachten seien. Des weiteren lautete ein Gebot, daß man alle Ereignisse vollständig unter Kontrolle haben müsse; alles andere war schlicht ein Zeichen von schlechter Planung. Spontaneität führte nur zu Tränen und Enttäuschung.

In der Rückschau wurde klar, daß diese Familiengesetze eine tiefgehende Diskrepanz zwischen Sonias Weltsicht und der realen Außenwelt bewirkt hatten. Sie führten zu einer allgemeinen Fehleinschätzung des Lebens und der Möglichkeiten, es zu bewältigen. Sonia hatte über das Leben nur etwas in dem einen, eng geschlossenen Familienkreis gelernt. Diese Gesetze ließen sich aber nicht ohne weiteres auf die Außenwelt anwenden und verlangten nach einer tiefgehenden Korrektur.

Sonia wurde außerdem von den Kommunikationsstrukturen innerhalb der Familie behindert. Obwohl diese klar und präzise waren, fehlte es an direkter Gefühlsäußerung. Indirekt, formal, voller Anspielungen, erlaubten sie keine Nähe und dienten nur der Isolation. Familien, die in der zweiten Person ("du") sprechen, lassen der ersten Person ("ich") wenig Raum. Die Familiensprache war durchsetzt von besonderen Codes und Schlagworten, die die freie Meinungsäußerung beschnitten. Zum Beispiel bedeutete ein Satz wie: "Es ist Zeit für die Spezialsuppe", daß jemand in der Familie besondere Aufmerksamkeit brauchte, um über eine Anspannung in der Familie hinwegzukommen. Alle Zuhörer verstanden die versteckte Botschaft, daß ein Angehöriger Probleme habe, ein stillschweigendes Verständnis, das prinzipiell ungenau war und nie hinterfragt wurde. In den Gesprächen der Familie kam es mit alarmierender Häufigkeit zu pessimistischen Äußerungen: "Du bist fertig." "Du bist ausgelöscht." "Du bist unten durch, du bist ruiniert." Anspielungen auf Tod und Selbstmord waren üblich: "Wenn du das getan hast, wärst du besser vom Dach gesprungen." "Es wäre besser, sich in einen Abgrund zu stürzen." Auch wenn man die Auseinandersetzung mit Sonias Tod in Rechnung stellt, scheint der Gebrauch solcher Wendungen doch schon Teil eines tradierten Redestils zu sein.

Selbstmord und Tod scheinen als realistische Option angesehen worden zu sein. Die Familiengeschichte war angefüllt mit Tragödien und Leid, jedes Elternteil trug seine eigene Last. Leid trat am stärksten in der Lebensgeschichte der Mutter hervor, war aber auch ein zentrales Motiv sowohl beim Vater als auch bei John. Sonia selbst – die in der meisten Zeit ihres kurzen Lebens normales Verhalten zeigte, sie war voller Ambitionen und hatte viele Erfolge gehabt – litt unter schweren Angstzuständen, wann immer sie sich allein mit der Realität konfrontiert sah. Sie mußte wegen ihrer Schulphobie behandelt werde, war augenscheinlich sehr an ihre depressive Mutter gebunden, hatte eine schwierige Beziehung zu ihrem Vater und zeigte schon früh depressive Symptome. Da sie oft Leid erfahren hatte, war die Familie auch auf eine beginnende Tragödie vorbereitet. Und es wirkte auf mich, als hätten sie alle die Vorstellung, Tod sei eine mögliche Lösung für die harten Probleme des Lebens.

Es wäre jedoch ungerecht zu folgern, daß Sonia auf irgendeine Weise das Ziel der Todesgedanken war oder dazu auserwählt, sie auszuführen. Es ist sicher, daß viele Mißverständnisse die Diskussionen der Familienmitglieder mit Sonia gefärbt haben mögen, nachdem sie ihre Selbstmordgedanken geäußert hatte. Diese Mißverständnisse dienten aber keinesfalls dazu, sie zum Sündenbock zu stempeln, oder sie aus der Familie auszuschließen, damit die Probleme gelöst seien. Genau das Gegenteil scheint wahrscheinlich, da die tiefe Liebe, die sie alle verband, außer Frage steht. Nur hatte das miteinander geteilte Leid und der gemeinsame Pessimismus zu der stillschweigenden Übereinkunft beigetragen, Selbstmord sei eine mögliche und positive Alternative zu den Anforderungen des Lebens.

In Sonias Familienleben kann man eine endlose Folge paradoxer Handlungen und fortwährenden Selbstbetrug beobachten. Die starken Gefühle der Liebe und Zuneigung wurden durch verkrampfte Kommunikationsstrukturen verwischt. Der Wunsch nach gegenseitigem Schutz endete in gegenseitiger Verletzung. Der Versuch, vollkommene Klarheit zu schaffen, führte zu vernebelten Fehleinschätzungen. Die exzessive elterliche Strukturierung der Unabhängigkeit der Kinder führte zu Gefühlen völliger Abhängigkeit.

Das Dickicht von Regeln, das Sonias Familie beherrschte, bereitete das Mädchen nicht auf den Umgang mit der Realität außerhalb vor. Dazu machte es ihr die Familientraditition unmöglich, ihren Gefühlen Ausdruck zu geben oder Entlastung und Zuspruch bei Menschen außerhalb der Familie zu suchen, wenn ein Gefühlsaufruhr in ihr tobte. Sich aber an die Familie zu wenden, um Hilfe angesichts des Scheiterns zu suchen, hätte nur bewirkt, sich noch mehr als Versager zu fühlen. Die Forderung der Familie, sofort wieder zu funktionieren, beschleunigte den Zerfall und die Verzweiflung und verstärkte Schuldgefühle und Selbstverachtung. Als sie sich als vollkommener Versager empfand, zerstoben die Hoffnungen, denen sie sich am meisten hingegeben hatte, ihre Selbstachtung brach zusammen und die immer gegenwärtige Option des Todes wurde verlockend. In Sonias kurzen letzten Worten war sie "an einem Punkt ohne Umkehr", "nichts wert" und blickte auf ein hoffnungsloses Scheitern, zusammengefaßt in "abhängig von Euch bis an mein Lebensende."

IX

Erklärungen für Kindersuizid

Einige theoretische Perspektiven

Psychoanalytisches Modell

Internalisierung von Aggression – *Schechter*

Schechter (1957) versucht, klassische psychoanalytische Erklärungen für den Suizid von Erwachsenen auf den Suizid von Kindern anzuwenden. Nach seiner Meinung drückt der Suizid von Kindern eine internalisierte Aggression aus, die ursprünglich gegen eine geliebte Person gerichtet war. Ihm zufolge drückt ein Kind, das sich verletzt, eigentlich eine mörderische Aggression gegenüber denjenigen aus, die es liebt und von denen es abhängig ist. Diese gewaltige ungezügelte Wut ist eine Reaktion auf Frustrationen, unerfüllte Wünsche, auf Bestrafung oder auch einen Trennungsschmerz. Das geliebte, jedoch enttäuschende Elternteil wird zu einer internalisierten Figur. Wut wird eher gegen diese internalisierte Verkörperung als gegen die reale Person gerichtet. Dieser Prozeß findet unbewußt statt, da das Kind große Angst und Schuldgefühle empfinden würde, wenn es wüßte, daß es solche Gefühle gegen einen geliebten Menschen hegt.

Das Kind kann dann zum Suizid kommen, wenn seine Aggressionen ein unkontrollierbares Niveau erreichen und es sich der ungezügelten Feindseligkeit gegenüber den Eltern bewußt wird. Es gibt zwei Impulse bei dieser Form des Selbstmordes: Einer ist, aggressiven Gefühlen, die nicht länger ertragbar sind, Luft zu machen, der andere ist, jede Wahrnehmung solcher Aggressionen gegen die Eltern zu vermeiden.

Schechter verfolgt die These, daß, da dem Kind die Fähigkeit fehlt, komplizierte Selbstmordpläne auszuführen, den meisten selbstzerstörerischen Trieben indirekt und unbewußt Ausdruck verliehen wird, in Form von Unfällen, häufigen Verletzungen oder aggressivem antisozialem Verhalten. Das Kind mag diese ungeschickten Handlungen vollziehen, um Aufmerksamkeit zu erregen, oder, mehr psychoanalytisch gesprochen, um die Bindung an die Bezugsperson wieder aufzubauen.

Psychoanalytiker sehen eine Verbindung zwischen zunehmenden selbstzerstörerischen Tendenzen und der fortschreitenden psychosexuellen Entwicklung und den besonderen traumatischen Erlebnissen, die dadurch hervorgerufen werden. Zum Beispiel kann die Trennung von einem Elternteil dieselbe Art depressiver Prozesse hervorrufen, die auch bei Erwachsenen festgestellt wurde. In solchen Fällen mag der Suizid eines Kindes den Versuch darstellen, die Bindung an das verlorene Objekt durch die Begegnung mit dem Tod zu erneuern. Dieser Typus des versuchten Suizids wird oft von hysterischen Reaktionen begleitet, ähnlich denen bei psychosomatischer Krankheit, die keine physische Ursache hat. Wenn das Kind älter wird, entstehen suizidale Reaktionen als Selbstbestrafung für verborgene sexuelle Triebimpulse gegenüber den Eltern. Sowohl hysterische Reaktionen als auch Selbstmordgedanken dienen zur Flucht vor solchen inzestuösen Trieben. Mit dem Einsetzen der Pubertät wird der suizidale Impuls durch das Bedürfnis hervorgerufen, verbotene Gedanken und Triebe zu unterdrücken, die mit dem erneuten Auftreten des Ödipuskonfliktes zusammenhängen. Zwanghaftes Verhalten gestattet dem Pubertierenden, so beschäftigt zu sein, daß er sich nicht länger beängstigenden Trieben und Impulsen ausgesetzt sieht. Wenn der Zwang an Abwehreffizienz verliert, können suizidale Gedanken und Handlungen auftreten.

Psychoanalytiker haben auch auf die Bedeutung von Persönlichkeitsstörungen bei Suizidfällen hingewiesen. Diese Störungen zeigen sich im allgemeinen durch Stehlen, Aggressivität, Weglaufen oder ähnlichen Disziplinproblemen. Solchen Verhaltensweisen liegt oft eine Mischung aus latenter Depressivität, geringem Selbstwertgefühl und Ärger über sich und andere zugrunde. Dem Kind dient sein schlechtes Verhalten als Abwehrmechanismus, dazu, das durch diese Störungen hervorgerufene Leid zu verringern. Diese gefährlichen Taktiken können das Kind jedoch leicht an den Rand des Todes bringen.

Trotz ihrer Anziehungskraft und Klarheit wird in dieser Theorie grundlegend die Tatsache ignoriert, daß wir es mit Kindern und nicht mit Miniaturerwachsenen zu tun haben. Seit dem Entstehen dieser Theorie 1957 haben nachfolgende Forschungsergebnisse und Erfahrungen gezeigt, daß Introjektion von Aggression nicht einmal bei Erwachsenen wirklich ein zentraler Faktor des Suizids ist.

Angst vor Verlust der Triebkontrolle – *Ackerly*

Dieser klinische Forscher (1967) hat *Schechter*s psychoanalytische These über den Suizid als Introjektion von Aggression modifiziert. Nach *Ackerly*s Ansicht wird der Suizid von Kindern durch die Angst vor Kontrollverlust über aggressive sexuelle Triebe gegenüber den Eltern forciert und nicht nur durch eine Aggressionsverkehrung. Kontrollverlust über Ärger oder sexuelle Wünsche gegenüber einem Elternteil bedeutet Regression auf ein frühes infantiles Stadium. Hier zeigt sich eine psychopathologische Schwäche der Ichstruktur in der Fähigkeit, Triebe und Wünsche zu zügeln. Das Kind fürchtet, sich nicht mehr beherrschen zu können und davor, daß es die Eltern, besonders die Mutter, töten oder sexuell attackieren könnte. Bestimmte Situationen wie sadistisches Verhalten der Eltern oder der Verlust des Vaters können die Gefahr des Kontrollverlustes verstärken. Suizid kann einen Ausweg aus der Tyrannei der inneren Triebe des Kindes bieten.

Ackerly legt andere mögliche Faktoren dar, die für den Suizid von Kindern relevant sein könnten, wie Identifikation mit elterlicher Depression oder Internalisation von elterlichem Ärger auf das Kind. Identifikation an und für sich ist ein wesentlicher Bestandteil des Entwicklungsprozesses; das Kind hat keine andere Wahl, als sich mit den elterlichen Bezugspersonen zu identifizieren. Wenn die Eltern jedoch depressiv sind oder Ärger und Zurückweisung zum Ausdruck bringen, wird das Kind diese Gefühle internalisieren und sie gegen sich selbst richten. Solche Gefühle der Wertlosigkeit und des Selbsthasses helfen den Weg zum Suizid zu ebnen.

Ackerly geht davon aus, daß Suizid das Endergebnis schwerer psychischer Krankheit ist. Als ein Anzeichen ihres Schweregrades kann die starke Verzerrung des Todes gelten, die bei suizidalen Kindern auftritt. Er berichtet, daß einige Kinder Tod als Fortsetzung des Lebens ansehen, während andere den Suizid als ein Mittel betrachten, durch eine Wiedergeburt wieder bei der Mutter zu sein. Nach *Ackerly*s Meinung weisen solche Vorstellungen von Tod auf eine zugrundeliegende Pathologie hin.

Ackerly verwebt viele zusätzliche theoretische Erkenntnisse in sein Muster für Suizid: Aggression, egoistisch-narzißtisches Verlangen, das zu den frühen Sexualstrebungen gehört, ein strafendes Überich, und Rückzug von emotionalem und libidinösem Bezug zur Welt. Diese Theorien überlagern die grundlegenderen, in denen Identifikation mit elterlicher Depression, Verlust der Selbstachtung durch Introjektion, eine verzerrte Vorstellung vom Tod, und Aufbegehren gegen die tyrannische Herrschaft der eigenen Triebe enthalten sind. Alles in allem können diese weitreichenden Dynamiken in drei Kategorien eingestuft werden, die *Menninger* (1938) beim Suizid Erwachsener hervorhebt: der Wunsch zu töten, der Wunsch, getötet zu werden und der Wunsch zu sterben.

Trotz seiner Ausführlichkeit weist *Ackerlys* Werk einige grundlegende Mängel auf, von denen nicht der geringste ist, daß es mit überflüssigen Erklärungen überladen ist. Durch die Betonung der intrapsychischen Prozesse achtet er die Bedeutung der kindlichen Lebenswelt zu gering. Daher ist es schwer vorherzusagen, welche Situationen wahrscheinlich zum Suizid führen werden. Außerdem geht er über das destruktive Potential bestimmter Formen zwischenmenschlicher Beziehungen hinweg. Schließlich legt die neueste Forschung die Annahme nahe, daß *Ackerlys* Meinung darüber, wie Kinder den Tod sehen, die kindliche Wahrnehmung zu wenig würdigt.

Der sado-masochistische Kern – *Furman*

Furman (1984) hat versucht, die klassische psychoanalytische Erklärung für den Suizid von Kindern zu ergänzen. Die Suche nach alternativen Erklärungen basierte auf der Meinung, daß Kinder unter zwölf Jahren noch nicht die geistigen Strukturen entwickelt haben, die für die Schuldgefühle Erwachsener Voraussetzung sind. *Furman* bietet die faszinierende These an, daß Suizid aus der frühzeitigen Ausformung sadomasochistischer Tendenzen resultiere. Nach dieser Einschätzung entsteht der Kern zur Selbstzerstörung aus einer ansonsten normalen Entwicklung der triebhaften sexuellen Impulse, die ihren Ausdruck in physischer Selbstliebe finden. Sadomasochismus verweist auf eine ungewöhnliche Fusion von Geschlechtlichkeit und Aggression, in einer Weise, daß die Aggression gegen sich selbst oder andere sexuelle Gefühle hervorruft und zu sexueller Befriedigung führt. Mit anderen Worten, physische Verletzung bringt Ekstase und Vergnügen mit sich.

Die sadomasochistische Vermischung existiert bei Kindern aller Altersgruppen, vor allem in den frühesten Entwicklungsstufen. Bestimmte Bedingungen können diese Fusion von Befriedigung und Schmerz fördern. Zum Beispiel können Eltern mit sehr ambivalenten Gefühlen gegenüber dem Kind Zurückweisung und Liebe gleichzeitig ausdrücken. Für das Kind kann Liebesbezeugung so mit Feindseligkeit oder sogar physischem Schmerz verbunden sein. Ein anderer Umstand, der zur Kristallisation sadomasochistischer Tendenzen führt, ist das Miterleben einer Haß-Liebe zwischen den Eltern. Mit anderen Worten, suizidale Kinder erleben nicht nur die ambivalenten Gefühle von Liebe und Haß gegen sich selbst, sondern auch eine Mischung aus Schmerz und Vergnügen. Wenn sie später mit ähnlichen Verhaltensmustern konfrontiert werden, werden sie wahrscheinlich mit gegen sich selbst gerichteten Aggressionen reagieren, die von sexueller Erregung begleitet werden.

Ein zweites von *Furman* hervorgehobenes Charakteristikum ist ein Mangel an physischer Selbstliebe. Eine ursprüngliche physische Selbstliebe wird als Grundlage späterer mentaler Selbstliebe angesehen, und genau diese Liebe schützt uns davor, uns selbst körperliche Verletzungen zuzufügen. In den meisten Fällen werden die Beziehungen zur eigenen Identität durch mütterliche schützende und sanfte Liebe geformt. Das Fehlen dieser mütterlichen Liebe setzt das Kind nicht nur der direkten physischen Gefahr der Vernachlässigung aus, sondern fördert auch eine Gleichgültigkeit gegenüber dem eigenen Körper.

Die Identifikation mit elterlicher Apathie kann in inadäquatem Selbstschutz angesichts von Gefahr einen passiven Ausdruck finden; ein aktiver Ausdruck kann der Versuch sein, sich selbst zu verletzen. Zum Beispiel schlagen manche Kinder mit ihrem Kopf gegen das Gitterbettchen, als habe der schmerzvolle Rhythmus einen beruhigenden Effekt. Es muß nicht betont werden, daß dieser Kern körperlicher Indifferenz möglicherweise einen Mangel an Selbstachtung, allgemeine Apathie oder aktive Selbsterniedrigung nach sich zieht.

Nach *Furman*s Meinung werden Entwicklungsstörungen in Form sadomasochistischer Tendenzen und mangelnder körperlicher Eigenliebe zum Kernpunkt einer kindlichen Persönlichkeit mit suizidalen Tendenzen. Damit hebt *Furman* als einer der ersten die theoretisch fundierte Position hervor, daß suizidale Tendenzen in einem sehr frühen Alter entstehen können.

Leider scheinen *Furman*s Erklärungen von den subjektiven Empfindungen, die Kinder mit suizidalen Neigungen äußern, weit entfernt zu sein. Nur in wenigen Fällen können Anzeichen von sexueller Erregung oder sogar Vergnügen festgestellt werden, das Kinder aufgrund ihrer suizidalen Handlungen empfinden. Sicher hat *Furman*s Theorie einen wichtigen Aspekt des Kindersuizids enthüllt, sie trifft aber nur auf eine sehr geringe Anzahl von Fällen zu.

Modelle zur Familiendynamik

Das entbehrliche Kind – *Sabbath*

*Sabbath*s (1969) Theorie über die zurückweisende Familienatmosphäre und die zerstörerischen Botschaften, die dem Kind übermittelt werden, wurde in Kapitel VII diskutiert. Seine Grundprämisse lautet, daß es zum Suizid kommt, wenn das Kind spürt, daß es ein entbehrlicher Teil der Familie ist. *Sabbath* geht davon aus, daß ein solches Gefühl der Überflüssigkeit in Familien auftritt, in denen die Beziehung zum Kind von Geburt an ambivalent war, vor allem wenn das Kind unerwünscht war. Das Kind rebelliert gegen diesen Status durch verschiedene Verhaltensstörungen oder Auffälligkeiten in der Entwicklung. Die Eltern sind aufgrund ihrer eigenen konfliktreichen Beziehung nicht in der Lage, mit dieser Bedrohung der Familienharmonie umzugehen, und sehen das Kind daher als zusätzliche Belastung an. Ihre Reaktionen auf das Kind können dann noch negativer werden mit nachfolgend um so schlechterem Betragen des Kindes.

Auch wenn die Eltern versuchen, ihre Ablehnung zu leugnen, bricht sie doch in ihren Worten durch. Zum Beispiel schreit eine Mutter ihren ungezogenen neunjährigen Sohn an: "Schlag dir doch den Kopf kaputt." Wenn das Kind seinen Kopf während einer späteren Therapiesitzung an die Wand schlägt, erklärt es, daß es dies sei, was die Mutter von ihm wolle. Diese Botschaften sind in das Bewußtsein des Jungen eingesunken: er ist unerwünscht, aufgegeben. *Sabbath* sagt, daß diese destruktiven Dynamiken die Existenz der Familie bedrohen. Dann könnte ein Suizidversuch die Familie retten, weil er die Eltern zusammenbringt und dem Kind ermöglicht, dem schmerzlichen Gedanken zu entgehen, es sei überflüssig.

Sabbath (1969) hat eine zweite Version über die Dynamiken des überflüssigen Kindes formuliert. Nach dieser Version ist die Rolle des Kindes die des Sündenbocks für den Ärger der Eltern über die eigenen Schwächen und Konflikte. Dadurch, daß sie dem Kind die Schuld für Fehler geben, die sie an sich selbst feststellen, befreien sich die Eltern von Spannungen, die zwischen ihnen existieren. Obwohl diese Sündenbockzuschreibung die Familienstruktur zusammenhält, bedeutet es, daß das Kind nur solange nützlich ist, wie ein Sündenbock gebraucht wird. Wenn die Probleme zwischen den Eltern nicht mehr relevant sind, wird dem Kind die Botschaft übermittelt, daß es entbehrlich geworden ist.

Alles in allem verknüpft *Sabbath*s Ansatz Kindersuizid eher mit Lebens- und Familiensituationen als mit Dimensionen der Persönlichkeit. Er schildert das suizidale Kind als jemanden, der völlig abhängig von den Eltern ist und die schwere Last der Ablehnung, des Verlassenwerdens und der Wertlosigkeit empfindet. Das suizidale Kind führt seine drastische Tat aus, um die Erwartungen der Eltern zu erfüllen. Seine unbewußte Hoffnung ist, daß es schließlich im Tod die Zuwendung erfahren wird, die ihm im Leben versagt wurde.

Objektbeziehungen und negatives Selbstbild – *Pfeffer*

Pfeffer (1981a) hat Konzepte von der Entwicklungstheorie der Objektbeziehungen entliehen, um Kindersuizid zu erklären. Ihr Modell fällt unter den breiteren psychoanalytischen Forschungsansatz, sie hebt jedoch die Eltern-Kind-Beziehung aus der allgemeineren psychosexuellen Entwicklung heraus.

Pfeffer interpretiert Kindersuizid als das Produkt eines komplizierten Familiensystems, in dem beide Eltern noch abhängig sind von ihren eigenen Eltern. Aufgrund dieser frühen Abhängigkeiten ist die Begrenzung der Familie nicht entwickelt, und Konflikte aus der Herkunftsfamilie werden in das Alltagsleben der neuen Familie einbezogen. Ernsthafte Konflikte zwischen dem Elternpaar sind die Folge. *Pfeffer* sagt wie *Sabbath* (1969), daß das Kind zum Kristallisationspunkt der negativen Gefühle wird, um den Familienzerfall zu verhindern.

Das Kind ist in der Zwickmühle von Abhängigkeit und Liebe zu den Eltern und wütendem Haß, den es ihnen gegenüber empfindet. Ein Ergebnis ist, daß das Kind beginnt, die Welt als gespalten in gut und schlecht wahrzunehmen und unfähig dazu ist, diese Vorstellungen miteinander zu integrieren. Das Kind entwickelt außerdem die Haltung, seine eigenen guten und schlechten Seiten voneinander getrennt wahrzunehmen; es entsteht eine innere Kluft, die nicht überbrückt werden kann. Da das Beziehungssystem zu den Eltern hauptsächlich negativ gefärbt ist, wird das negative Selbstkonzept des Kindes dominant. *Pfeffer* geht, wie *Richman* (1971, 1979a) davon aus, daß eine starke symbiotische Bindung zwischen Mutter und Kind die Abhängigkeit des Kindes erhöht und das Kind dadurch beständiger Ablehnung und Bestrafung stärker ausgesetzt ist. Wie in allen symbiotischen Beziehungen versucht das Kind die unvermeidbar anwachsenden Aggressionen zu internalisieren und zu verleugnen. Im Versuch, die Eltern zu idealisieren, richtet es die Aggressionen gegen sich selbst und verstärkt dadurch die negative Selbstwahrnehmung und die Gefühle des Selbsthasses. Wenn die Aggressionen die Kontrollmöglichkeiten des Kindes übersteigen, richtet es alle Strafe gegen sich selbst und begeht Selbstmord. Das Kind bezahlt mit dem Tod für die Aufrechterhaltung des positiven Bildes von den Eltern und von deren Liebe für das Kind.

Eine Kritik an *Pfeffer*s Ansatz bedeutet eine allgemeine Kritik an der Objektbeziehungstheorie. Bei der Anwendung dieser Theorie auf Suizid erklärt *Pfeffer* nicht, warum bestimmte Familiensituationen oder -verhältnisse eher Suizid als andere Reaktionen hervorrufen.

Diese Kritik ist deswegen besonders einschneidend, da die Entwicklungsbedingungen, die mit Suizid in Verbindung gebracht werden, von Objektbeziehungstheoretikern oft auf eine Reihe von Entwicklungsstörungen, einschließlich der Borderline-Persönlichkeiten, begrenzt werden. Trotzdem hat *Pfeffer* durch ihren Versuch, einen umfassenden theoretischen Zugang zu diesem Thema zu liefern, ohne Frage zum erweiterten Verständnis des Suizids von Kindern beigetragen.

Flucht vor und Flucht in die Symbiose – *Richman*

Richmans (1979a) Erklärung des Kindersuizids hebt auf symbiotische Beziehungen zwischen Eltern und Kindern ab. Obwohl *Richman* hauptsächlich Ereignisse anspricht, die für Erwachsene und Jugendliche bedeutsam sind, scheint seine Arbeit doch auch sehr gut auf den Suizid von Kindern anwendbar zu sein. Da er Suizid eher mit Familienprozessen als mit intrapersonalen Entwicklungsprozessen in Verbindung setzt, ist der jeweilige Entwicklungsstand des Kindes von geringerer Bedeutung. In Kapitel VII haben wir uns mit *Richmans* Begriff der symbiotischen Beziehungen ohne Empathie mit allen ihren negativen Auswirkungen befaßt. Wesentliche Merkmale dieses Beziehungsmusters sind der enge Zusammenhang und die außerordentliche Abhängigkeit der Familienmitglieder untereinander, die Tabus, die Beschneidung der Individualität, das Entstehen von Aggressionen und das beständige Gefühl von Beschränkung. Ein zerstörerisches Ergebnis ist der immerwährende Konflikt zwischen dem Wunsch nach totaler Abhängigkeit und dem nach totaler Unabhängigkeit.

Eine Frage stellt sich, wenn man das Konzept Symbiose und Suizid auf Kinder anwendet. Wie kann man behaupten, daß kleine Kinder, die sehr von ihren Eltern abhängig sind, in einem solchen Ausmaß nach Individualität und Unabhängigkeit streben, daß sie suizidal werden, wenn dieses Streben vereitelt wird? Um diese Frage zu beantworten, müssen wir zwischen Symbiose und Abhängigkeit unterscheiden. Natürlich ist das kleine Kind von seinen Eltern abhängig. Symbiose ist jedoch keine Beziehung der Geborgenheit, sondern die irrationale Verleugnung der kindlichen Individualität. Schon kleine Kinder versuchen, ihrer Individualität Ausdruck zu verleihen, indem sie darüber bestimmen, was sie spielen wollen, welche Freunde sie wählen oder wann sie ihre Hausaufgaben machen. Daher gehört zu einer gesunden Entwicklung die Fähigkeit, "nein" zu den Eltern zu sagen. Nicht jedes "Nein" bedeutet Widerstand, manchmal wird damit einfach das Bedürfnis ausgedrückt, jemand Besonderes oder Eigenes sein zu wollen. Symbiotische Eltern erleben jedoch das "Nein" eines Kindes als Bedrohung, da sie keinen Ausdruck der Eigenständigkeit zulassen können. Sie reagieren mit Drohungen: "Wenn du dies oder das tust, bist du nicht länger mein Kind." Das Kind spürt ständig den Angriff, trotz seiner eigenen Bedürfnisse nach Abhängigkeit. So kann Suizid die einzige Antwort auf den symbiotischen Zugriff der Eltern sein.

Wenn die Familie solche Drohungen benutzt, um *ein anderes* Familienmitglied am Verlassen des gemeimsamen Familiengefüges zu hindern, kann dies ebenfalls Tendenzen zur Selbstzerstörung verstärken. Diese Dynamik tritt häufig bei Suizidversuchen kleiner Kinder im Verlauf der Scheidung der Eltern auf. Zur Rettung des suizidalen Kindes kehrt das verlassende Elternteil wieder zurück.

Symbiotische Beziehungen können auch über die Generationen hinweg zum Suizid führen. Ein suizidales Elternteil kann diese Tendenzen durch das symbiotische Verbundensein auf seine Kinder übertragen. Kinder identifizieren sich mit dem, was sie erfahren. In gleicher Weise kann der Tod eines nahen Verwandten in einer symbiotischen Familie das Suizidrisiko steigern. Bei einigen symbiotischen Lebensformen, in denen besonders starke Identifikationen Raum greifen, kommt es zum Suizidversuch aus Nachahmung oder um die zerrissenen Bande wieder zu erneuern.

Das Erbe der pessimistischen Lebenshaltung

Immer wieder zeigen uns Forschung und klinische Beschreibungen Familien, die unter vielfältigen Problemen und Bedrängnissen leiden. Diese Familien werden gekennzeichnet durch ihre pessimistische Lebenshaltung, ihre Einschätzung von Tod, ihren fatalistischen Sprachstil und ihre Willfährigkeit angesichts von Problemen. Diese pessimistische und fügsame Haltung wird dann von den Kindern entweder durch Identifikation, Imitation oder durch Ausformung negativer Lebenserwartungen übernommen. Da diesen Kindern die Gelegenheit fehlt, eine aktive Lebensbewältigung zu erfahren, sind sie nur dazu in der Lage aufzugeben, zu verzichten und Aggressionen zu internalisieren. Die Botschaft, die auf verschiedene Weise übermittelt wird, lautet, daß das Leben hart ist und daß es manchmal besser ist zu sterben, als es zu erleiden. Aufgrund der begrenzten Erfahrungswelt des Kindes übernimmt es diesen selbstzerstörerischen Standpunkt.

Der folgende Fall schildert, wie das pessimistische Erbe sich äußern kann. Ein zehnjähriger Junge begann, sich vor einer Gruppe von Kindern mit Glasscherben zu schneiden, nachdem er in einer Schlägerei mit seinen Freunden verletzt worden war. Ein Lehrer wurde herbeigerufen und beendete die Selbstverstümmelung. Später wurden Psychologen hinzugezogen. Die Mutter des Jungen, eine erschöpfte und depressive Frau, vermittelte den Anschein, als halte sie sich kaum noch am Leben. Sie war unfähig, Verantwortung zu übernehmen, weil ihre Selbstversunkenheit ihre Urteilsfähigkeit völlig vernebelte. "Ich weiß nicht, wie ich auf meine Kinder aufpassen soll, und ich weiß nicht einmal, was gefährlich ist und was nicht. Ich weiß nicht, wie ich ihnen sagen soll, daß sie im Straßenverkehr aufpassen sollen, oder was sie verletzen könnte. Manchmal sehe ich, daß sie etwas Gefährliches tun, und ich weiß nicht, wie ich sie zum Aufhören bringen soll. Es hilft nichts mehr."

Mancher mag, *Sabbath* folgend, ihre Worte als indirekte Botschaft an die Kindern interpretieren, sie seien unerwünscht. Diese Mutter schien jedoch ihren Kindern nicht zu vermitteln, sie seien eine Last und wären besser tot. Eher schien sie zu sagen, daß das Leben selbst eine unerträgliche Last und daß der Tod vorzuziehen sei.

Stufenweise Entwicklung der Selbstzerstörung

Problemakkumulation und ständig zunehmende Isolation – *Jacobs*

*Jacob*s (1971) hat ein Modell vom Suizid Jugendlicher entwickelt, das ein stufenweises Absinken in die völlige soziale Isolation bis hin zum Suizid beschreibt. Dieses Modell trifft auch auf jüngere Kinder zu. Nach *Jacobs* beginnt der Weg in den Suizid mit der leidvollen Erfahrung lang andauernder Lebensprobleme, die als unlösbar angesehen werden. Anders als andere Kinder in solchen Situationen, kann das suizidale Kind die schwere Last nicht mit anderen teilen. Ein tückischer Kreislauf von Isolation und Einsamkeit setzt ein. Der Jugendliche bringt seine Unfähigkeit zur Problemlösung nicht mit seinen unangemessenen Bewältigungsbemühungen in Verbindung, sondern erklärt sie mit der Tatsache, daß die Probleme einfach nicht zu lösen seien.

In diesem Stadium wird Tod zu einem möglichen Ausweg aus den Lebensproblemen. Ursprüngliche Auffassungen, Suizid sei unmoralisch, pathologisch oder antisozial, werden aufgegeben und verlieren jegliche abschreckende Wirkung. Außerdem stellt sich bei dem Jugendlichen langsam das Gefühl ein, daß er nicht länger ein Mitglied der Gesellschaft sei. An diesem Punkt wird Suizid nicht mehr als eine potentielle, sondern als die einzige Lösung angesehen. Im Verlauf dieses zerstörerischen Abstiegs können neuerliche Frustrationen den Ausschlag dafür geben, der Suizidneigung nachzugeben.

Bei jüngeren Kindern findet dieser Prozeß vor dem Hintergrund von Einsamkeit und Entfremdung im Familienverband und nicht im weiteren sozialen Umfeld statt. Das Kind sieht sich, wie der Jugendliche, mit Problemen konfrontiert, deren Natur es nicht einmal genau benennen kann. In den anfänglichen Stadien versucht das Kind, gegen seine Isolation zu rebellieren. Da diese Anstrengungen im allgemeinen provokativ sind, verschlimmern sie nur die Zurückweisung durch die Familie. Das Kind kann dann womöglich beginnen, von Tod und Selbstmord zu sprechen, um die Liebe der Eltern zu prüfen. Es hofft, eine geängstigte Reaktion bei den Eltern hervorzurufen. Der häufige Mangel an Reaktion kann es zum Ausführen seiner Drohung zu treiben.

Das Versagen, sich von der Mutter zu lösen – *Novic*

Novic (1984) hat wie *Jacobs* ein Modell entwickelt, das die stufenweise Entwicklung hin zum Suizid Jugendlicher behandelt, benutzt aber einen etwas anderen theoretischen Ausgangspunkt. Auch sein Modell kann auf jüngere Kinder angewandt werden. *Novic*s theoretischer Zugang hebt ebenfalls auf die Akkumulation von Problemen ab. Er geht jedoch, anders als *Jacobs*, davon aus daß die Probleme eher durch Konflikte mit sich selbst als mit der Umgebung entstehen. Der Jugendliche wird von dem Empfinden gepeinigt, geisteskrank zu sein, besonders aufgrund seiner sexuellen, manchmal inzestuösen Triebe. Nachdem der Jugendliche das Heim und die Familie verlassen hat, ist er unfähig, die Trennung zu bewältigen und regrediert auf primitive Verhaltensmuster, wie sadomasochistische Beziehungen, die auf die Erzeugung wechselseitigen Leids gerichtet sind.

Die regressive Phase wird abgelöst von erhöhter Aufmerksamkeit für die eigene Abhängigkeit von Heim und Mutter. Es kommt zu einer Steigerung sexueller und aggressiver Phantasien im Hinblick auf die Mutter. Der Jugendliche versucht, neue Beziehungen einzugehen, um diesen beängstigenden Phantasien zu entfliehen, seine Bemühungen enden jedoch mit einem Mißerfolg. Aggressionen und Schuldgefühle verstärken sich, sie werden von furchterregenden mörderischen Gedanken und Trieben gegenüber geliebten Personen begleitet. Noch einmal sucht der Jugendliche außerhalb der Familie nach sozialen Kontakten, aber diesmal sind seine Anstrengungen nur die leicht verhüllte Suche nach Zurückweisung. Wenn die gesuchte Zurückweisung eintritt, kommen Suizidgedanken zum Ausbruch und werden womöglich ausgeführt.

*Novic*s theoretischer Zugang verwendet viele von *Ackerly*s Begriffen bezüglich des Ausbruchs auf die Mutter gerichteter sexueller Anziehung und Aggression. Zurückweisung ruft bei Kindern einen Wirbelsturm von Impulsen hervor, der von verzweifeltem Anklammern bis zu unkontrollierten Aggressionen reicht. Dies kann sich allmählich zur Basis für den Suizid entwickeln, wenn für das Gefühlsdilemma des Kindes keine Lösung gefunden wird.

Einige der dynamischen Faktoren, die *Novic* aufgreift, können am Fall eines neunjährigen Mädchens verdeutlicht werden, das von seinen Eltern abgelehnt und gegen seinen Willen auf ein Internat geschickt wurde. Zuerst versuchte sie, die Tatsachen zu akzeptieren, war dazu aber nicht in der Lage. Danach griff sie zu einer langen Reihe von Provokationen, die zu ihrer Ablehnung durch die Lehrer und die anderen Kinder führte. Dann beschloß sie, zu verhungern, und aß nichts mehr. Diese Form des Selbstmordes kann als symbolischer Ausdruck einer Herausforderung an die vernachlässigende Mutter angesehen werden. Erst als das Mädchen nach Hause geschickt wurde, begann es wieder zu essen.

Ein multidynamisches Modell für verschiedene Formen des Suizids

Die meisten theoretischen Modelle, die in diesem Kapitel vorgestellt werden, heben eine besondere Variable oder Dynamik hervor. Viele Forscher und Kliniker sehen den Suizid jedoch als ein höchst kompliziertes und verwobenes Muster an; sie haben deshalb versucht, die zahlreichen verschiedenen Aspekte zu ordnen und zu spezifizieren (*Mattson* et al., 1969; *Gould*, 1965; *Peck*, 1982). Eine Reihe von Impulsen, denen beim Suizid besonderes Augenmerk gelten muß, rühren aus Depressionen, dem Wunsch, sich mit einer gliebten Person nach dem Tod zu vereinigen, Schuld- oder Rachegefühlen, die durch Aggressionen verstärkt werden. Andere Suizide sind als Versuch zu verstehen, die Umwelt und die persönlichen Beziehungen zu manipulieren und zu verändern. Bisweilen können diese Versuche auch als Hilferuf angesehen werden, um Aufmerksamkeit zu erlangen für Ängste, die das Individuum peinigen.

Eine andere Form von Dynamiken hängt zusammen mit dem Erlebnis von Isolation und verschlossenen Kommunikationsstrukturen.

Manche Kinder sind in sich selbst gefangen, bei ihnen entstehen Bitterkeit und das Gefühl, ungerecht behandelt zu werden. Eltern solcher Kinder schützen ihr Selbstbild, gute Eltern zu sein, indem sie die verborgenen Probleme ihrer Kinder ignorieren und solche, die zögernd angesprochen werden, herunterspielen. Eine sich fortwährend verbreiternde Kluft schiebt sich zwischen Eltern und Kinder; die Kinder beginnen, an der Angemessenheit ihrer Gefühle zu zweifeln. In diesen Fällen kommt es zum Suizid nicht infolge einer aufreibenden Konfrontation, sondern hier ist der Grund eine fast geflüsterte Klage.

Eine Anhäufung von Niederlagen weist einen weiteren Weg in den Suizid. Auch kleine Kinder können so häufig Niederlagen erleben, daß sie zerstörend wirken. Zum Suizid kommt es bei Kindern, die durch Mißerfolge so niedergedrückt sind, daß sie dem Druck, der durch an sie gestellte neue Forderungen entsteht, nicht standhalten können. *Peck* (1982) schildert die dramatischen Auswirkungen von Versagen. Bei den suizidalen Kindern und Jugendlichen, die er untersuchte, litt die Hälfte unter schweren Lernstörungen, Hyperaktivität, verzerrter Wahrnehmung und Dyslexie. Die daraus entstehenden Frustrationen und Mißverständnisse brachten die Kinder an den gefährlichen Abgrund.

Psychosen, Kontaktverlust mit der äußeren Realität und Kontrollverlust über die eigenen Emotionen kennzeichnen einen anderen Typus von Abläufen, die zum Suizid führen. Das psychotische Kind leidet unter Wahnvorstellungen und falschen Realitätseinschätzungen; seine Denkprozesse sind verzerrt und seine Urteilskraft vermindert. In solchen Fällen unterscheiden sich die stattfindenden Emotionsdynamiken nicht von denen bei anderen Arten des Suizid, sie kommen hier jedoch im Verhalten der Kinder ganz anders zum Ausdruck. Zum Beispiel neigt das psychotische Kind dazu, sich selbstzerstörerisch zu verhalten, weil “Stimmen” ihm befohlen haben, sich umzubringen. In ähnlicher Weise setzt ihm eine psychotische Macht die Idee in den Kopf, sein Essen sei vergiftet worden. Eine andere Macht läßt es im Vertrauen darauf, es habe Flügel, versuchen, aus dem fünften Stock zu fliegen. Bei allen diesen Beispielen scheint eine gemeinsame motivierende Kraft die Flucht vor dem Leid zu sein.

Selbstmordspiele gehören in eine völlig andere Kategorie. Manche Kinder empfinden Vergnügen und Aufregung gerade dadurch, daß sie sich tödlicher Gefahr aussetzen. Es ist, als wenn das dem Tod Nahesein und das Überleben eine Art Sieg über das Unkontrollierbare sei. Die Ursache solchen Verhaltens ist eine extreme Angst vor dem Tod, wobei Suizid eine kontraphobische Reaktion ist. Andere Forscher mögen masochistische Verhaltensweisen oder eine latente Depression erkennen.

Dieser kategorisierende, multidynamische Forschungsansatz zum Thema Kindersuizid ist vielversprechend, aber derzeit noch zu allgemein. Es fehlt an tiefgehender Beschreibung, die eine differenzierte Identifikation der jeweils beteiligten Abläufe erlauben würde. Zum Beispiel ist noch unklar, ob diese Kategorien verschiedene Ausdrucksformen eines gemeinsamen Prozesses sind, oder ob sie unterschiedlichen Prozessen zuzuordnen sind, die für besondere Lebensumstände oder Persönlichkeitstypen zutreffen.

Das biochemische Modell

Ein neuer Zweig der Analyse von Suizid befaßt sich mit genetischen und biochemischen Variablen. Ein großer Teil der hier aufgeführten Arbeiten beschäftigt sich mit der biologischen Komponente bei Depression, unter der Annahme, daß Depression eine zentrale Bedeutung beim Suizid zukommt. Andere biologische Studien befaßen sich mit den direkten genetischen Einflüssen auf den Suizid. Obwohl bisher alle Arbeiten auf diesem Gebiet sich auf Erwachsene beziehen, scheint es logisch, ihre Bedeutung auch für Kinder vorauszusetzen.

Reiner (1984) bietet eine hervorragende Zusammenfassung über genetische Faktoren bei Depression und Suizid. Ein Forschungszweig brachte den Nachweis erhöhter Häufigkeit von Depressionen bei den Angehörigen eines depressiven Familienmitgliedes. Leider erlaubt diese Methode nicht, genetische Ursachen von offensichtlich psychologischen Erklärungen zu unterscheiden. Ein etwas überzeugenderer Ansatz ist es, die Depressionshäufigkeit bei eineiigen Zwillingen mit der bei zweieiigen Zwillingen zu vergleichen. Ähnliche Vergleiche wurden zwischen biologischen und adoptierten Familienmitgliedern gemacht. Diese Vergleiche lassen vermuten, daß genetische Komponenten bei manisch-depressiven Störungen eine Rolle spielen. Die Ergebnisse bei anderen Formen der Depression sind jedoch nicht so eindeutig.

Die Bedeutung biologischer Faktoren für den Suizid ist noch unklar. Forschungen über Zwillinge und adoptierte Kinder geben zwar Hinweise auf genetische Faktoren beim Suizid und bei Depression, ebenso häufig sind aber auch gegenteilige Ergebnisse.

Die neueste Forschung über biologische Komponenten hat sich von einfachen epidemiologischen Studien auf komplexere morphologische und biochemische Fragestellungen ausgedehnt. Zum Beispiel haben einige morphologische Studien die Bedeutung von unterschiedlichen biochemischen Substanzen und Neurotransmittern bei der Untersuchung von Depression und Suizid, hauptsächlich von Erwachsenen, geprüft. Korrelationen zwischen Regulationsstörungen bei diesen biochemischen Substanzen einerseits und Depression und Suizid andererseits werden dabei deutlich. Da diese Störungen auch nach dem Abklingen der Depression weiterhin vorhanden bleiben, können wir schlußfolgern, daß sie die Depression beschleunigen, nicht von ihr hervorgerufen werden.

Die Forschung hat sich ebenfalls mit potentiellen biochemischen Störungen des Serotoninspiegels bei depressiven Jugendlichen beschäftigt. Serotonin gilt als verantwortlich für die Stimmungs- und Aggressionsregulierung. Daher ist das Vorhandensein abnormer Serotoninkonzentrationen sehr aufschlußreich (*Ambrosini* et al., 1984).

Derzeit richtet sich die Aufmerksamkeit auf die potentielle Bedeutung des Endorphin, eines Schmerzmilderers, der vom Gehirn bei Schmerz und übermäßiger Belastung freigesetzt wird. Frühere Studien (*Canon* et al., 1978) haben ergeben, daß Menschen, die unter chronischen Schmerzen leiden, einen niedrigen Endorphinspiegel aufweisen. Möglicherweise können Suizid und Depression mit niedrigen Endorphin- und Serotoninspiegeln in Verbindung gebracht werden. Eine niedrige Schmerzgrenze und eine Fehlregulierung von Aggressionen machen das Individuum wahrscheinlich unzufriedener, empfindlicher und frustrierter, und daher anfälliger für Suizid. Ohne Zweifel wird dieser Hypothese in naher Zukunft noch eingehender nachgegangen werden.

Drei grundlegende Forschungsrichtungen

Man kann drei verschiedene Kausalmuster erkennen, die sich fast aus dem gesamten klinischen und theoretischen Material über Suizid ergeben. Das erste zeigt Suizid im Zusammenhang mit bestimmten Lebensbedingungen, wie ein “Broken home” oder Scheidung. Das zweite setzt Suizid in Beziehung mit beständig ansteigendem Druck. Das dritte und umfassendste versucht, mögliche Wechselwirkungen zwischen bestimmten Lebensbedingungen und Persönlichkeitsstrukturen zu erkennen. Jeder dieser Forschungsansätze hat seine Stärken und Schwächen.

Das erste Konzept besagt, daß besondere Lebensbedingungen direkt und allein zum Suizid führen. Zum Beispiel ruft ein “Broken home” oder eine zerfallende Familieneinheit beim Kind Gefühle der Unsicherheit, des Verlassenseins und des Zurückgewiesenwerdens hervor. In der Reaktion lassen diese Erfahrungen das Selbstwertgefühl und das Selbstvertrauen sinken und bewirken eine umfassende Orientierungslosigkeit – all dies führt zur Depression. Ein anderes Beispiel der Hypothese von den "spezifischen Faktoren" ist die kindliche Internalisierung der Depression und Suizidneigung der Eltern. Andere besondere Faktoren sind Vernachlässigung und Mißhandlung durch die Eltern in zerfallenden Familien; sie erzeugen aggressive Impulse beim Kind, das dann die Aggression internalisiert und diese gegen sich selbst kehrt. Ähnliche Zusammenhänge werden als Reaktionen auf Verlust, Zurückweisung, symbiotische Dynamiken usw. vermutet. Der größte Schwachpunkt dieser Hypothesen liegt darin, daß es keinen Nachweis gibt, daß diese Faktoren auf jeden Fall eher zum Suizid als zu anderen Pathologien führen. Zumindest ist hier eine genauere Spezifikation der Bedingungen notwendig, unter denen der jeweilige Faktor zum Suizid führt.

Die zweite Forschungsrichtung geht davon aus, daß zunehmend sich verstärkender Druck die Bewältigungsmechanismen schwächt, was zu starken Gefühlen der Hoffnungslosigkeit führt. Zum Zusammenbruch kommt es, wenn das Kind spürt, daß es die zunehmende Belastung nicht mehr ertragen kann und es keine Aussicht auf Entlastung gibt. Ein klassisches Beispiel für diese Forschungshypothese ist die Arbeit von *Cohen-Sandler* et al. (1982). Sie fanden heraus, daß Kinder, die versuchten Suizid zu begehen, einem viel stärkeren Druck ausgesetzt waren, als Kinder, die andere Pathologien aufwiesen, und daß sich ihre Belastung seit der späten Kindheit noch verstärkt hatte. Die Belastung erreichte ungefähr ein Jahr vor der selbstzerstörerischen Tat ihren Höhepunkt. Dieses Modell zieht jedoch keine Variablen der Persönlichkeitsstruktur in Betracht, die den erlebten Druck womöglich abmildern können. Die Annahme scheint berechtigt, daß Kinder unterschiedlich auf Belastungen reagieren, und daß der Punkt, bis zu dem der Druck ertragen wird, doch individuell stark differiert.

Die Hypothese des dritten Modells lautet, daß zunehmender Druck von außen mit bestimmten Persönlichkeitsmerkmalen in Wechselwirkung tritt, und daß die verschiedenen Kombinationen von Belastung und Persönlichkeitsdispositionen – insbesondere den Bewältigungsstilen – verschiedenartige Muster der Selbstzerstörung hervorrufen können. Bewältigungsstile bezeichnen die besondere Art und Weise, in der ein Individuum auf Mißerfolge, Frustration oder Konflikte reagiert. Individuelle Unterschiede in der Bewältigung können erklären, warum manche Menschen unter einer Belastung zusammenbrechen, und andere nicht. Auch wenn zum Beispiel der Verlust einer Bezugsperson sich als ein gemeinsames Merkmal in der Vorgeschichte zum Suizid von Kindern herausstellt, ist doch offensichtlich, daß nicht alle Kinder, die einen solchen Verlust erleiden, den drastischen Schritt in den Suizid wählen.

In diesem Zusammenhang sind einige Bewältigungsstile besonders relevant. Einer ist die Fähigkeit, mit Frustrationen umzugehen. Menschen, die nicht in der Lage sind, Frustrationen relativ ruhig zu bewältigen, reagieren mit emotionalen Ausbrüchen, die nur neue Frustrationen hervorrufen. Andere sind in der Lage, Frustrationen mit relativer Ruhe hinzunehmen. Die Art, in der Menschen auf Angriffe reagieren, ist ein weiterer wichtiger Gesichtspunkt für die Bewältigung. Einige reagieren mit Gegenangriffen, andere mit Weglaufen und wieder andere mit Teilnahmslosigkeit, die eigentlich die Verleugnung bedeutet, daß überhaupt etwas Unerfreuliches stattgefunden habe. Bewältigungsstile von Kindern und Erwachsenen, die anfällig für Suizid sind, könnten sich von denjenigen der Menschen, die dies nicht sind, unterscheiden. Außerdem können diese Stile verantwortlich für die verschiedenen Motive zum Suizid sein. Zum Beispiel kann ein Kind mit geringer Frustrationstoleranz aus Rache für das, was ihm angetan wurde, Suizid begehen. Hier können wir die Wechselwirkungen zwischen Persönlichkeitsstruktur und Lebensbedingungen erkennen, die von diesem interaktionellen Konzept postuliert werden.

Bis heute wurde nur in äußerst wenigen Studien der Versuch unternommen, verschiedene Modelle miteinander zu verbinden oder eine multidimensionalen Sicht zu entwickeln, die spezifische Lebensbedingungen, zunehmende Belastung und auch den Bewältigungsstil einschließt. Zukünftige Studien in dieser Richtung könnten sowohl die Hintergründe von Kinder- wie von Erwachsenensuizid erhellen.

Das unlösbare Problem

Ein anderer theoretischer Zugang zum Suizid von Kindern – ein Zugang, den ich "die These vom unlösbaren Problem" nenne – scheint mir dazu geeignet, eine singuläre Dimension des Suizids von Kindern zu beleuchten. Das unlösbare Problem bezieht sich phänomenologisch auf eine psychische Situation des Kindes, in der es sich gefangen und unfähig erlebt. In Anbetracht seiner leidvollen Lebensbedingungen entwickelt das Kind die Einschätzung, daß eine Beendigung oder eine Lösung seines Leids nicht in Aussicht ist und daß kein Verhalten diesen Umstand ändern kann. Diese Wahrnehmung kann leicht zu Depressionen führen, zum Gefühl, abgelehnt zu werden, und schließlich zum Suizid.

Natürlich sind viele der in der These vom unlösbaren Problem zusammengefaßten Faktoren nicht einzigartig; sie verlangt jedoch eine neue Klassifizierung und Zuordnung bereits genannter Begriffe und Konzepte. Diese Rekonzeptualisierung des Kindersuizids unter dem Aspekt des unlösbaren Problems kann uns dann theoretischen und praktischen Nutzen bieten:

- Vom theoretischen Standpunkt aus erlaubt dieser Ansatz die Einschätzung, ob eine Situation wahrscheinlich zum Suizid führen wird oder nicht. Zum Beispiel kann eine Scheidung der Eltern manchmal ein leidvolles und zerstörendes Ereignis sein. In anderen Fällen kann daraus eine Situation entstehen, an die sich das Kind leichter anpassen kann als an die Situation vor der Scheidung. Der Unterschied resultiert zum Großteil daraus, ob der Scheidungsverlauf ein unlösbares Problem für das Kind aufwirft oder nicht.
- In praktischer und therapeutischer Hinsicht kann die Identifikation eines unlösbaren Problems gestatten, ein Therapieprogramm für die ganze Familie zu entwickeln. In einer solchen Therapie werden notgedrungen die Probleme der Familie als Ganzes und nicht nur die Probleme des Kindes behandelt.

Der Begriff des unlösbaren Problems tauchte auch schon früher in Forschungsarbeiten auf. Er wurde in der Vergangenheit jedoch weder angemessen ausgearbeitet, noch wurden seine Implikationen für den Suizid ausgelotet. Außerdem neigten die Wissenschaftler, die das Phänomen des unlösbaren Problems bei Jugendlichen untersuchten (*Teicher* und *Jacobs,* 1966) dazu, die sehr realen Ursachen zu übersehen, die zu unterträglichen Lebensbedingungen führen.

Das unlösbare Problem hat eine Reihe grundlegender Merkmale. Erstens hat das Kind keine Möglichkeit, das Problem zu lösen. Zweitens werden in einer solchen Situation die Wahlmöglichkeiten und Handlungsalternativen des Kindes beschnitten. Drittens zieht jeder Versuch der Problemlösung neue Probleme nach sich. Viertens dient das Problem des Kindes als Tarnung eines tiefgreifenden familiären Konflikts.

Ein Problem außerhalb der kindlichen Reichweite

Unlösbare Probleme entwickeln sich aus höchst komplizierten Familiensituationen, außerhalb der kindlichen Einflußmöglichkeiten. Die problematischen Umstände werden durch sich überschneidende und sich widersprechende Bedürfnisse und Interessen der Familienmitglieder verschärft. Wenn Eltern zum Beispiel voller Feindseligkeit gegeneinander sind, diese Gefühle aber verleugnen, werden ihre Aggressionen oft auf das Kind, als den Sündenbock, gerichtet. Die "Schuld" des Kindes ist dann das Element, das die Familie zusammenhält. So gesehen wird jeder Versuch des Kindes, aus seiner unerträglichen Lage zu entkommen (zum Beispiel durch besseres Benehmen oder bessere Schulnoten), tatsächlich nur dazu führen, daß seine Eltern neue Gründe finden, um es zu beschuldigen.

Eine solche Dynamik trat in einem Fall auf, den man anders nur schwer hätte verstehen können. Ein zehnjähriger Junge hatte bei zahlreichen Gelegenheiten versucht, sich umzubringen, es war jedoch unmöglich, eine Ursache für sein Verhalten zu erkennen. Das Familienleben war anscheinend normal, die Beziehung des Jungen zu seiner Schwester war zufriedenstellend, die Familie hatte weder den Verlust eines nahen Angehörigen erlitten, noch irgendwelche schweren Krankheiten oder Störungen erlebt. Ein bemerkenswerter Umstand war, daß das Kind von seinen Freunden zurückgezogen und entfremdet und sehr stark an sein Zuhause gebunden war. Die Familienanamnese brachte zutage, daß die ältere Schwester ein Jahr zuvor suizidales Verhalten gezeigt hatte. Erst als ihre Selbstmorddrohungen aufhörten, traten sie bei dem jüngeren Bruder auf. Es schien, als brauche diese Familie Selbstmorddrohungen.

Die weitere Therapie brachte eine versteckte Krise in der Familie ans Licht. Der Vater hatte über lange Zeit hin mit Scheidung gedroht. Die Mutter reagierte mit Panik, verbarg diese aber hinter Zurückhaltung und Selbstkontrolle. Der Vater hatte seine Scheidungsabsicht zuerst nach den Selbstmorddrohungen der Tochter und dann nach denen des Sohnes zurückgestellt. Erstaunlicherweise schienen den Kindern die Pläne des Vaters nicht bewußt zu sein, trotz der unerfreulichen Familienatmosphäre. Als die Eltern jedoch während der Therapie begannen, über die Scheidung zu sprechen, hörten die Selbstmorddrohungen sofort auf. Dieses zerstörerische Verhalten war also mit dem Konflikt der Eltern direkt verknüpft. Unwissentlich und unbeabsichtigt hatte die Mutter dem Vater durch die Kinder die Botschaft übermittelt: "Wenn du gehst, wird hier jemand sterben." Sie steigerte das Gefühl von Unzufriedenheit und Depression bei den Kindern und blieb gegenüber ihrem Leid passiv. So schickte sie den Sohn, wenn er von Selbstmord sprach, umsichtig zum Vater, damit dieser ihm helfe. Sie unterstützte die Anstrengungen des Vaters, dem Sohn zu helfen, jedoch nicht.

In diesem Fall benutzte die Mutter ihre Kinder als Hebel, um eine

Katastrophe in der Familie abzuwenden. Der elterliche Konflikt stellte die Kinder vor ein unlösbares Problem. Nur die Lösung des elterlichen Konflikts konnte ihnen helfen; dies lag jedoch nicht im Machtbereich der Kinder.

Eine nachfolgende Tragödie in dieser Familie hebt die einzigartige Macht von unlösbaren Problemsituationen hervor. Zwei Jahre nachdem die Therapie beendet war, starb die Mutter nach kurzer Krankheitsdauer an Krebs. Die Familie erlebte tiefe Trauer und einen schmerzlichen Verlust, aber weder Selbstmorddrohungen noch Todeswünsche tauchten wieder auf. Es scheint, daß der negative Einfluß des unlösbaren Problems wesentlich größer ist, als der des unwiderruflichen Verlustes und des Verwaistsein.

Der Fall eines siebenjährigen Mädchens, deren Eltern getrennt lebten, zeigt ähnliche Dynamiken. Der Vater wohnte im Ausland, kam jedoch manchmal für eine "Stippvisite" vorbei. Diese Besuche riefen sowohl bei der Mutter wie bei der Tochter einen Gefühlsaufruhr hervor. Jedes Mal versprach der Vater, er würde bald wiederkommen, weil er sie beide sehr liebe. Die endgültige Wiedervereinigung wurde jedoch jedes Mal wieder hinausgeschoben. Nach jedem Besuch erlebten Mutter und Tochter von neuem emotionale Enttäuschung. Da die Mutter die geheime Hoffnung hegte, die Familie käme wieder zusammen, ging sie keine neuen Beziehungen ein und trieb auch die Scheidung nicht voran.

Als einer der Besuche des Vaters anstand, sprach das Kind von seinem Wunsch zu sterben. Zuerst erklärte das Mädchen, sie würde sich umbringen, wenn der Vater zu Besuch käme. Dann sagte sie, sie würde sich umbringen, wenn der Vater nicht käme. Ein Hilferuf der Mutter brachte ihren Ehemann in die Therapie mit der Tochter, um den Grund für diese Drohungen herauszufinden.

In den Sitzungen kam zutage, daß das Mädchen trotz der Sehnsucht nach dem Vater und der Unruhe in seinem Leben nicht so verzweifelt war, daß dies hätte bis zum Suizid führen müssen. Sie agierte eher unwissentlich als Werkzeug ihrer Mutter. Als die Mutter sich vollständig vom Vater trennte und anfing, wieder ein soziales Leben aufzunehmen, blieben die Selbstmorddrohungen des Kindes aus.

In einigen Fällen wird auf das Kind irrationaler Druck ausgeübt, damit es das unlösbare Problem löst oder zumindest die Verantwortung dafür übernimmt. Diese Zuweisung von Verantwortlichkeit wird bei einer Familie mit einem elfjährigen Sohn und zwei älteren Töchtern deutlich. Die Eltern waren geschieden und verkehrten nur sehr feindselig miteinander. Während der Therapie zeigte die Mutter ambivalente Gefühle gegenüber ihrem Sohn. Obwohl sie behauptete, ihn zu lieben, erhob sie immer wieder alte, dabei undeutliche Anklagen gegen ihn. Neue Anklagen kamen fortwährend hinzu. Der Junge war völlig verzweifelt und hatte verschiedene Male gedroht, sich umzubringen. Mit der Zeit klärte sich das Bild auf. Die Mutter konnte es nicht ertragen, ihren Sohn anzusehen, weil er dem Ehemann glich, den sie haßte. Das Kind war wegen seines Aussehens zum Symbol für die Vergehen des Vaters geworden.

Wie dieser Fall zeigt, können Eltern ihre Kinder aus zahlreichen Gründen ablehnen, die außerhalb des Einflußbereichs des Kindes liegen. Zum Beispiel können Eltern, die frühe Konflikte mit ihrer eigenen sexuellen Identität hatten, ihre Kinder allein wegen ihres Geschlechts ablehnen.

Mitunter zeichnet sich eine potentielle Lösung für die Probleme ab, denen sich die Kinder gegenüber sehen, aber die Durchführung würde für das Kind eine zu große Belastung bedeuten. Zum Beispiel erwartete ein Elternpaar von seinem zehnjährigen Sohn, daß er die gesamte Hausarbeit erledige, weil sie selbst mit anderen Dingen zu beschäftigt waren. Ohne Frage war dies eine zu schwere Last für so junge Schultern. Todeswünsche in solchen Situationen sind drastische Lösungen drastischer Probleme.

Einschränkung der Wahlmöglichkeiten und Handlungsalternativen

Manchmal entsteht ein unlösbares Problem, weil die Handlungs- und Wahlmöglichkeiten des Kindes systematisch beschnitten werden. Zum Beispiel können die Eltern ein Kind durch Drohungen, Züchtigungen, Liebesentzug oder permanentes Predigen zu bestimmten Verhaltensweisen zwingen. Dadurch muß das Kind seine eigenen Bedürfnisse zurückstellen und seinen freien Willen aufgeben. Gleichzeitig lernt es alle Energie auf ein Ziel zu richten, und daß es Versagen bedeutet, wenn man Kompromisse schließt oder die Richtung ändert.

Die folgende Sequenz von Ereignissen erläutert diese Dynamiken und ihre Auswirkungen auf extremste Weise. Ein zwölfjähriger Junge nahm das Gewehr seines Vaters und schoß sich in die Brust. Die Kugel verfehlte sein Herz um Millimeter, was ihm, eher zufällig, das Leben rettete. Was hatte ihn zu seiner Tat getrieben?

Der Junge war immer ein hervorragender Schüler gewesen. Nachdem er vor einigen Monaten ein Schuljahr übersprungen hatte, war er in die Klasse seiner älteren Schwester gekommen. Er mußte nun mit seiner Schwester konkurrieren und hatte die erdrückenden Erwartungen seiner Eltern zu erfüllen, außerdem mußte er versuchen, sich einer Gruppe Älterer anzupassen. Er bat darum, in seine frühere

Klasse zurückkehren oder wenigstens die Schule wechseln zu dürfen. Seine Eltern wiesen seine Bitten zurück, ermutigten ihn, sich noch mehr anzustrengen und untersagten ihm schließlich, das Thema nochmals anzuschneiden. Einige Tage vor dem Selbstmordversuch wagte der Junge, seine Situation mit den Eltern zu diskutieren. Der Vater erinnerte sich: "Sobald er sprach, habe ich ihm einen Klaps gegeben, weil er mit dem Thema angefangen hatte. Als er anhub, 'aber Vater', gab ich ihm noch einen Klaps. Er begann zu weinen, und ich schimpfte, er solle sich nicht wie ein Baby benehmen. Er versuchte immer noch weiterzureden und zu erklären, also schlug ich ihn wieder. Da hörte er auf zu weinen und ging ohne ein Wort auf sein Zimmer."

Diese wenigen Worte eines von Schuldgefühlen geplagten, weinenden Mannes, verdeutlichen die Entstehung eines unlösbaren Problems und zeigen, wie die Handlungsmöglichkeiten des Kindes total eingeschränkt werden. Der Junge hatte keine Wahl mehr, nicht einmal mehr das Recht, seine Meinung zu äußern. Zwang und Beschneidung der Handlungsmöglichkeiten führten zu einer schrecklichen Hoffnungslosigkeit, die der endgültigen Verzweiflungstat vorausging. Das Gefühl des "Eingesperrtseins" wurde durch die eigenen Erinnerungen des Jungen an den Selbstmordversuch unterstrichen: "Ich nahm das Gewehr, legte das Magazin ein und lud es. Ich zog den Abzug, aber nichts passierte. Ich begriff, daß das Gewehr gesichert war. Ich spürte, das war ein Zeichen des Himmels, daß ich mich nicht umbringen muß. Ich versuchte, das Magazin herauszunehmen, konnte es aber nicht. Alles, was ich von da an denken konnte, war, was passieren würde, wenn Vater das Magazin in seinem Gewehr entdecken und sehen würde, daß ich damit gespielt hatte. Er würde mir nicht glauben, daß ich versucht hatte, mich umzubringen. Also beschloß ich, weiterzumachen und mich umzubringen."

Die Erinnerungen des Jungen verdeutlichen sein tiefes Gefühl, in der Falle zu sitzen, in eine Sackgasse gestoßen worden zu sein. Wir haben bereits Fälle berührt, in denen die Eltern die Lernerfolge der Kinder zur wichtigsten Sache im Leben machten. Obwohl sie mit ihrem großen Enthusiasmus ganz einfach andere Lebensprobleme zudecken, zwingt er die Kinder dazu, nach einem einzigen Lebensziel zu streben: Erfolg in Schule und Ausbildung. Eltern können auf diesem Gebiet unerbittlich und tyrannisch sein. Sie reden von nichts anderem als der Schule, sie setzen sich mit dem Kind stundenlang hin, um an den Hausaufgaben zu arbeiten, sie rufen von ihrem Arbeitsplatz aus an, um die Hausaufgaben zu kontrollieren.

Mitunter schränken Eltern die Handlungsmöglichkeiten ein und ermutigen die Kinder gleichzeitig dazu, initiativ zu werden. Vom Kind wird gefordert, etwas zu tun oder einen Standpunkt einzunehmen, und dann wird es dafür bestraft, diese Forderung befolgt zu haben. Das verdeckte Ziel solcher Manöver ist es, eine Familiensituation aufrechtzuerhalten, zu deren Änderung die Eltern nicht fähig sind. Wenn dieses Muster wiederholt auftritt, führt es zu Unsicherheit und schließlich zur gänzlichen Preisgabe unabhängiger Unternehmungen des Kindes. Zum Beispiel können Kinder dazu gedrängt werden, ihre sozialen Aktivitäten auszudehnen, um dann dafür bestraft zu werden, daß sie ihre Zeit dafür vergeudet haben.

Andere Kinder werden dazu genötigt, einen Standpunkt innerhalb eines Familienstreits einzunehmen, und dann werden sie dafür bestraft, sich eingemischt zu haben. Von anderen kann gefordert werden, mehr bei allen anfallenden Arbeiten im Haushalt zu helfen, um ihre Bemühungen anschließend hart zu kritisieren. In jedem Fall ist das Ergebnis dieses Hinundherpendelns ein Gefühl völliger Aussichtslosigkeit.

Lösungen, die neue Probleme hervorrufen

Ein paradoxes Merkmal des unlösbaren Problems ist, daß jeder Versuch einer Problemlösung neue Probleme heraufbeschwört. Eine Quelle der Verzweiflung folgt der anderen in endloser Folge. Wenn einem Kind die Verantwortung dafür übertragen wird, das Problem zu bewältigen, kann es so überlastet werden, daß es sich langsam in sich selbst verschließt und den Kontakt zur Außenwelt abbricht. Die Stimmen anderer Menschen scheinen aus weiter Entfernung zu ihm zu dringen, als höre es sie durch eine dicke Mauer gedämpft. Es beginnt zu vergessen, was ihm gesagt wurde und was jemand ihm auftrug. Dieses Problem trat auf im Fall eines elfjährigen Jungen, der mit seiner Familie in die Behandlung kam, nachdem er Selbstmordgedanken geäußert hatte. Zur Familie gehörte seine Mutter, sein Stiefvater und ein fünfjähriger Bruder. Eine Schwester im Säuglingsalter war zu Hause gelassen worden. Der biologische Vater des Jungen war gestorben, als der Junge zwei Jahre alt war, die Mutter hatte einen Freund des Vaters geheiratet.

Das Hauptproblem der Familie bestand in der Unfähigkeit, zu einer wirklichen Familieneinheit zusammenzuwachsen. Jedes Familienmitglied schien eine innere Barriere aufgerichtet zu haben, um den anderen nicht zu nahe zu kommen. Die Mutter war immer noch voll tiefer Trauer um den ersten Ehemann und empfand wegen ihrer Wiederheirat so kurz nach seinem Tod Schuldgefühle. Sie hatte das

Empfinden, daß ihr ältester Sohn immer noch zu seinem Vater gehöre, und sprach ihrem Ehemann jegliche Teilnahme an seiner Erziehung ab. Der Stiefvater hatte Schuldgefühle, weil er die Frau seines besten Freundes geheiratet hatte, und gestattete sich nicht, sie als ihm wirklich zugehörig zu betrachten. Der elfjährige Junge sehnte sich nach einer warmen Beziehung zu seinem Stiefvater, spürte aber, daß dies das Andenken seines Vaters entehren würde. Der kleinere Junge, der als Symbol der neuen Familieneinheit auf die Welt kam, haßte seinen älteren Bruder. Er wollte lieber auch ein Sohn des Toten sein.

Dieser komplizierte Familienzusammenhang erzeugte einen kontinuierlichen Druck auf den elfjährigen Jungen. Er mußte der beste in der Schule sein, immer wohlerzogen und folgsam. Da er es nie schaffte, diese Erwartungen zu erfüllen, wurde er zu einem permanenten Ziel der Anklage. Seine Versuche, dem Stiefvater nahezukommen, wurden von der Mutter unterbunden. Seine Versuche, Zuwendung von der Mutter zu erhalten, wurden als kindisch zurückgewiesen. Und die wenigen Male, in denen er sich einen Augenblick beiden Eltern nahe fühlte und ihr Verständnis fand, wurden von den eifersüchtigen Ausbrüchen des jüngeren Bruders zerstört. Die ganze Familie war wie ein Drucktopf ohne Sicherheitsventil. Ein Weg der Eltern, ihre Probleme zu bewältigen war, sie auf den ältesten Sohn abzuwälzen. Im Gegenzug dazu fand er Zuflucht bei sich selbst, indem er sich vor allem verschloß. Schließlich suchte er einen Ausweg in seinen suizidalen Gedanken und Drohungen.

Das getarnte Familienproblem

Diese Beispiele demonstrieren, daß sich hinter unlösbaren Problemen meistens ein Familienkonflikt verbirgt. Viele Formen kindlicher Psychopathologie drücken unbewußte Familienprobleme aus, beim Suizid von Kindern erhält dieser Zusammenhang eine besondere Bedeutung. Die erwähnten Beispiele machen eine große Bandbreite versteckter Probleme deutlich, die im Suizid ihren Ausdruck finden. In dem einen Fall fanden die verdeckten selbstzerstörerischen Impulse der Mutter ihren Ausdruck in den Handlungen des Kindes. Im zweiten Fall wurde die gemeinsame Unzufriedenheit der Eltern auf das Kind übertragen. Im dritten Fall lagen die Ängste der Mutter, von ihrem Ehemann verlassen zu werden, den Selbstmorddrohungen der Tochter zugrunde. Im vierten Fall versuchte ein Kind sich umzubringen, das geboren wurde, um die instabile Beziehung der Eltern zu festigen; dies war nicht gelungen. Jedesmal bringen versteckte Bemühungen der Familienmitglieder das Kind in eine leidvolle

Zwangslage. Es wird von ihm gefordert, mit einem mächtigen, unsichtbaren Feind den Kampf aufzunehmen.

Leider lenken die dramatischen Aspekte der Selbstzerstörung oft die Aufmersamkeit von den Problemen der Familie ab. Suizid wird oft als der Versuch angesehen, Aufmerksamkeit zu erlangen – ein Motiv, das als kindisch und als ungerechtfertigte Erpressung gilt. Eine übliche Reaktion ist dann, nicht auf aufmersamkeitsheischendes Verhalten einzugehen; eine andere, das Kind mit Liebe und Zuwendung zu überschütten. Indem sie der Einschätzung, das Kind wolle Aufmerksamkeit erregen, so große Bedeutung beimessen, vermeiden Familienmitglieder und Therapeuten oft, sich mit den tiefergehenden Familienproblemen zu befassen und suchen in der falschen Richtung nach Lösungen.

Bedrohung des Selbst und Entfremdung

Fast jedes große Problem, das nicht gelöst werden kann, führt leicht zu Gefühlen der Hoffnungslosigkeit. Bestimmte Situationen wirken jedoch besonders zerstörerisch, weil sie zentrale Bereiche des Selbstbildes und der Selbstsicherheit berühren – Sexualität etwa, oder Zurückweisung und Abwertung. Ein Kind, das zum Beispiel aufgrund seines Geschlechtes vollkommen abgelehnt wird, kann eine solch starke Bedrohung und einen solchen inneren Aufruhr empfinden, daß es versucht, sich durch selbstzerstörerische Handlungen zu entziehen.

Die bedrohliche Verbindung des Themas Sexualität mit Ablehnung wird in dem erschütternden Fall eines Siebenjährigen deutlich, der sich umzubringen versuchte. Der Junge war von seinem behinderten älteren Bruder mit dem stillschweigenden Einverständnis der Eltern sexuell mißbraucht worden. Der Angriff selbst und die daraus resultierende Panik brachten den Jungen vollkommen aus dem Gleichgewicht. Außerdem schimpften ihn die Eltern einen Lügner, als er sich schutzsuchend an sie wandte. Selbstmord schien die einzige Möglichkeit, der Bedrohung seiner Identität zu entfliehen.

Neben der Bedrohung kommt es zur Isolation. Die Tatsache, daß das unlösbare Problem im Verborgenen liegt und das Kind als einziger gefordert ist, mit ihm umzugehen, ruft erdrückende Gefühle der Isolation von den anderen Familienmitgliedern und der Außenwelt hervor. Dem Kind selbst ist seine Isolation oft nicht bewußt. Es spürt jedoch ihre Auswirkungen. Dieser Zustand kann zur Selbstentfremdung führen. Hinzu kommt, daß es dem Kind nur schwer möglich ist, herauszufinden und zu benennen, was mit ihm geschieht, und es sich daher nicht hilfesuchend an die Außenwelt wenden kann. Von der Familie ausgeschlossen und entfremdet, hat das Kind kaum jemand anderen, an den es sich wenden kann.

Der Zusammenhang von Suizid und unlösbarem Problem

Eine Abfolge wechselnder Gefühlslagen bildet das Bindeglied zwischen einem unlösbaren Problem und der möglichen Selbstzerstörung. Viele dieser Formen von Aufruhr und Verzweiflung wurden in diesem Kapitel bereits angeführt: Depression, Hoffnungslosigkeit, Schuldgefühle, Versagen, Frustration und Verzweiflung. Der permanente Druck, das Unlösbare lösen zu müssen, kann jemanden wie zwischen Mühlsteinen zerreiben. Depression schleicht sich ein aufgrund der Versagens- und Schuldgefühle, als wenn das Kind irgendwie Schuld an allem habe. Diese Gefühle werden von einer unbestimmten Verantwortung gesteigert, die das Kind für das Wohlergehen der Familienmitglieder auf sich nimmt. Weil das Kind nicht weiß, wie es sich von dieser Verpflichtung befreien soll, führt das andauernde Versagen zu diffusen Schuldgefühlen.

In seltenen Fällen gelingt es dem Kind, von der Umgebung Unterstützung zu erhalten. Aber auch dann können diese Sicherheit und dieser Schutz nur von kurzer Dauer sein, da Außenstehende die Probleme, denen sich die Familie gegenübersieht, nicht lösen können. Aber auch solche begrenzte Unterstützung kann die Suizidgefährdung stark verringern. Des weiteren bewirkt das wiederholte Gefühl zu versagen langsam eine Verringerung des Selbstwertgefühls. Das Kind beginnt, sich selbst als wertlos, nutzlos, als eine leere Hülle zu empfinden. Die Anhäufung solcher Gefühle schafft die Voraussetzung für Passivität gegenüber sich selbst und anderen: "Nichts kann mehr irgendetwas gut machen." Wenn die Initiative fehlt, werden die Erwartungen an die Zukunft dunkel und bestürzend. Ein weiterer Grundstein für die Depression ist gelegt.

Entfremdung und Isolation fordern ihren Tribut. Anfangs fühlt sich das Kind von den Eltern entfremdet. Mit der Zeit verliert es den Bezug zu sich selbst und anderen. Es fühlt sich mißverstanden und enttäuscht und beginnt Trost in noch stärkerer Isolation zu suchen. In seiner einsamen und stillen Abgeschiedenheit werden die Stimmen der Negation und Zerstörung lauter.

Die Wahlmöglichkeiten des Kindes verschwinden langsam. Anfangs macht noch die Familie das Bestreben des Kindes nach Unabhängigkeit zunichte, mit der Zeit jedoch beginnt es selbst, die Welt wie in einem engen Tunnel wahrzunehmen, es unterdrückt seine eigene Kreativität. Alles bekommt eine eindeutige Färbung, Schwarz oder Weiß. Der innere Malstrom bildet den emotionalen Hintergrund für das gewaltsame Ultimatum: "Entweder, ich bekomme, was ich will, oder es gibt keinen Grund mehr zu leben." Ein Patient brachte es auf den Punkt: "Ich gebe dem Leben eine letzte Chance. Entweder bringt mich etwas aus dieser Misere heraus, oder es gibt keinen Grund mehr für mich, am Morgen aufzustehen. In dieser Welt mach' ich es nicht mehr lange."

Das unlösbare Problem ist nicht der einzige Faktor beim Suizid. Es ist jedoch eindeutig ein zentrales Element in der Gesamtheit der Dynamiken, die zur Selbstzerstörung führen. Es verleiht Problemen, mit denen man unter anderen Umständen hätte umgehen können, eine zerstörerische Tendenz. Erwachsene mögen dazu in der Lage sein, mit dem Phänomen unlösbarer Probleme umzugehen, indem sie sie als vorübergehend bewerten. Aber für das Kind sind sie eine Sache auf Leben und Tod.

X

Anziehung und Abwehr von Leben und Tod

Ein neuer Weg zum Verständnis suizidalen Verhaltens

Dieses Kapitel stellt ein umfassendes Gefüge vor, das Forschungsergebnisse, klinische Beobachtungen und Theorien über den Suizid von Kindern miteinander verbindet. Obwohl es sehr allgemein gehalten ist, kann dieses Konstrukt zu einem Verständnis des Suizids aus phänomenologischer Sicht beitragen. Auch ist es bei der Evaluierung von selbstzerstörerischem Verhalten hilfreich. Außerdem vermittelt es einen Leitfaden für die Behandlung von und die Vorbeugung gegen den Suizid von Kindern.

Ambivalenz gegenüber Leben und Tod

Eines der beeindruckendsten Merkmale suizidaler Kinder ist ihre Ambivalenz gegenüber Leben und Tod. Bei diesen Kindern mischen sich Leid mit Freude, Hilflosigkeit mit Aktivität und Gefühle der Wertlosigkeit mit dem Ausdruck von Begabungen und Leistung. Ihre Ambivalenz tritt in der Beziehung zum Tod besonders stark hervor. Zum einen Zeitpunkt kann ein Kind sein Bild vom Tod so stark verzerren, daß es scheint, als verstünde es nicht, was der Tod bedeutet. Es kann den Tod als ersehntes Ziel betrachten und meinen, er sei allemal besser als das Leben. Manchmal dann wieder, nur Augenblicke später, oder wenn sich die Lebensbedingungen ändern, kann dasselbe Kind größere Einsicht in den Tod und mehr Angst davor entwickeln als normale Kinder.

Diese Ambivalenz gegenüber Leben und Tod tritt auch in den Handlungen des Kindes zutage. Auch wenn das Hinabgleiten des Kindes hin zum Suizid im Ganzen ein stufenweiser geradliniger Abstieg ist, ist dieser doch voll von Gedanken-, Gefühls- und Verhaltensschwankungen. Zum einen Zeitpunkt kann ein Kind sich an den Felsen zerschmettern wollen, dann aber, nur wenige Tage später, sich mit aller Macht an das Leben klammern. Diese Schwankungen treten jedoch immer um den destruktiven Kern herum auf, der erhalten bleibt, wenn nichts Einschneidendes passiert oder eine drastische Änderung im Leben des Kindes auftritt. Die Ambivalenz der Kinder gegenüber Leben und Tod zeigt sich im alltäglichen Verhalten, wie dies die Beobachtung der Spiele suizidaler Kinder in ihrer normalen Umgebung in der Schule ergab (*Orbach* et al., 1981). Dieselben Kinder, die in der Therapiesitzung von Leid und Verzweiflung gepeinigt beobachtet werden, können auf dem Spielplatz die größte Ausgelassenheit zeigen, mit den anderen Kindern und in ihren Gefühlsregungen zeigen sie sich dann äußerst aktiv. Leider lassen diese schnellen Verhaltensänderungen die Illusion entstehen, daß solche Kinder nicht in der Lage seien, tiefes Leid zu empfinden; daher werden ihre Selbstmordversuche oft als bloße Manöver eingeschätzt, Aufmerksamkeit zu erregen.

Die überspannten Verhaltensänderungen spiegeln die innere Erfahrungsorganisation der Kinder wider. Sie können ihre Verzweiflung für eine Zeit lang leichter vergessen als Erwachsene, da sie in größerem Ausmaß von Umgebungsreizen beeinflußt werden. Dieser Unterschied besagt oder beweist nicht, daß ihre Verzweiflung in irgendeiner Weise geringer sei als die von Erwachsenen. Viele, die von den plötzlichen Änderungen des kindlichen Verhaltens in die Irre geführt wurden, glauben, daß der Suizid von Kindern das Ergebnis eines momentanen Impulses ist. Eine solche Sichtweise mißachtet die zugrundeliegende Verzweiflung und die Phänomenologie des Leids von Kindern.

Vier Grundhaltungen

An seinem Ausgangspunkt kreist der Suizid von Kindern um einen Grundkonflikt in der Einstellung gegenüber Leben und Tod. Dies ist mehr als der Konflikt zwischem dem Wunsch zu leben und dem Wunsch zu sterben. Eher tauchen die Konflikte in jedem Zusammenhang für sich auf. Man kann von vier Arten konflikthafter Haltungen sprechen: Lebensanziehung und Lebensabwehr, Todesanziehung und Todesabwehr. "Haltung" bezieht sich in diesem Zusammenhang auf ein Gefüge von Ideen, Wahrnehmungen, Einschätzungen und Motiven, die zusammenwirken und eine Erfahrungsqualität oder einen einzigartigen Geisteszustand entstehen lassen. Lebensanziehung entsteht aus Gefühlen der Freude und des Glücks, die durch positive Erfahrungen mit anderen entstehen. Lebensabwehr schließt die Erfahrung von Schmerz und Leiden ein, die durch Angst, Frustration und Spannung entsteht. Gleichermaßen bündeln sich einige dieser Gefühle, Einschätzungen und Vorstellungen zu einer Erfahrung der Todesanziehung, andere zu seiner Abwehr.

Diese vier Haltungen von Anziehung und Abwehr gegenüber dem Leben und dem Tod sind in jedem Menschen vorhanden. Das relative Gleichgewicht dieser Antriebskräfte unterscheidet sich jedoch bei einem normalen Menschen von dem bei jemandem, der sich in großer Not befindet. Außerdem befindet sich das Gleichgewicht dieser Haltungen im Verlauf des Lebens in andauernder Bewegung. Ein bestimmender Faktor bei der Entwicklung hin zum Suizid ist die spezifische Balance zwischen diesen Haltungen.

Die diesem Modell zugrundeliegenden Überlegungen – die davon ausgehen, daß Suizid das Ergebnis eines bestimmten Gleichgewichts zwischen gegensätzlichen Haltungen ist und daß dieses Gleichgewicht sich aufgrund der Lebensbedingungen verändert – werden durch eine Anzahl von Studien gestützt. Eine Studie (*Kovacs* und *Beck*, 1977b) ermittelte, daß Erwachsene, die sich nach einem Selbstmordversuch im Krankenhaus befanden, sowohl ihrem Wunsch zu leben Ausdruck gaben, wie auch dem Wunsch zu sterben. Außerdem standen diese Motivationen in Wechselwirkung mit der Ernsthaftigkeit des Selbstmordversuches. Andere Untersuchungen (*Leviton*, 1971; *Neuringer*, 1970) ergaben, daß Variationen in der Ausprägung der Anziehungskraft von Leben und Tod mit den Veränderungen in den individuellen Lebensbedingungen korrelierten. Wenn also die Haltungen gegenüber Leben und Tod erfaßt werden können, könnten Suizidhandlungen besser verständlich werden. Intervention oder Vorbeugung würde in diesem Licht die Herstellung eines neuen, positiveren Gleichgewichts einschließen. Welche Faktoren sind bestimmend für diese Haltungen?

Die *Lebensanziehung* beim Individuum wird beeinflußt durch Gefühle der Sicherheit in zwischenmenschlichen Beziehungen, durch die Liebe, die es von anderen erhält, die Befriedigung der Grundbedürfnisse, das Vorhandensein von Schutz und Ermutigung, durch Gefühle der Selbstliebe und Selbstachtung und durch positive Rückmeldungen durch die Umgebung. Daneben wird die Lebensanziehung auch von der Art und Weise bestimmt, in der das Individuum aufgrund seiner Anlagen, seiner Ichstärke und den verschiedenen Abwehrmechanismen, über die es verfügt, mit Problemen umgeht. Ein Kind kann so zum Beispiel Frustrationserlebnisse mindern, indem es Kompromisse eingeht oder seine Erwartungen verringert, und indem es Kritik annimmt. Derartige Bewältigungsmechanismen können Gefühle des Versagens und der Anspannung gegenüber der Umwelt verringern. Im allgemeinen beruht die Lebensanziehung auf Stärken der Persönlichkeit und der Unterstützung, die sie von der Umgebung erhält. Diese Lebensanziehung verhindert Selbstzerstörung.

Gefühle der *Lebensabwehr* spiegeln Leid und Qual wider, die das Individuum erlebt. Hier können wir die ganze Bandbreite von Erfahrungen anführen, die sich auf Suizid beziehen: Konfrontation mit unlösbaren Problemen, Tod eines geliebten Menschen, Scheidung der Eltern, physische und emotionale Mißhandlung, Zurückweisung, zerstörende Botschaften, Isolation und Entfremdung. Wir müssen in diesem Zusammenhang auch die zerstörerischen Dynamiken der symbiotischen, fordernden oder zum Sündenbock stempelnden Familie sehen. Ebenso einzuschätzen sind schlechte, unbefriedigende Beziehungen zu Gleichaltrigen und Erwachsenen. Internalisierung von destruktiven Tendenzen oder die Identifikation mit depressiven suizidalen Eltern fällt ebenfalls in diese Kategorie.

Bestimmte Persönlichkeitsdispositionen tragen ebenfalls zur Lebensabwehr bei. Hier sind vor allem sadomasochistische Tendenzen zu nennen, die Unfähigkeit, Kompromisse zu schließen, hohe Ansprüche an sich selbst, überhöhte Erwartungen der Umgebung, emotionale Hemmungen, geringe Selbstachtung, Selbstabwertung und ungenügende Problemlösungsfähigkeit. Im allgemeinen spiegelt die Lebensabwehr die Stärke des Konflikts mit der Umgebung und sich selbst. Sie kann als eine treibende Kraft hin zur Selbstzerstörung angesehen werden.

Die Haltung gegenüber dem Tod ist nicht einfach die Antithese zur Haltung gegenüber dem Leben, sondern Ausdruck einer unabhängigen geistigen Kraft, die aus der unvermeidlichen Konfrontation mit dem Tod entspringt. Interesse am Tod resultiert sowohl bei Kindern wie bei Erwachsenen nicht nur aus leidvollen Erfahrungen, sondern ist ein wesentlicher Bestandteil des Lebens.

In der *Todesanziehung* wird der Glaube wirksam, daß der Tod eine Form physischer oder emotionaler Existenz sei, die dem Leben überlegen und ihm daher vorzuziehen sei. Bei Kindern wird die Anziehung durch den Tod oft durch Vorstellungen getragen, zu einem Gott zu gehen, zu einem liebevollen, väterlichen Wesen; im Tod würden alle Wünsche erfüllt, der Tod sei auch wieder rückgängig zu machen. Jugendliche, die mit solch existenziellen Fragen wie der nach der Bedeutung des Lebens ringen, verklären den Tod häufig zu einem Zustand mystischer Vereinigung mit dem Universum, einer übernatürlichen Kraft oder der Natur. Manche Jugendliche glauben, daß man im Sterben eine Einheit mit einer großen Macht findet, die Schutz und Stärke bietet. Wenn Jugendliche sich dem Suizid nähern, suchen sie oft Auskunft über den Tod in Diskussionen, Lektüre und Introspektion, und sie kommen zu der scheinbar kühlen und logischen Feststellung, daß sie ausgeschöpft hätten, was das Leben zu bieten hat und nun in aussichtsreichere Welten übergehen könnten. Die Umgebung der Jugendlichen macht dann oft den Fehler, auf ihre philosophischen Fragen auf dem gleichen intellektuellen Niveau einzugehen und läßt die emotionale Bedeutung des Fragens außer acht.

Wir haben bereits gesehen, daß die Einschätzung vom Tod als heiterer und friedlicher Ruhe im Grunde eine Abwehrfunktion hat. Diese zweifache Bedeutung der Todeseinschätzung von Kindern wie auch von Erwachsenen ist völlig normal und nicht nur die Auswirkung von Leid und Qual. Es ist ein Wesenszug des Menschen, der von der persönlichen Erfahrung, der Religion und Kultur ausgestaltet wird. Bei suizidalen Menschen bekommt die Todesanziehung jedoch ein größeres Gewicht und wird zur treibenden Kraft der Selbstzerstörung.

Die *Todesabwehr* ist sogar auch bei Menschen mit starken Tendenzen zur Selbstzerstörung bemerkenswert. Diese Haltung entsteht aus der realistischen, beängstigenden Wahrnehmung des Todes als unwiderrufliches Ende und Vernichtung, sie wird allerdings individuell auch von der inneren Welt des Individuums gefärbt. So können extreme Schuldgefühle sich in der Erwartung ausdrücken, nach dem Tode schwer bestraft zu werden. Die Angst vor der Einsamkeit findet Ausdruck in der Vorstellung, der Tod sei ein furchtbarer Zustand ewigen Alleinseins. Menschen können glauben, daß sie diese Einsamkeit, die drückende Last und Feuchtigkeit des Grabes tatsächlich *erleben* werden; bisweilen werden solche exzentrischen Vorstellungen im Ton kühler, logischer Analyse vorgetragen.

Todesabwehr ist eine Kraft, die uns von der Selbstzerstörung abhält. Sie existiert auch bei Menschen, die einen Selbstmord erwägen und sogar bei denjenigen, die die ersten Schritte in diese Richtung unternommen haben: "Wenn ich den Mut hätte, würde ich es tun." Die Stärke dieser Kraft kann jedoch leicht abnehmen.

Die Annäherung an das Phänomen Suizid aus der Perspektive gegensätzlicher Haltungen gegenüber Leben und Tod erlaubt die Formulierung einer relativ einfachen Hypothese bezüglich der unterschiedlichen Ausprägung dieser Haltungen bei Menschen mit und ohne suizidalen Tendenzen. Es könnte vermutet werden, daß die meisten Menschen sehr vom Leben angezogen und vom Tod abgestoßen werden, während sie eine geringe Todesanziehung und geringe Lebensabwehr zeigen; im Gegensatz dazu könnte man bei suizidalen Menschen eine starke Abwehr gegenüber dem Leben und eine geringe Abwehr gegenüber dem Tod, eine starke Todesanziehung und eine geringe Lebensanziehung vermuten.

Der Fall eines zehnjährigen Jungen, der zahlreiche Selbstmordversuche unternommen hatte, liefert eine klinische Stütze für diese Hypothese. Wenn er von Leben und Tod sprach, schien der Junge unseren theoretischen Vorstellungen Wort für Wort zu folgen. In einer der ersten Therapiesitzungen wurde er nach seinen Gedanken über den Tod gefragt und danach, was passieren würde, wenn er stürbe. Er antwortete: "Ich sehe es als zwei lange, dunkle Hallen. Eine Halle ist der Tod und die andere das Leben. Ich gehe durch die Halle Leben und es gibt da zwei Zimmer. Ein Zimmer ist dunkel und beängstigend und das andere ist voller Licht und sieht interessant aus. In dem Zimmer mit dem Licht gibt es viele Sachen, die Spaß machen, wie Spielsachen und Spiele, und es ist schön, dort zu sein. Wenn ich dieses Zimmer verlasse und in das andere gehe, ist es dunkel und beängstigend, es gibt da alle Arten von Stimmen und Geräuschen, und ich habe Angst davor, dort zu sein. In der Halle des Todes sind auch zwei Zimmer. Eines ist schön und ruhig und es ist gut, dort zu sein, und das andere ist das schlimmste von allen. Es ist vollkommen furchtbar da, und ich renne schnell in die Halle und gehe weiter, bis ich zu einer Wand gelange und nicht mehr weitergehen kann. Also drehe ich mich um und sehe, daß plötzlich eine andere Wand vor mir steht und ich nicht mehr vor noch zurück kann."

Evaluierende Studien zum Konzept

Dieses Konzept wurde in mehreren Untersuchungen evaluiert, die die relative Ausprägung der vier Schlüsselhaltungen von Kindern mit suizidalen Tendenzen mit der von Kindern ohne solche Tendenzen verglichen (*Orbach* et al., 1983; *Orbach* et al., 1984). Um die Ausprägung der vier Haltungen zu messen, wurde ein Test aus verschiedenen Geschichten entwickelt, die jeweils eine andere Haltung gegenüber Leben und Tod repräsentierten. Jede Geschichte präsentierte ein Dilemma, das das Kind lösen sollte. Die Antworten des Kindes spiegelten seinen Identifizierungsgrad mit der dargestellten Haltung wider. Die erste Geschichte, die die *Lebensanziehung* ermittelte, ähnelt dem Märchen von Pinocchio. Ein geschickter Zimmermann bastelt eine Puppe, die so lebendig wirkt, daß er sie in einen richtigen Jungen verwandeln will. Im Test wird das Kind gefragt, ob es sich für die Puppe lohnt, sich in ein richtiges Kind zu verwandeln. Das Kind kreuzt in einer Punkteskala an, in welchem Ausmaß es der Mühe wert ist, die Puppe lebendig zu machen. Schließlich wird das Kind aufgefordert, seine Entscheidung zu erklären.

Die Geschichte, die *Lebensabwehr* erhebt, handelt vom Thema

Zurückweisung: Ein Zebra wird von den anderen Tieren seiner Herde ausgestoßen, sie mögen es nicht, schließen es von ihren Spielen aus, und bei Gefahr wird es nicht von der Herde geschützt. Das Zebra kann sich entscheiden, ob es sich in ein unbelebtes Objekt verwandeln und so sein Leid beenden will. Hier fragt der Test, ob es für das Zebra richtig wäre, ein unbelebter Gegenstand zu sein.

Die Geschichte zur Messung der *Todesanziehung* ist die Beschreibung eines unglücklichen Pferdes, das die schimmernde Marmorstatue eines Hengstes in der Stadtmitte sieht. Später, als das Pferd eine schwere Last durch Regen und Schlamm ziehen muß, überlegt es, ob es nicht lieber den Platz mit der Statue tauschen sollte. An diesem Punkt wird das Kind um seine Meinung gefragt. Diese Geschichte verleiht einem unbelebten Objekt, das den Tod repräsentieren soll, eine gewisse Verlockung.

Die letzte Geschichte ermittelt die *Todesabwehr*. Ein häßliches Entlein sehnt sich danach, ein Schwan zu werden. Es erhält die Möglichkeit, ein schöner Schwan zu werden, unter der Bedingung, sein Leben aufzugeben. Spontan entschließt sich das Entlein, ein Schwan zu werden. Als seine Entenfreunde es am nächsten Morgen als hölzernen Schwan leblos auf dem Wasser treiben sehen, beschließen sie, dieselbe Wahl zu treffen. An diesem Punkt der Geschichte wird das Kind aufgefordert, einen Standpunkt zu beziehen und seine Meinung zu äußern.

Die Geschichten haben einige gemeinsame Merkmale. Alle basieren auf bekannten Märchen, deren Helden Tiere sind. Leben und Tod werden dargestellt durch die Verwandlung von lebenden Wesen in unbelebte Dinge, eine anerkannte Art, den Tod für Kinder literarisch zu behandeln. Die Kinder können sich mit Tieren in Erzählungen gut identifizieren, und halten dabei doch eine gewisse Distanz aufrecht. Daher kann das Kind ohne zu starke Angstgefühle reagieren. Zwei Erhebungen zu den vier Geschichten wurden durchgeführt, um die Zuverlässigkeit der Antworten nach einem gewissen Zeitraum zu überprüfen.

Die erste Studie (*Orbach* et al., 1983), in der diese Geschichten benutzt wurden, verglich suizidale mit nichtsuizidalen Kindern zwischen sechs und zwölf Jahren. Die beiden Geschichtensammlungen wurden den Kindern in einem Zeitintervall von einigen Wochen vorgelegt. Veränderungen in der geistigen Entwicklung der suizidalen Kinder wurden während dieser Zeit kontrolliert.

Auffallende Unterschiede traten in den Grundhaltungen der beiden Gruppen auf. Die suizidalen Kinder empfanden das Leben als abschreckender und weniger anziehend, den Tod anziehender und weniger abschreckend als die nichtsuizidalen Kinder. Erstaunlicherweise trat der geringste Unterschied zwischen den beiden Gruppen bei der Lebensanziehung auf.

Die innere Organisation der Haltungen bei den beiden Gruppen differierte auffällig. Suizidale Kinder werden im gleichen Ausmaß von Leben und Tod angezogen wie auch abgeschreckt. Sie haben jedoch eine tiefere Einsicht in die verschiedenen Aspekte von Leben und Tod. Im Vergleich dazu haben normale Kinder weniger Konflikte auf diesem Gebiet. Dem normalen Kind fehlt ein Bewußtsein über und ein Empfindungsvermögen für die verschiedenen Aspekte von Leben und Tod. Diese Ergebnisse stützen die Einschätzung, daß Suizid aus einem starken Konflikt zwischen unterschiedlichen Kräften entsteht und nicht der Endpunkt eines einzigen gleichgerichteten Prozesses ist.

Ein anderes Ergebnis dieser Studie war, daß nur eine Haltung – nämlich Todesanziehung – sich aufgrund eines Wandels der Gefühlslage der suizidalen Kinder veränderte. Je stärker die Neigung zum Suizid wurde, um so stärker wurde die Todesanziehung und umgekehrt. Dieses Ergebnis bestärkt die Annahme, daß Todesanziehung eine Defensivstrategie ist, die aktiv wird, wenn das Kind ernsthaft beginnt, einen Suizid ins Auge zu fassen. Diese Messung der Todesanziehung ist also für die Stimmungsschwankungen des Kindes empfänglich und kann dafür benutzt werden, das unmittelbare Risiko eines kindlichen Selbstmordimpulses zu ermitteln.

Wie bereits erwähnt, unterscheiden sich suizidale Kinder bezüglich der Lebensanziehung nicht auffällig von normalen Kindern. Dieses Ergebnis besagt, daß suizidale Kinder keineswegs das Leben völlig abgelehnt haben. Ihr Wunsch zu leben bleibt sehr stark, auch in Krisenzeiten und vielleicht sogar zum Zeitpunkt der suizidalen Handlung. Es wäre ein Fehler anzunehmen, daß suizidale Kinder völlig mit dem Leben abgeschlossen hätten oder restlos verzweifelt wären. Auch wenn sie in Bedrängnis sind und Zuflucht im Tod suchen, bleibt der Grundwille zu leben bestehen. Der Konflikt zwischen den inneren Kräften ist es, der dem suizidalen Zustand seine widersprüchliche Erscheinungsform verleiht.

Im ganzen gesehen stimmen die Forschungsergebnisse mit der theoretischen Annahme des phänomenologischen Konzepts überein. Sie verdeutlichen, daß der Suizid ein dynamischer Prozeß ist, der eine einzigartige Balance zwischen bestimmten Kräften beinhaltet. Kinder mit suizidalen Tendenzen behalten ihr Verlangen zu leben; ihre Todesanziehung ist primär ein Schutzmittel, das allerdings ihre selbstzerstörerischen Tendenzen fördert.

In einer zweiten Studie (*Orbach* et al., 1984) wurden viele Ergebnisse der ersten Studie bestätigt. Die Untersuchungsgruppe wurde ausgeweitet und umschloß hier auch eine Gruppe von Kindern mit chronischen und tödlichen Krankheiten wie z. B. Krebs. Diese Kinder müssen sich aufgrund der sehr realen Bedrohung ihres Lebens durch die Krankheit mit Fragen um Leben und Tod auseinandersetzen. Man kann vermuten, daß sie aufgrund ihres Kampfes mit dem Tod eine höhere Lebensanziehung empfinden als sowohl die gesunden wie auch die suizidalen Kinder. Auf der anderen Seite müßte ihre abwehrende Todesanziehung stärker sein als bei gesunden Kindern, jedoch geringer als bei den suizidalen Kindern, weil ihre besondere Situation eine Konfrontation mit dem Tod erfordert, die sie dazu bringt, solche Schutzmechanismen wie eine verzerrte Vorstellung vom Tod anzuwenden. Zusätzlich wurde angenommen, daß die Todesabwehr der kranken Kinder in ihrer Ausprägung zwischen der der gesunden und der suizidalen Kinder liegen würde.

Alles in allem wiederholten sich in dieser Studie die Ergebnisse der früheren und bestätigten die Hypothesen bezüglich der todkranken Kinder. Die drei Gruppen zeigten gleichermaßen hohe Lebensanziehung. Die chronisch kranken Kinder zeigten die größte Todesabwehr, aber ihre Todesanziehung war fast genauso hoch wie die der suizidalen Kindern. Auf bestimmte Weise zeigten die kranken Kinder denselben inneren Konflikt zwischen Leben und Tod wie die suizidalen Kinder – ein Konflikt, der wahrscheinlich teilweise mit ihrer leidvollen Krankheit und den schmerzhaften Behandlungen zusammenhängt. Andererseits zeigten sie eine ähnliche Ausprägung der Todesabwehr wie die gesunden Kinder.

Ein weiteres Ergebnis scheint Bedeutung für die klinischen Folgerungen des phänomenologischen Konzepts zu haben. Bei den kranken Kindern traten offenkundig Veränderungen in den Haltungen gegenüber Leben und Tod parallel zu den Fortschritten und Rückschlägen bei ihrer Krankheit auf. Frühere Forschungen über chronisch kranke Kinder (*Kellermann* et al., 1980) hatten ähnliche Verhaltens-, Angst- und Stimmungsschwankungen ergeben, dazu Kontrollansprüche über die Umgebung aufgrund des Krankenstatus. Die wichtigste Erkenntnis dieser Studie ist die Identifikation der einzigartigen Konstellation der Haltungen gegenüber Leben und Tod bei chronisch kranken und todkranken Kindern. Diese Ergebnisse bestätigen das phänomenologische Modell und die Möglichkeit, Kinder und ihr Verhalten anhand der vier Haltungen gegenüber Leben und Tod zu charakterisieren.

Das phänomenologische Modell dient nicht nur zum Verständnis von Suizid und Tod. *Orbach* und *Florian* (1986) untersuchten seine Anwendbarkeit auf Kinder aus unterschiedlichen sozialen und kulturellen Milieus. Die Studie verglich die Haltungen von religiösen und nichtreligiösen Jungen und Mädchen. Die Forschungsmethode war der in den beiden früheren Studien angewandten ähnlich, mit einer Erweiterung: die Kinder wurden aufgefordert, ihre Antworten auf jede Geschichte rational zu begründen und zu rechtfertigen. Die Antworten der Kinder wurden aufgrund ihres Inhaltes eingeordnet – zum Beispiel, "Flucht vor emotionalem oder physischem Schmerz", "Suche nach neuen Erfahrungen", "Selbstverwirklichung".

Im allgemeinen waren die Haltungen der religiösen und nichtreligiösen Kinder jenen vergleichbar, die von den "normalen" Gruppen in den früheren Studien gezeigt worden waren. Der einzige Unterschied war, daß die religiösen Jungen und Mädchen eine etwas stärkere Todesanziehung äußerten. Größere Unterschiede traten in den rationalen Begründungen für diese Haltungen auf. Hier differierten die Antworten der religiösen Mädchen von denen der anderen Kindern. Die religiösen Mädchen begründeten die meisten ihrer Antworten mit dem Bedürfnis nach Selbstverwirklichung, dagegen hoben die anderen Gruppen das Bedürfnis nach zwischenmenschlichen Beziehungen als wichtigsten Grund für ihre Antworten hervor.

Die im Kern ähnlichen Antworten durch die verschiedenen Gruppen hindurch sprechen für die Stärke des phänomenologischen Modells. Die wenigen Unterschiede treffen auch intuitive Auffassungen der Todesvorstellung religiöser Menschen. Die stärkere Todesanziehung der religiösen Kinder spiegelt ihren Glauben an ein Leben nach dem Tod wider und ist als solche eher ein Ausdruck kultureller und religiöser Normen als eine Verzerrung der Vorstellung von Tod.

Die relativ große Bedeutung der Selbstverwirklichung für die religösen Mädchen kann ebenfalls aus religiösen und kulturellen Faktoren erklärt werden. Die Mädchen in der Untersuchungsgruppe waren religiös, aber nicht ultra-orthodox, so lernen sie weltliche Vorstellungen der Selbstverwirklichung kennen, werden aber durch die sie umgebenden kulturellen Normen in die traditionelle Hausfrauenrolle gedrängt. Diese Situation scheint bei solchen Mädchen Konflikte hervorzurufen; daher färbt der Begriff der Selbstverwirklichung viele ihrer Haltungen gegenüber dem Leben und dem Tod.

Praktische Anwendungen des Modells

Die drei Studien bestätigen die Stichhaltigkeit des phänomenologischen Modells. Es leistet einen wichtigen Beitrag zum Verständnis der Dynamiken des Suizids und erleichtert die Diagnosestellung und die Prognose des Suizidrisikos bei Kindern. Es kann klinisch angewandt werden, um die Gefahr von bestimmten selbstzerstörerischen Verhaltensweisen zu bewerten, auch wenn keine genauen Informationen über die Ausprägung der vier entscheidenden Haltungen vorliegen. Die in diesem Abschnitt vorgestellten Prinzipien können im klinischen Setting benutzt werden, um selbstzerstörerisches Verhalten zu bewerten und zu behandeln.

Bewertung

Die Anwendung des theoretischen Modells beginnt mit einer allgemeinen Situationsbewertung, dem Kennenlernen der Familienmitglieder und einer Einschätzung der Dynamiken in ihren Beziehungen zueinander. Wenn möglich, kann man externe Informationsquellen wie Lehrer oder Hausärzte heranziehen. Die gesammelten Eindrücke können nach den vier Haltungen gegenüber Leben und Tod kategorisiert werden. Faktoren wie harte Bestrafungen in der Familie, Scheidung der Eltern, Leistungsversagen, offenkundige Ablehnung und überhöhte Forderungen können alle als Beiträge zum Phänomen des Leidens angesehen werden und daher auch als Kräfte, die zur Ablehnung des Lebens beisteuern. In ähnlicher Weise wird die Lebensanziehung von Faktoren im Leben des Kindes bestimmt, die zu seinem Wohlbefinden beitragen: Geborgenheit, Fähigkeiten und Talente, Leistungen, sozialer Status und andere positive Erfahrungen.

Haltungen gegenüber dem Tod können aufgrund eines Gesprächs oder der Bewertung einer Todesphantasie erkannt werden. Durch die Untersuchung dieser Phantasien kann man erkennen, ob das Kind Tod als etwas ansieht, das die Fehler des Lebens "korrigiert". Zum Beispiel versinnbildlicht die Aussage eines Mädchens, daß wenn es sterbe, "Gott mich in einen Jungen verwandeln wird" oder "mich zu meinem toten Hund bringt" den verzweifelten Wunsch nach Veränderung. Die Vermutung scheint begründet, daß ihre Worte eine Reaktion auf die Zurückweisung durch die ihr nahestehenden Menschen oder auf die Konfrontation mit einem unlösbaren Problem sind.

Bei direkten Fragen an Kinder über ihre Motive für den Selbstmord muß man vorsichtig sein. Innere Erfahrungen sind nicht immer angemessen in Worte oder rationale Begründungen umzusetzen.

Außerdem versteht das Kind nicht immer bewußt die Gründe für seinen Todeswunsch. Wegen ihrer unsicheren und symbolhaften Aussage scheinen die Antworten des Kindes oft irrelevant zu sein. Ein Kind mag erklären, daß es sich töten wolle, weil die Eltern "mir nicht so ein Fahrrad gekauft haben wie meiner älteren Schwester." Eine Antwort dieser Art kann in die Irre führen, wenn man das symbolische Element der Zurückweisung nicht erkennt.

Bei der Bewertung des Schweregrades suizidalen Verhaltens sollte man auf einige Faktoren achten, die sich offenbar besonders zerstörerisch auswirken: die Existenz eines unlösbaren Problems, elterliche Depression, Todesfälle in der Familie, Mangel an emotionaler Sicherheit, Entfremdung und überhöhte elterliche Anforderungen. Um das Bild abzurunden, sollte man den kulturellen und religiösen Hintergrund der Familie kennenlernen, insbesondere die Einstellungen hinsichtlich Tod und Suizid.

Der Wert des phänomenologischen Modells für die Unterscheidung zwischen ernsten und weniger ernsten Suiziddrohungen wurde kürzlich demonstriert (*Orbach*, 1986). In dieser Studie wurden die Fallgeschichten zweier junger Mädchen miteinander verglichen. Der erste Fall war der eines zwölfjährigen Mädchens, das verbal mit Selbstmord drohte und begann, Schlaftabletten zu sammeln. Sie war eine gute Schülerin, ihre Noten wurden jedoch zunehmend schlechter. Sie war sozial akzeptiert, setzte sich jedoch ständig selbst herab. Auf ihre jüngere Schwester, die, wie sie spürte, von den Eltern mehr gemocht wurde, war sie eifersüchtig. Ihre ganze Familie lebte in einer verworrenen Atmosphäre konstanter Spannung und Rivalität. Diese Atmosphäre entstand durch die Sorge des Vaters, seine Frau könnte ihn verlassen. Er war ein autoritärer, aber abhängiger Mann, der der ganzen Familie seinen Willen aufnötigte und Unterwerfung verlangte. Dieser Familienkonflikt belastete das junge Mädchen. Sie litt unter den Spannungen und Auseinandersetzungen und fürchtete, die Eltern würden sich scheiden lassen. Den Ärger der Eltern wollte sie auf sich ziehen, um die zerstörerischen Auseinandersetzungen zu verhindern. Sie empfand es als ihre Aufgabe, die Familie zusammenzuhalten.

Dieses Mädchen wurde jedoch nicht zur Lösung eines unlösbaren Problems gezwungen, auch wurde sie nicht von den Eltern mißhandelt, und weder sie noch ein anderes Familienmitglied war klinisch depressiv. Beide Eltern fühlten sich ihr gegenüber schuldig und versuchten sie zu schonen. Daneben boten die Großeltern mütterlicherseits ihr große Geborgenheit, und sie konnte sich an sie um Trost wenden, wenn sie verzweifelt war. Als das Thema Tod im Gespräch mit ihr direkt angesprochen wurde, schien sie überrascht. Es schien fast, als wäre ihr dieser Gedanke nie gekommen. Sie glaubte nicht an ein Leben nach dem Tod und hatte eine sehr realistische Einschätzung vom Sterben. Der Gesamteindruck, der aus der Fallgeschichte dieses Mädchens entstand, war der, daß die Balance der Kräfte, trotz der Probleme, eher auf ein geringes Suizidrisiko hinwies.

Der zweite Fall eines siebenjährigen Mädchens zeigt ein höheres Suizidrisiko. Das Mädchen hatte nie über Selbstmord gesprochen, es war aufgrund von Verhaltensstörungen in die Behandlung gekommen. Im Therapiezimmer trat jedoch ihre Beschäftigung mit dem Tod anhand der zwanghaften Spiele rund um dieses Thema zutage. Die Atmosphäre in der Familie war von emotionaler Distanz, Entfremdung und Isolation geprägt. Die Familienbeziehungen wurden auf intellektueller Ebene abgehandelt, Wärme ließen sie vermissen. Es gab keine ins Auge fallenden plötzlichen Veränderungen zu Hause, aber es herrschte eine Atmosphäre der Instabilität. Die Eltern hatten sich in der Vergangenheit getrennt, und wenn sie jetzt auch wieder zusammen waren, so hatte sich doch ihre Beziehung nicht wesentlich verbessert. Am zerstörendsten für das Mädchen war die offenkundige Ablehnung von seiten der Mutter, die sich einen Sohn gewünscht hatte. Diese Zurückweisung wurde durch Konflikte, die aus der Kindheit der Mutter stammten, verstärkt. Die Haltung der Mutter war so deutlich, daß das Mädchen versuchte, die Verhaltensweisen eines Jungen zu übernehmen. Sie spielte nicht mit Mädchen, bestand auf kurz geschnittenem Haar und spielte laut und aggressiv. Dieses Verhalten wurde von den Eltern dann aber heftig kritisiert, so daß das Mädchen in einer unlösbaren Situation gefangen war. Außerdem war sie vollständig isoliert, ohne irgendwelche Freunde, Beziehungen, die ihr Geborgenheit hätten vermitteln können oder Quellen der Liebe. Ihr Pessimismus entfremdete sie weiterhin von ihrer Umgebung. Sie distanzierte sich selbst von anderen Menschen und verbrachte die meiste Zeit mit Haustieren, die ihr einziger Trost waren.

Gespräche über den Tod riefen starke Angstgefühle hervor, sie bestand jedoch mit einer Mischung aus Eigensinn und Furcht darauf, daß es ein Leben nach dem Tod gebe und daß man Tiere wieder zum Leben erwecken könne, wenn man sie füttere. Offensichtlich verursachte ihr die Unterhaltung Unbehagen und Unruhe, und sie klammerte sich an ihre Vorstellung, um sich zu schützen. In ihrer Phantasie über den Tod stellte sie sich vor, sie würde Gott bitten, sie in einen Jungen zu verwandeln, weil sie kein Mädchen sein wollte. Außer ihren Haustieren gab es nichts, was das Leben für sie anziehend machte. In Anbetracht der relativ starken Ausprägung ihrer Haltungen gegenüber Leben und Tod war ihre Prognose schlecht.

Wie diese beiden Fälle zeigen, läßt sich die äußere Erscheinungsform eines Falles nicht immer in eine Prognose für die Zukunft umsetzen. Ein besonderes Augenmerk auf die vier Haltungen und ihre Beschreibung kann die Aufmerksamkeit auf wichtige hintergründige Tatsachen lenken und eine größere Einsicht bieten für nun folgende vorbeugende und therapeutische Maßnahmen.

Behandlung

Das therapeutische Ziel ist es, die zerstörerische Balance aufzulösen und an ihre Stelle ein anderes Gleichgewicht zu setzen, in dem die lebensfördernden Kräfte die Oberhand haben. Dieses Ziel verlangt eine Verstärkung der Lebensanziehung und der Todesabwehr, und umgekehrt die Verminderung der Lebensabwehr und der Todesanziehung. Zum Beispiel hat sich zunehmende Todesfurcht als ein Schutzmechanismus gegen triebhafte Selbstzerstörung als effektiv in Fällen erwiesen, in denen Kinder sich unter einem derartigen Selbstzerstörungszwang befanden, daß sie angebunden werden mußten.

Die zunehmende Todesfurcht kann durch offene, direkte Gespräche über den Tod erzielt werden: "Was ist Tod? Was geschieht mit Menschen, wenn sie sterben? Was wird dir geschehen, wenn du stirbst? Hast du schon mal einen toten Menschen gesehen?" Der Verlauf des Gesprächs erweckt Angstgefühle, vermindert langsam die Anziehungskraft, die der Tod auf das Kind ausübt und bringt es zurück zu einer realistischen Einschätzung vom Tod. Ein Gespräch dieser Art soll keine Lektion oder Erklärung über den Begriff des Todes sein. Die in Kapitel VI beschriebenen Fälle zeigen, daß auch schon kleine Kinder ein ziemlich gutes Verständnis davon haben, was Tod bedeutet. Erklärungen können nur Widerstand hervorrufen. Vielmehr soll das Thema dem Kind dazu dienen, seine Todesphantasien zu entwickeln und deren Unzulänglichkeiten zu erkennen. Wie bereits erläutert, sind verzerrte Vorstellungen über den Tod zerbrechliche Abwehrmechanismen und können einer Überprüfung in der Realität nicht standhalten. Über den Tod zu sprechen kann dem Kind auch die Möglichkeit geben, Gefühle wie Wut oder Rachsucht zu äußern. Das Kind kann großes Vergnügen dabei empfinden, den Schmerz zu beschreiben, den die Eltern durch seinen Tod erleiden werden. Diesem aggressiven Bedürfnis wird während der Therapiesitzung Ausdruck verliehen, dadurch wird der Impuls zu zerstörerischen Handlungen gemindert. Ein ähnlicher Prozeß findet statt, wenn das Kind Phantasien darüber entwickelt, nach dem Tod einen geliebten Menschen wiederzutreffen. Phantasien über ein solches Ereignis reichen aus, um dem Kind beträchtliche emotionale Entlastung zu bieten. Manchmal reagieren Kinder auf solche Gespräche mit intensiven Angstgefühlen und bitten, das Gespräch zu beenden. Von ihrem Gehalt her ist dies eine nützliche Reaktion, das Thema kann zu einem späteren Zeitpunkt, wenn es weniger Angstgefühle auslöst, erneut angesprochen werden.

Die Steigerung der Furcht vor dem Tod und das Vermindern seiner Anziehungskraft sind Methoden, die nur eine zeitweilige Wirkung haben, sie lösen nicht das Problem. Die Therapie muß sich ebenfalls mit den anderen Verhaltensweisen des Kindes beschäftigen. Man kann die Lebensabwehr des Kindes eindämmen, indem man seine Verzweiflung erkennt und auf sie eingeht, unlösbare Probleme identifiziert, Konfliktthemen in der Beziehung der Eltern erkennt und die Belastungen des Kindes vermindert und indem man die Forderungen und Erwartungen an das Kind mehr an die realen Gegebenheiten anpaßt. Beachtet werden müssen Persönlichkeitszüge des Kindes, die zu erhöhter Frustration, sozialer Isolation und geringer Selbstachtung geführt haben. Zu einem bestimmten Zeitpunkt der Therapie muß zwischen den äußerlichen und den tatsächlichen, verborgenen Ursachen für den Konflikt differenziert werden, die Behandlung der Eltern muß dann womöglich getrennt von der des Kindes fortgeführt werden. Diese Verfahrensweise vermindert die aktuelle Belastung des Kindes durch die Probleme der Eltern und ermöglicht beiden Seiten, sich offener und ehrlicher mit ihren schwersten Problemen zu befassen.

XI

Was können wir für suizidale Kinder tun?

Beurteilung und Therapie

Das vorangehende Kapitel endete mit einer schematischen Anwendung des phänomenologischen Modells bei der Anamnese, der Diagnostik und der Therapie. Obwohl es sicher notwendig ist, dieses Modell noch weiter zu verfeinern, kann es doch schon in seiner gegenwärtigen Form nützlich sein, wenn es zusammen mit weiterreichenden diagnostischen und therapeutischen Methoden angewandt wird. In diesem Kapitel wird der Versuch unternommen, einige dieser umfassenderen Formen innerhalb des Gesamtnetzwerkes des phänomenologischen Ansatzes vorzustellen.

Risikoeinschätzung

Eine der Hauptthesen dieses Buches lautet, daß der Suizid von Kindern eher mit bestimmten Lebensumständen in Verbindung steht als mit besonderen Persönlichkeitsmerkmalen. Diese Lebensumstände entstehen zunächst aus Dynamiken und Erlebnissen innerhalb der Familie. Daher muß die Risikoeinschätzung oder die Festlegung angemessener Behandlungsformen im Familiensetting stattfinden. Bewertung und Behandlung des Kindes allein wäre nicht ausreichend.

Wie bereits in vorhergehenden Kapiteln ausgeführt wurde, müssen unterschiedliche Informationsquellen genutzt werden, um die Einstellungen des Kindes gegenüber Leben und Tod zu erkunden. Andere wichtige Bereiche im Leben des Kindes und seiner Persönlichkeit beziehen sich auf seine Leistungen und seine sozialen Erfolge, seine Möglichkeiten, Unterstützung zu finden, seine Beziehungen zu Erwachsenen und seine besondere Rolle innerhalb der Familie. Zusätzlich muß seine Umgehensweise mit Problemen und Frustrationen, seine Impulsivität, Beherrschung, emotionale Offenheit und Flexibilität untersucht werden. Diese ausführliche Auflistung kann zwar alle Aspekte emotionaler Funktionen beinhalten kann, in diesem Kapitel werden aber diejenigen hervorgehoben, die für die Bewertung suizidaler Tendenzen am wichtigsten scheinen. Einige dieser Variablen beziehen sich auf das Familienleben, andere besonders auf das Kind.

Das unlösbare Problem

Die Existenz eines unlösbaren Problems, wie in Kapitel IX des näheren beschrieben, kann nur durch eine Anzahl von Therapiesitzungen mit der ganzen Familie festgestellt werden. Kontakt nur mit dem Kind kann dazu führen, daß man einen zentralen Konflikt übersieht. Besondere Beachtung muß der Verwicklung des Kindes in das Problem wie auch seiner besonderen Rolle bei der Problemlösung gelten. Wie bereits gesagt, gibt es viele Arten unlösbarer Probleme. Einige haben ihre Ursache in tiefen langwährenden Konflikten der Eltern, während andere aus ihrem aktuellen Verhältnis zueinander entstehen.

Elterliche Konflikte: Verleugnung und Idealisierung

Unlösbare Probleme entstehen und wachsen durch schwerwiegende Konflikte zwischen den Eltern. Je schwerer der Konflikt ist, um so größer ist die Wahrscheinlichkeit, daß sich der elterliche Druck auf ein bestimmtes Kind entladen wird. Obwohl ein offener Konflikt zwischen den Eltern eine schwerwiegende Belastung sein kann, führt er mit geringerer Wahrscheinlichkeit zum Entstehen selbstzerstörerischer Tendenzen als versteckte Feindseligkeit, bei der das Bedürfnis der Eltern, eine idealisierte, aber oberflächliche Fassade der Harmonie aufrechtzuerhalten, oft auf Kosten eines Kindes befriedigt wird, das den Sündenbock abgeben muß. Indem ein Kind als problematisch aufgebaut wird, ist es den Eltern möglich, ein sonst harmonisches Bild der Familie aufrechtzuerhalten. Aus demselben Grund werden sie sich jedem Versuch einer Veränderung widersetzen, die ihre Fassade bedrohen würde. Der einzige Ausweg des Kindes kann in suizidalem Verhalten liegen. Elterliche Konflikte, die zu Selbstmordtendenzen führen, sind nicht notwendigerweise auf bestimmte Bereiche von Unstimmigkeiten beschränkt. Eine häufige Konfliktursache ist jedoch der unterschwellige Wunsch eines Elternteils, die Familie zu verlassen. In solchen Fällen wird dieser Elternteil, zur Vermeidung des eigentlichen Konflikts, seine Unzufriedenheit auf ein Kind richten, oft mit der passiven Zustimmung des Partners. Viele Eltern, die eigentlich schwere Konflikte haben, idealisieren ihre Beziehung. "Wir haben uns seit 28 Jahren nicht gestritten" – das schildert eine idyllische Situation, die der Realität nicht standhalten kann. Eine Schlüsselmethode, solche Dynamiken ans Tageslicht zu bringen, ist, die Familienmitglieder aufzufordern, eine krisenhafte Situation zu spielen und dann die Rollen zu tauschen. Wenn die Kinder die Rolle der Eltern übernehmen, legen sie oft latente Dynamiken bloß, die in der Beziehung wirken.

Depression und Selbstmord von Eltern

Wie in Kapitel V ausgeführt, können elterliche Depression oder Suizidtendenzen zum Anwachsen der kindlichen Suizidtendenzen beitragen. Für den Therapeuten ist es daher wichtig, die Gefühlslage der Eltern zu beurteilen. Diese Aufgabe ist nicht immer leicht oder auf direktem Wege durchführbar. Anzeichen für elterliche Depression treten jedoch oft in Gesprächen über Verlusterlebnisse in der jüngeren oder weiter zurückliegenden Vergangenheit, in nicht bewältigter Trauer und in Gesprächen zutage, die Ängste vor der Zukunft, um den Arbeitsplatz, gegenwärtige Probleme oder vergangene Krisen enthüllen. Oft kann eine ganze Familie in der erdrückenden Atmosphäre der Depression leben, ohne sich dessen bewußt zu sein.

Die Entfremdung des Kindes von der Familie und seine Möglichkeiten, Unterstützung zu finden

Leidvoll an der Rolle des Sündenbocks ist die Entfremdung und Ablehnung des Kindes innerhalb der Familie. Als lebender Repräsentant der Familienprobleme wird das Kind von den Eltern und anderen Kindern entfremdet und isoliert. Das Erkennen der Entfremdung ist entscheidend, da eine solche Situation selbstzerstörerische Tendenzen verstärkt. Menschen, von denen das Kind Schutz und Fürsorge erhalten kann, müssen ebenfalls erfragt werden. Manchmal kommt diese Unterstützung aus der Familie, manchmal von einem entfernten Angehörigen. Das Fehlen von Unterstützung angesichts sich vergrößernder Probleme kann aus einem Selbstmordwunsch reale Selbstzerstörung werden lassen.

Extreme symbiotische Prozesse in der Familie

Die destruktiven Dynamiken, die mit familiärer Symbiose verbunden sind, machen diese zu einem Angelpunkt in der Behandlung. Wie in den Kapiteln VII und IX beschrieben wurde, weist die symbiotische Familie die folgenden Merkmale auf: Fehlen von Grenzen zwischen den einzelnen Familienmitgliedern, sadomasochistische Beziehungen, neurotische Ausbeutung eines Familienmitgliedes, unechte Harmonie, verdeckte und indirekte Kommunikation, mangelnde Tolerierung von Ablösung und Unabhängigkeit und Mangel an Empathie für die Bedürfnisse des Kindes.

Verbot von Gefühlsäußerungen in der Familie

Der offene Ausdruck von Gefühlen ist eine andere Maßeinheit suizidaler Tendenzen von Kindern. Suiziddrohungen oder -versuche sind in solchen Familien nicht so gefährlich, in denen Bereitschaft besteht, Gefühlsäußerungen über persönliche oder zwischenmenschliche Angelegenheiten zu akzeptieren. Angesichts von Spannungen wird zerstörerische Wut durch freie Gefühlsäußerungen vermindert. Daher muß die familiäre Akzeptanz oder Ablehnung eines offenen Auslebens von Ärger, Affekten, Unzufriedenheit, Trauer oder anderen Gefühlen exploriert werden. Hier muß das Augenmerk ebenfalls auf bestimmte Tabuzonen in der Familie gerichtet werden - Gebiete, die nicht angesprochen und die nicht diskutiert werden dürfen. Manchmal tritt die Unterdrückung von Gefühlsäußerungen klar und offenkundig zutage. Zum Beispiel verboten die Eltern in einer Familie ihren Kindern, um ein Geschwisterkind zu trauern, das Selbstmord begangen hatte. In anderen Fällen ist die Unterdrückung von Gefühlsäußerungen begrenzter. Während einer Therapiesitzung, in der die Frau ein Thema anschneiden wollte, wurde sie plötzlich von ihrem Mann unterbrochen: "Du kannst darüber hier nicht sprechen, Punkt."

Problemlösungen in der Familie

Familien mit einem suizidalen Mitglied sind oft so unflexibel, daß sie nicht einmal zeitweilige oder behelfsmäßige Lösungen von Familienstreitigkeiten erreichen können. Ihr Streiten und Zanken über die Problemlösung führt eher zu weiterer Eskalation ohne die gewöhnlich nach einem Konflikt einsetzende Entlastung. Die Spannungen vestärken sich unvermindert, bis sie in dramatischen Handlungen wie Selbstverstümmelung oder Verletzung anderer, Zerstörung von Eigentum, oder dauernder oder zeitweiliger Trennung gipfeln. Die spezifischen Problemlösungsstrategien der Familie sind von großer Bedeutung für die Gefahr, die in kindlichen Suiziddrohungen oder -versuchen liegt.

Einschätzung des Kindes

Einen zusätzlichen Weg zur Beurteilung der Ernsthaftigkeit selbstzerstörerischen Verhaltens weist der Blick auf das Kind und auf seine

Wahrnehmung seines Schicksals. Dabei muß man eine Reihe von Faktoren berücksichtigen, einschließlich der kindlichen Beschäftigung mit Tod und der Haltungen ihm gegenüber. Ebenfalls müssen die sozialen und emotionalen Funktionen des Kindes, seine Gefühle der Entfremdung, soziales Eingebundensein, seine Selbstachtung, seine Gefühlslage und seine Bewältigungsmechanismen beachtet werden.

Zwanghafte Beschäftigung mit dem Tod

Eine zwanghafte Beschäftigung mit dem Tod ist, wie in Kapitel drei beschrieben, eines der untrüglichen Kennzeichen für eine Suizidgefährdung. Diese Tatsache wurde sowohl in klinischer Arbeit wie auch in der Forschung gut dokumentiert. Die Art der Beschäftigung kann bei Kindern unterschiedlichste Ausprägung annehmen, einschließlich des übersteigerten Interesses an Themen, die sich auf Tod beziehen: wiederholte Fragen über den Tod oder zwanghafte Spiele, die sich um Tod, Friedhöfe, Begräbnisse oder Grabsteine drehen. Besonders aufschlußreich sind Zeichnungen über den Lebenszyklus oder mit den Themen Aggression, Mord, Unfälle, Verletzungen oder Katastrophen. *Richman* und *Pfeffer* (1970) hoben zum Beispiel die diagnostische Bedeutung von Brüchen und Rissen in den vom Kind gemalten Figuren als ein Anzeichen für Suizidabsichten hervor. Ein anderer besonderer Hinweis ist das abrupte oder impulsive Wegradieren oder Durchstreichen von Figuren.

Ein suizidales Mädchen, die zwölfjährige Jill, fertigte eine Zeichnung an, die einen lächelnden Mädchenkopf darstellte. Dieses Gesicht strich sie durch und malte auf dasselbe Blatt ein Mädchen, das dem Betrachter traurig entgegenblickt. Die Zeichnung verband sie mit einer Geschichte über eine zweite Jill, die ihre Schule in einem örtlichen Schönheitswettbewerb vertreten wollte.

Alle ihre Freunde fanden sie sehr hübsch, zweifelten aber, ob sie gewählt würde. Aber diese Jill war überzeugt davon, die Schönste zu sein, und daß nur sie gewinnen würde. Tatsächlich wurde Jill eines von zehn ausgewählten Mädchen, die nach der ersten Vorentscheidung von hundert Teilnehmerinnen übrigblieben. Nach der zweiten Runde war Jill immer noch mit vier anderen Mädchen im Rennen. Am Schluß gewann sie jedoch nicht – sie wurde nicht einmal Zweite. Trotz ihrer Enttäuschung sagten ihr alle ihre Freunde, daß sie großartig gewesen sei. Jill war aber nicht zufrieden. Sie empfand sich als die Häßlichste und sah keinen Sinn mehr im Leben. Sie wollte ihr Leben beenden und versuchte erfolglos, sich zu töten. Schließlich beschloß sie, sich doch nicht zu töten; sie haßte sich und ihre Freunde nun aber um so mehr.

Sowohl Jills Geschichte wie auch ihre Zeichnung sind aussagekräftige Beispiele dafür, wie suizidale Kinder sich mit dem Tod beschäftigen. Die Geschichte enthält sowohl symbolische wie reale Anspielungen auf Tod und Suizid. In der Zeichnung fällt das impulsive Durchstreichen des Gesichtes ins Auge. Die Geschichte zur Zeichnung verdeutlicht die diagnostische Bedeutung solcher Zeichnungen als Anzeichen für suizidale Tendenzen.

Todesanziehung

Die Anziehung, die der Tod auf Kinder ausübt, wurde in Kapitel X behandelt. Besonders aufschlußreich ist die Einschätzung, Tod sei eine Fortsetzung des Lebens unter verbesserten Bedingungen. Bei einem suizidalen Kind spiegeln diese rosigen Vorstellungen normalerweise eine abwehrende Verzerrung wider. So wird es dem Kind erleichtert, Suizid als mögliche Bewältigungsmethode anzusehen. Dagegen sind realistische Einschätzungen, begleitet von normalen Gefühlsäußerungen der Angst, Anzeichen dafür, daß das Kind keine konkreten Suizidpläne verfolgt und nur gering gefährdet ist. Eine Analyse der spezifischen Todesphantasien des Kindes ist sinnvoll, weil diese den Schlüssel zum Verständnis seines Lebensproblems liefern.

Entfremdung und soziale und emotionale Reaktionsmöglichkeiten

Die Tendenz, sich zu isolieren und von anderen zurückzuziehen, ist ein Hinweis auf einen Mangel an gesunden und befriedigenden zwischenmenschlichen Beziehungen. Dadurch, daß das Kind sich isoliert, werden negative Gefühle, wie geringes Selbstwertgefühl, Verlust, Verzweiflung und Hoffnungslosigkeit verstärkt. Besonders wichtig für die Diagnose sind Äußerungen des Kindes, die auf eine Entfremdung von den Bezugspersonen hindeuten, aber auch das Gefühl, anders zu sein als die anderen. Entfremdung ist oft der Grund dafür, daß sich das Kind als Mißgeburt erlebt, nicht wert, unter den Menschen zu leben.

Diese deutlichen Anzeichen für eine Gefährdung sind manchmal jedoch nur schwer zu erkennen, da sie hinter einem ruhigen, selbstgenügsamen oder schüchternen Verhalten verborgen werden.

Auch bei einem hochgradig suizidgefährdeten Kind gibt es bestimmte soziale Faktoren, die diese Gefährdung minimieren können.

Positive Anzeichen sind die Fähigkeit des Kindes, Kontakte zu knüpfen, Freude am Zusammensein mit anderen zu haben oder emotionale Unterstützung außerhalb der Familie zu finden. Nicht weniger wichtig ist die Fähigkeit des Kindes, Gefühle zu äußern. Eine wesentlich geringere Gefährdung besteht bei Kindern, die ihrer Unzufriedenheit Ausdruck verleihen und ihre Gefühle mitteilen können. Dagegen gelten bestimmte Gefühlslagen und Verhaltensweisen als Anzeichen für eine Suizidgefährdung: Depression, Aggression, Verlust der Triebkontrolle oder Anzeichen von innerem Zerfall.

Bewältigungsmuster

Obwohl Bewältigung an sich erst einmal positiv klingt, beinhalten bestimmte Bewältigungsmuster selbstzerstörerisches Verhalten. Zu diesen problematischen Mustern gehören neurotische Fluchttendenzen, Rückzug und eine starrsinnige Weigerung, Kompromisse zu schließen. Diese Bewältigungsmuster sind eng verknüpft mit geringer Frustrationstoleranz, gelernter Hilflosigkeit oder zwiegespaltenem Denken. Solche Merkmale müssen im Auge behalten werden, wenn man die Ernsthaftigkeit selbstzerstörerischen Verhaltens eruiert. Jills Geschichte zeigt eindeutig die Verbindung zwischen gespaltenem Denken, geringer Frustrationstoleranz und selbstzerstörerischem Verhalten.

Der therapeutische Zugang

Auch wenn die Behandlung von Kindern mit Selbstmordtendenzen sich vieler Methoden bedient, die auch bei anderen Affektstörungen angewandt werden, gelten hier doch besondere Richtlinien und Grundsätze für die Behandlung.

Familientherapie

Erkennen des unlösbaren Problems

Weil wir wissen, daß Kinder nicht mehr leben wollen, wenn sie vor einem für sie unlösbaren Problem stehen, muß es das zentrale Ziel des Therapeuten sein, dieses zu erkennen. Er muß immer wieder dieselben Fragen stellen: Welche Dynamiken, Situationen, Beziehungen und Tatsachen geben dem Kind das Gefühl, daß es keinen "Ausweg" gibt? Mit welchen Lebensproblemen sieht sich das Kind konfrontiert und warum sieht es die einzige Lösung in selbstzerstörerischem

Verhalten? Auf der Suche nach Antwort auf diese Fragen muß der Therapeut mit den Familienmitgliedern in unterschiedlichen Gruppierungen und Konstellationen arbeiten. Wenn das Problem in der Beziehung der Eltern zueinander begründet ist, müssen die Eltern zusammen gehört werden. Handelt es sich jedoch um Schwierigkeiten zwischen einem Elternteil und einem der Kinder, sollten diese nur mit den beiden Betroffenen thematisiert werden. Ein Beispiel hierfür kann die tiefe Abneigung sein, die eine Mutter seit der Geburt gegenüber ihrem Sohn aufgebaut hat. Diese Gefühle können nicht im Beisein der ganzen Familie angesprochen werden.

Ebenso kann ein unlösbares Problem in den negativen Gefühlen eines Vaters für seine Tochter liegen, weil diese ihn an seine verhaßte Ex-Frau erinnert. Hier können die Probleme ebenfalls nicht im Beisein aller Familienmitglieder analysiert und behandelt werden.

Wenn das unlösbare Problem identifiziert wurde, muß der Therapeut oft auf zahlreichen emotionalen Ebenen mit ihm umgehen, die auf die Bedürfnisse und Bewältigungsmechanismen der verschiedenen Familienmitglieder abgestimmt sind. In einem Fall trieb eine Mutter – böse und gedemütigt, weil ihr Mann sie während ihrer Schwangerschaft betrogen hatte – ihre Tochter dazu, Suizid zu begehen. In diesem Fall wurde die Therapie auf den Ehemann und seine Frau beschränkt, da die Einbeziehung anderer Familienmitglieder schädlich gewesen wäre. Gleichzeitig mußte die von Tag zu Tag fortschreitende Manifestation von Leid und Wut im weiteren Familienkreis behandelt werden. Die Familie als ganze mußte lernen, mit der Neigung der Mutter umzugehen, all ihre Wut nach der geringsten Meinungsverschiedenheit mit dem Vater auf die Tochter zu entladen.

Zu allermeist muß das unlösbare Problem zuerst mit den Eltern verdeutlicht und herausgearbeitet werden, bevor die ganze Familie einbezogen wird. Nach dieser vorangehenden Basisarbeit muß es jedoch der ganzen Familie so vermittelt werden, daß es den Kindern ermöglicht wird, damit umzugehen. Der Therapeut sollte bereit sein, vertiefende Arbeit ausschließlich mit den Eltern durchzuführen. Die Kinder selbst akzeptieren einen solchen Schritt gewöhnlich mit großer Erleichterung. Auf jeden Fall muß die Therapie auf verschiedenen Ebenen und mit verschiedenen Konstellationen der Familie durchgeführt werden.

Umgang mit familieneigenen Konfliktbewältigungsstrategien

Im Verlauf der Therapie muß ein besonderes Augenmerk dem Gebrauch der zumeist sehr beschränkten Problembewältigungsstrategien in den Familien gelten. Diese Lösungsversuche bringen oft massiven Druck auf die Kinder mit sich, weil die Eltern nicht kompromißbereit sind und ihre Erwartungen den Möglichkeiten des Kindes nicht anpassen können. Um die Gefahr der Selbstzerstörung bei Kindern zu verringern, sollte der Therapeut die Entwicklung von weniger rigidem Konfliktverhalten bei den Eltern fördern. Wenn sie dazu bereit sind, wirklichkeitsferne Erwartungen aufzugeben und realistische Kompromisse zu erwägen, können sie versuchen, einen neuen und effektiveren Umgang mit Lebensproblemen zu entwickeln.

Flexibilitätssteigerung bei der Suche nach Problemlösungen ist von entscheidender Bedeutung. Der erste Schritt besteht darin, sich den Ursachen für die hohen Erwartungen zuzuwenden. Hier ist es wichtig herauszuarbeiten, daß das rigide Verhalten der Eltern nur eine Tarnung für andere drückende Probleme ist. Des weiteren muß beachtet werden, daß die Verminderung von Erwartungen symbolisch eine Art Verlust bedeutet und daher mit derselben Sorgfalt und Vorsicht behandelt werden muß wie andere Arten von Verlust.

Diese Aspekte traten in der Familientherapie eines Mädchens auf, das einige Male versucht hatte, Selbstmord zu begehen. Selbstmord war ihr Weg, die hohen Leistungserwartungen ihrer Eltern zu bewältigen. Die Tochter war die letzte Hoffnung der Eltern, ihre eigenen Träume doch noch in Erfüllung gehen zu sehen – ihre beiden älteren Brüder hatten die Schule vorzeitig verlassen und waren andere Wege gegangen. Der Wunsch des Mädchens, sich ebenfalls eine Arbeit zu suchen, bevor sie ihr Abitur gemacht hatte, war für ihre Eltern und die Familie eine Katastrophe. Starker und zwanghafter Druck wurde auf sie ausgeübt, um sie umzustimmen, das führte zu ihren Verzweiflungstaten. Ein Gutteil der Therapie wurde darauf verwandt, den Eltern schrittweise dabei zu helfen, mit dem Verlust umzugehen, den sie durch die Entscheidung ihrer Tochter erlebten.

Hilfestellung beim Umgang mit Tod und anderen Krisen

Ein Typus unlösbarer Probleme entsteht aus Todesfällen und Trauer. Selbstmordversuche von Kindern finden oft nach dem Tod eines Familienmitglieds statt, den die Familie noch nicht verarbeitet hat. Hier ist aktives Nachfragen des Therapeuten erforderlich, da es Familien geben kann, die über solche Verluste nicht von sich aus sprechen. Es sollte den Therapeuten nicht erstaunen, wenn die Eltern beiläufig erwähnen, daß ein halbes Jahr vor dem Selbstmordversuch eine Großmutter oder ein Großvater gestorben ist. Auch wenn die Eltern erklären, sie hätten den Verlust gut verarbeitet und wenig darunter gelitten, kann es sein, daß sie sehr detailliert beschreiben, welche Schwierigkeiten das Kind hat, seine Trauer zu bewältigen.

In solchen Fällen ist es notwendig, die eigenen Verlusterlebnisse der Eltern herauszuarbeiten und sich mit dem unterdrückten Prozeß der Trauer zu beschäftigen. In der Therapie können, je nach Art des Verlustes, verschiedene Zugangswege beschritten werden. Trauerfälle, die lange zurückliegen oder die nur ein Familienmitglied betreffen, lassen eine Einzeltherapie mit diesem ratsam erscheinen. Wenn jedoch der Verlust Auswirkungen auf das Alltagsleben der ganzen Familie hat, kann die Therapie sinnvoller sein, wenn sie auch andere Familienmitglieder einbezieht. Bei der zweiten Heirat eines Witwers etwa kann die Verstorbene zu einem Hauptthema werden, wenn die Trauer nicht angemessen bewältigt wurde. Idealisierung, Tabus oder fortwährende Vergleiche mit dem früheren Familienleben sind Umstände, die den Kindern eine Anpassung schwierig machen. Es ist wichtig, die Verstorbenen symbolisch als Personen und nicht als einen Mythos in die Familie zu integrieren. Hier ist die Frage der Blutsverwandtschaft mit den Verstorbenen völlig irrelevant.

Eine besondere Form von Verlust, die nicht übersehen werden darf, ist ein früherer Selbstmord in der Familie. Dieser kann subtil in das Entstehen von Selbstzerstörung in der Gegenwart verwoben sein, oft ohne bewußte Wahrnehmung derjenigen, die dies betrifft. Der achtjährige Ron und seine Familie sind ein Beispiel hierfür. Ron hatte oftmals und mit zunehmender Häufigkeit versucht, sich aus dem Fenster zu stürzen. Seine Eltern hatten jedoch, befremdlich genug, erst um eine Therapie ersucht, nachdem ihnen mitgeteilt worden war, daß seine schulischen Leistungen absanken. Rons Eltern waren seit zehn Jahren verheiratet und hatten drei Kinder. Die Mutter gab in den Sitzungen den Ton an. Sie war eine eindrucksvolle Frau, sprach gewandt und lakonisch und ritt wiederholt auf Rons Leistungsabfall herum. Sie legte jedoch eine eigenartige Stille und Ruhe an den Tag, wann immer sich das Gespräch Rons selbstzerstörerischem Verhalten zuwandte. Auf den ersten Blick konnte man meinen, sie sei emotional unreif und abhängig. Außerdem nahm sie ihrem Sohn gegenüber oft eine provokative Haltung ein, die die Dinge nur verschlimmerte. Sie gab offen zu, daß sie ihren zweiten Sohn vorzog, den sie mit Zuwendung überschüttete.

Rons Vater war ein freundlicher und umgänglicher Mann, der den zerstörerischen Verfall in der Beziehung zwischen seiner Frau und seinem Kind traurig beobachtete. In der Zwickmühle zwischen seinen Gefühlen für seine Frau und dem Mitleid mit seinem Kind, ergriff er keine echte Initiative. Die Beziehungen in der Familie näherten sich langsam dem totalen Chaos, obwohl ein Abglanz der früheren Stabilität und Liebe noch zu erkennen war.

Eine dramatische Veränderung im Erscheinungsbild des Falles trat in einer Einzelsitzung mit der Mutter auf. Sie erinnerte sich an einige Einzelheiten, die ihr entfallen waren. Drei Jahre zuvor, gerade vor der Geburt des jüngsten Kindes, war ihre eigene Mutter – zu der sie eine Beziehung gehabt hatte, die durch Mißhandlung und physische Verwundungen gekennzeichnet war – vom Dach eines Hauses gesprungen. Sie erinnerte sich nun, daß Ron unbestreitbar eine liebevolle Beziehung zu seiner Großmutter gehabt hatte. Erst dann bemerkte sie die auffällige Parallele zwischen dem selbstzerstörerischen Verhalten der beiden, eine Erkenntnis, die ihre äußerliche Ruhe erschütterte und sie in Tränen ausbrechen ließ. Dieses Bekenntnis in einer Einzelsitzung offenbarte die dramatischen Dynamiken, die Rons Handlungen zugrundelagen. Ein komplexes Bild entstand, in dem Ron, seine Mutter und die Großmutter die wichtigsten Rollen spielten. Weitere Faktoren wie die symbiotische Enge, unterdrückte Wut, verzerrte Identifikation wurden plötzlich sichtbar. Jeder einzelne erforderte flexible und verschiedenartige Therapietechniken mit wechselnder Familiengruppierung.

Das "Familiengeheimnis" ist ein weiterer Aspekt des unlösbaren Problems, das Beachtung durch den Therapeuten verlangt. Hier wird eine latente Krise von einem Elternteil initiiert, in dem Versuch, das Offenlegen eines bedrohlichen Geheimnisses zu verhindern. Zum Beispiel suchte ein Paar voller Panik Rat, nachdem der zehnjährige Sohn zum zweiten Mal gedroht hatte, sich umzubringen. Während des kurzen Therapieverlaufes wurde deutlich, daß die Eltern sich unlängst voneinander entfremdet hatten, und zwar aufgrund der Verdächtigungen des Ehemannes, seine Frau habe eine Affäre mit einem anderen Mann. Die Mutter beschloß, daß die ganze Familie sich mit aller Kraft um den Sohn und seine Selbstmorddrohungen zu kümmern habe. Die fehlende Sicherheit darüber, ob der Junge tatsächlich mit Selbstmord gedroht hatte, läßt vermuten, daß die Mutter auf den Vorfall überreagiert oder ihn sogar bewerkstelligt haben könnte, um eine drohende Krise mit ihrem Ehemann abzuwenden. Ein Großteil der Therapie mußte darauf verwandt werden, einfach die unausgesprochenen "Geheimnisse", vor denen die Familienmitglieder Angst hatten, ans Tageslicht zu bringen.

Da selbstzerstörerisches Verhalten in der Familiendynamik eine wesentliche Rolle spielt, ist es verständlich, daß die Familienmitglieder sich schwer tun, diese gewohnte Form der Konfliktbewältigung aufzugeben. Sie entwickeln schnell starken Widerstand gegen eine Therapie. Zum Beispiel werden sie insistieren, der Therapeut sei im Irrtum, oder eine Einzeltherapie sei angemessener, die Probleme seien unerheblich, oder aber alle Probleme, die sie gehabt hätten, seien bereits nach einigen Sitzungen gelöst.

Eine häufige Form der Therapieabwehr drückt sich in Aggressionen gegen das suizidale Kind aus. Falsche Beschuldigungen werden erhoben, das Kind wird verunglimpft, und seine Schwächen werden durch den Vergleich mit den Stärken der anderen Kinder übertrieben. Angesichts der offenen Ablehnung des Kindes muß der Therapeut eine eindeutige Haltung einnehmen, um das Kind vor dem Ansturm zu schützen. Zum Beispiel kann der Therapeut die Angriffe auf das Kind abwenden, indem er die Gefühle des Kindes und sein Verhalten erklärend in ihr Recht setzt. In keinem Fall erfordert die Therapie jedoch, die Eltern direkt zurechtzuweisen. Vielmehr liegt das Ziel darin, das Bewußtsein für die gemeinsame Verzweiflung schrittweise zu entwickeln und die unterschwellige Aggression zu vermindern, die auf den elterlichen Schuldgefühlen und dem Gefühl des Kindes, abgelehnt zu werden, beruht.

Anfangs kann sich der Therapeut auf die Seite des Kindes stellen, um dessen Ich und Selbstachtung zu stärken. Symbolisch kann der Therapeut das Kind dadurch schützen, daß er sich direkt neben es setzt. Manchmal können die anderen Kinder der Familie dazu gebracht werden, offen für das suizidale Kind einzutreten. Hier kann das Vorbild des Therapeuten, positive Gefühle für das zum Außenseiter gestempelte Kind zu äußern, ähnliches Verhalten bei den anderen Kindern fördern. Durch das konkrete Beispiel des Therapeuten erfahren die Kinder, daß es nicht länger verboten oder unannehmbar ist, ihrem Geschwister zu helfen.

Feindseliger und aggressiver Umgang miteinander ist fast immer charakteristisch für eine suizidale Familie. *Richman* (1979a) geht so weit zu behaupten, daß bei dem therapeutischen Versuch, die Symbiose aufzulösen, zwangsläufig intrafamiliäre Aggressionen entstehen müssen. Jeder eigenständigen und offenen Gefühlsäußerung wird mit aggressivem Widerstand begegnet. Der Druck verstärkt sich, je mehr der Therapeut und die Familie Terrain betreten, das bisher tabuisiert war.

Ein Merkmal symbiotischer Familien ist die Tendenz, ihre aggressiven Gefühle auszuleben, ohne daß dies als befreiend erlebt wird. Die Entladung von Aggressivität zielt in alle Richtungen – in erster Linie richtet sie sich gegen den Therapeuten, der versucht hat, weit verdrängte Gefühle ans Tageslicht zu bringen. Diese Situation muß der Therapeut positiv für die Therapieziele nutzen. Die Familie soll lernen, solche emotionalen Energien zu sublimieren und in Bahnen zu lenken, die zu Entspannung und Erleichterung führen. So unterstützt der Therapeut die Entwicklung neuer Bewältigungsformen. Die Familienmitglieder lernen, daß der Ausdruck von Ärger konstruktiv sein kann und die Familienstrukturen nicht gefährdet.

Dieses Prinzip der emotionalen Umerziehung gilt auch für andere Gefühle. In durch selbstzerstörerisches Verhalten gekennzeichneten Familien wurden Gefühle wie Liebe oder Intimität oft unterdrückt. Positive Gefühlsäußerungen oder Wiederannäherungsversuche bleiben unbeantwortet und sozusagen in der Luft hängen, weil die anderen Familienmitglieder nicht in der Lage sind, diese zu erwidern. Gerade dieses Gefühl des Imstichgelassenwerdens bestätigt und verstärkt die bestehende Aggression aufs Neue. In seiner Beschreibung symbiotischer Familien hebt *Richman* (1979a) diese Zurückweisung und die emotionale Distanz, die die Familienmitglieder zur Wahrung ihrer Identität an den Tag legen, besonders hervor.

Das therapeutische Bemühen, Äußerungen der Ablehnung einzudämmen, führt zu dem scheinbar paradoxen Ziel, eine augenscheinliche Bastion positiver Stärke erschüttern zu müssen: die idealisierte Beziehung zwischen den Eltern. Diese Fassade stellt im Kern nichts anderes dar als die Verleugnung von Enttäuschungen und Wut, und den Wunsch, die Familie unter allen Umständen zusammenzuhalten. Diese Fassade der Harmonie kann in der Beziehung eines Paares zugleich mit verstecktem Chaos bestehen, wenn es unfähig ist, die Erfahrung eines Konfliktes zu ertragen. Es muß jedoch das übergreifende Ziel des Therapeuten sein, genau diese Fähigkeit, Konflikte ertragen zu können, langsam zu verstärken. Andernfalls werden Paare, die sich dem Konflikt nicht stellen können, weiterhin das "problematische Verhalten" ihres Kindes als Schutzschild benutzen. Den therapeutischen Versuchen, eine idyllische Illusion durch realistische Einschätzungen zu ersetzen, wird dann ebenfalls mit Widerstand begegnet werden - vor allem dann, wenn die Konfrontation mit diesem Thema zu drastisch und abrupt erfolgt. Wenn hier jedoch angemessen und stufenweise vorgegangen wird, können die Eltern lernen, daß auch ein offener Konflikt nicht notwendigerweise eine erdrückende Bedrohung sein muß.

Förderung positiver Veränderungen im familiären Umgang

Neben all diesen Gesichtspunkten darf auf keinen Fall die Notwendigkeit der verbesserten Interaktion zwischen Familie und suizidalem Kind vernachlässigt werden. Die langandauernde Ablehnung des Kindes und seine emotionale Deprivation sind ja noch wirksam, deshalb darf keine Methode, kein Mittel unversucht gelassen werden bei dem Bemühen, positive Erfahrungen zu verstärken und Äußerungen von Zuneigung zu fördern. Aus ähnlichen Überlegungen muß vermieden werden, in den Konflikten zwischen Eltern und Kind zu tief "herumzugraben".

Im Verlauf der Therapie dürfen die anderen Kinder der Familie nicht aus den Augen verloren werden. Sie werden spüren, daß sie durch die eintretenden Veränderungen ihren besonderen oder auch bevorzugten Platz in der Familie verlieren. Ihnen muß Aufmerksamkeit zuteil werden, damit sie nicht selbst zu dramatischeren Mitteln greifen, um sich in den Mittelpunkt zu stellen.

Prinzipien für die Therapie mit dem Kind

Therapeutische Maßnahmen, die sich auf das suizidale Kind richten, stehen in jedem Fall im Mittelpunkt, gleichgültig, ob die Behandlung mit der Familie durchgeführt wird oder als Einzeltherapie mit dem Kind. Im folgenden nun einige besondere Prinzipien für die Arbeit mit dem Kind allein, die sich aus der Literatur und meiner eigenen klinischen Erfahrung ergeben.

Vermittlung ausgleichender Erfahrungen

Die Literatur über suizidale Erwachsene (*Tucker* und *Cantor*, 1975) kommt grundsätzlich zu dem Schluß, daß es sich hier um Menschen handelt, deren Grundbedürfnisse über lange Zeit hinweg nicht befriedigt wurden, und daß sie ein großes Verlangen nach schützender und emotionaler Gemeinschaft haben. Suizidale Kinder haben ähnliche Sehnsüchte und werden stark auf Körperkontakt, Zuwendung und Akzeptanz durch den Therapeuten reagieren. Sie sind glücklich darüber, sich mit dem Therapeuten zu verbünden und ziehen angesichts der elterlichen Feindseligkeit großen Nutzen aus dem Schutz, den der Therapeut bietet.

Wenn diese Kinder während der Therapie zerstörerisches Verhalten zeigen, bereitet ihnen das aktive Handeln des Therapeuten, der dies zu verhindern trachtet, großes Wohlbefinden. Viele dieser Kinder rufen bei ihren eigenen Eltern keine solchen Reaktionen hervor, wenn sie mit Selbstverstümmelung drohen. Daher wiederholen sie solche Handlungen, in dem Versuch, eine besorgte Reaktion des Therapeuten zu erleben. Ihr Verhalten drückt nicht mehr aus als ihren großen Hunger nach der Befriedigung von Grundbedürfnissen. Da die Beziehungen des Kindes zu seiner Familie von Entfremdung geprägt sind, ist dieses Verhalten nur zu verständlich und wird auf lange Sicht nicht notwendig zu vermehrten Selbstattacken führen.

Die behütende Reaktion des Therapeuten sind schon an sich eine ausgleichende Erfahrung. Bei der Behandlung anderer emotionaler Probleme wird der Therapeut dazu neigen, eine solche Beziehung zu dem Kind zu vermeiden; für das suizidale Kind ist sie jedoch von großem therapeutischen Wert. Dies ist einer der Unterschiede zwischen der Behandlung von suizidalen Kindern und der von anderen Kindern. Die nötige größere Flexibilität und der erforderliche größere Spielraum in den Reaktionen des Therapeuten verlangen etliche Abweichungen von den üblichen Therapieregeln: Wahl des Zeitpunktes, Dauer und Ort der Therapiesitzungen, Beschränkung auf das Therapiezimmer, das alles muß entsprechend der Situation modifizierbar sein. Die Bereitschaft zu solchen Abweichungen macht die Therapie mit suizidalen Menschen einzigartig.

Vermittlung von Alternativen zur Selbstverstümmelung

Wenn ein Kind sich auf die Selbstzerstörung zu bewegt, ist dieser Ausweg der erste, der ihm bei all seinen Problemen einfällt. Die fast automatisch ablaufende selbstzerstörerische Reaktion auf Frustrationen oder Ängste schält sich im therapeutischen Setting deutlich heraus. Immer wenn Grenzen gesetzt werden oder eine vermeintliche Zurückweisung von seiten des Therapeuten zum Ausdruck gebracht wird, droht das Kind mit Selbstmord oder Selbstverstümmelung. In einer solchen Situation hatte ein Kind einen Wutanfall und fing an, die Möbel im Zimmer zu zersägen. Der Therapeut setzte seinem Verhalten eine Grenze, indem er ihm sagte, daß er die Einrichtung des Zimmers nicht zerschlagen oder zerstören dürfe. Der Junge antwortete darauf: "Gut, dann werde ich mir die Finger absägen. Ich brauche sie sowieso nicht." Dann begann er, an ihnen herumzusägen. Wenn die inneren Spannungen unerträglich sind, kann schon die geringste Frustration die zerstörerischen Impulse freisetzen. Beim Auftreten selbstzerstörerischen Verhaltens muß der Therapeut eingreifen. An diesem Punkt kann er dem Kind nur helfen, wenn er ihm Wege zeigt, mit Problemen anders umzugehen – indem es Wut verbal äußert, indem es seine Gefühle ungehemmt zeigt, oder indem die Erfahrungen besprochen werden, die zu der Auffassung geführt haben, daß Suizid der einzig mögliche Ausweg sei.

Um die Erfahrung solch alternativen Verhaltens wirksam zum Tragen zu bringen, sind neben dem Kind allerdings auch wieder die anderen Familienmitglieder gefordert. Die Eltern müssen hier in diesen Prozeß einbezogen werden, wenn die Therapie erfolgreich sein soll.

Umgang mit Todesphantasien

In Kapitel X wurde die therapeutische Wirkung hervorgehoben, die mit einer Steigerung der kindlichen Angst vor dem Tod erreicht werden kann, indem man die Vorstellung auflöst, der Tod sei eine dem Leben vorzuziehende Alternative. Das Kind stellt sich den Tod als schützend vor, als Geborgenheit spendend und alles Leid ausgleichend. Dieses idealisierte Bild vom Tod kann sich noch verstärken, wenn das Kind den Verlust eines geliebten Menschen erlitten hat. Sehnsucht nach dem Verstorbenen entwickelt sich zu Sehnsucht nach dem Tod. Das Kind glaubt, daß im Tod seine Wünsche und Hoffnungen erfüllt werden. Die Vorstellung von Gut und Böse wird gespalten, wobei Tod das Gute verkörpert und Leben das Böse.

Die zwölfjährige Leah erlebte solche Todesphantasien. Einige Jahre nach dem Tod ihres Vaters heiratete die Mutter wieder und bekam weitere Kinder. Oberflächlich gesehen schien das Familienleben in normalen Bahnen zu verlaufen. Dabei wurde Leah zu einer Art Bindeglied zwischen dem toten Vater und dem Rest der Familie. Schon sehr jung kultivierte sie ihre Verlustgefühle und empfand unaufhörliche Trauer, Sehnsucht nach ihrem Vater und Sehnsucht nach dem Tod. Sie idealisierte ihren Vater und gab sich ganz seinem Andenken hin.

Leahs Mutter verstärkte diese Idealisierung unwissentlich. Sie fühlte sich verpflichtet, das Andenken ihres Mann zu hochzuhalten, indem sie die Beziehung zu seinen Eltern weiterhin aufrechterhielt. Leah kam in diesem Prozeß die Schlüsselrolle zu. Sie verbrachte den größten Teil ihrer Ferien bei den Großeltern, endlose Wochen mit ausufernden Gesprächen, die sich alle um ihren Vater drehten, der dabei zu einer überirdischen Figur verklärt wurde, omnipotent und voller Güte und Stärke. Dieses Bild vertiefte ihre Verlustgefühle und erweiterte die Kluft zwischen ihren Vorstellungen und der Realität.

In der Therapie mußte Leah darin unterstützt werden, ihre Verlusterfahrung aufzuarbeiten, ein realitätsentsprechendes Vaterbil aufzubauen, mit allen Schwächen und Stärken. Die Thematisierung der Todesphantasien im therapeutischen Prozeß zielt darauf ab, die Idealisierung des Todes an der Realität zu überprüfen. Danach wird eine Aussöhnung mit der Tatsache angestrebt, einen Verlust erlitten zu haben; und darauf erst können wirklichkeitsentprechende Haltungen aufgebaut werden. Derartige Phantasien dürfen selbstverständlich nur schrittweise behandelt und nicht einfach abrupt unterdrückt werden.

Überprüfen der Alternative Suizid

Bei hoher Suizidgefährdung gelingt der entscheidende therapeutische Durchbruch stets dann, wenn der Therapeut sich selbst daran beteiligt, Suizid als tatsächlich mögliche Lösung durchzuspielen. Der Patient erfährt dadurch zunächst, daß das Erwägen eines Selbstmordes ihn nicht automatisch als verrückt oder anormal erscheinen läßt. In Gesprächen mit dem Kind muß der Therapeut aufmerksam zuhören und den kindlichen Schmerz akzeptieren, auch wenn dies die Selbstverletzung plausibel macht. Der Therapeut muß dann dem Kind zurückspiegeln, wie dieser Gefühlsaufruhr zu Selbstmordwünschen führte. Wenn das Kind dem Therapeuten zum Beispiel erzählt, daß es sich langweilt, daß es nichts zu tun habe und daß es deshalb sterben wolle, kann der Therapeut antworten, daß, wenn das Kind allein und traurig sei, das Gefühl auch durchaus einleuchtend sei, keinen Grund mehr zum Leben zu haben und lieber tot zu sein. Das Prinzip dieser Intervention liegt darin, die Erfahrung des Leids und die Art und Weise, in der sie zur Todessehnsucht geführt hat, zu verstehen und dies zurückzuspiegeln.

Später dann kann der Therapeut die Todesvorstellungen des Kindes und seine Vermutung, was nach seinem Tod passiert, ansprechen. Wie wird das Leben sein, wenn das Kind nicht mehr da ist? Was wird mit seinen Angehörigen geschehen? Wie werden sie mit seinem Tod umgehen? Was wird das Kind gewinnen? Was wird es verlieren?

Nachdem die zerstörerischen Impulse des Patienten eingegrenzt sind, kann der Therapeut beginnen, den eigenen Anteil des Patienten an seinem Leid herauszuarbeiten – manchmal dadurch, daß er ihm bei der Erkenntnis hilft, daß seine Gefühle des Abgelehntwerdens oder Versagens oder seine Reaktion auf das Verhalten der Eltern nicht durchweg der Realität angemessen sind. Wenn der Patient diese Interpretation akzeptiert, können Therapeut und Patient gemeinsam neue Verhaltensalternativen erwägen und ihre Tauglichkeit prüfen.

Diese empathische Teilnahme an der Entscheidung für den Suizid erscheint widersinnig, da der Mensch reflexhaft die Tendenz hat, sofort jeden davon abzubringen, sein Leben zu beenden. Der Versuch jedoch, dem suizidalen Erwachsenen oder dem suizidalen Kind die einzige Option zu entziehen, die ihm realistisch erscheint, kann diesen nur noch stärker an den Tod binden. Dies trifft besonders dann zu, wenn dieser Versuch sehr frühzeitig in der Therapie unternommen wird, zu einem Zeitpunkt, an dem der Patient Suizid noch als einzige Handlungsmöglichkeit ansieht.

Die zurückhaltende Haltung, die der Therapeut einnehmen muß, kostet viel Kraft, ist jedoch sehr hilfreich. Oft läßt die Option Suizid dem Patienten die Kraft, weiterzuleben, weil es ihm immerhin noch freisteht, den Tod zu wählen, wenn er dies wünscht. Ein Therapeut, der dann die Gefühle des Patienten über den Suizid nachvollziehen kann, vermittelt diesem ein Gefühl von Kameradschaft und gegenseitigem Verständnis und baut damit eine Partnerschaft gerade dort auf, wo es bisher nur Entfremdung und Isolation gab.

Differenzierung von positiven und negativen Identitätsanteilen

Ein anderes Prinzip, dem in Fällen von Suizidgefährdung besondere Bedeutung zukommt, ist das Differenzieren und Fördern positiver Identitätsanteile. Kinder, die sich in direkter Gefahr befinden, sehen sich in einem völlig negativen Licht – wie es ein Jugendlicher ausdrückte: "Alles Gute, wad ich über mich höre, vergifte ich in meinem Kopf." Eine Methode, diese Dynamik zu unterbinden, besteht darin, die positiven und negativen Selbsteinschätzungen – und den Wunsch zu leben oder zu sterben – zu differenzieren. Der Therapeut kann diese Differenzierung langsam entwickeln, und zwar durch Bemerkungen wie: "Du mußt bedenken, du hast zwei Seiten", "Auch wenn du sterben willst, gibt es doch immer noch einen Teil von dir, der leben will", "Das ist nur dein Selbsthaßgerede". Auf diese Weise kann der Therapeut dem Patienten helfen, zu erkennen, daß seine negativen Anteile nicht seine ganze Identität ausmachen so kann er den negativen Energien ohne direkten Konflikt Einhalt gebieten. Gleichzeitig leitet der Therapeut, wenn auch in begrenztem Umfang, die Aufmerksamkeit des Patienten auf dessen positive Seiten.

In diesem Prozeß verbündet sich der Therapeut mit den positiven Identitätsanteilen. Dadurch kann er die Wärme, Befriedigung, Sicherheit und Bestätigung vermitteln, die notwendig sind, um leben zu wollen. Während des Behandlungsverlaufs kann man beobachten, wie diese differenzierte Sicht langsam internalisiert wird. Der Therapeut sollte sich darum bemühen, diesen Prozeß zu fördern.

Während der Therapie können Rückschläge und Enttäuschungen die empfindliche Balance, die aufgebaut wurde, immer wieder stören. Das positive Selbstbild bedarf konstanter Stärkung, da es dem Patienten an inneren Stützen fehlt. Die Differenzierung von positiven und negativen Identitätsanteilen kann dabei als große Hilfe angesehen werden. Sie vermeidet eine direkte aggressive Konfrontation mit den suizidalen Tendenzen, die oft unergiebig und fruchtlos ist. Einen größeren Erfolg verspricht der indirekte Weg, das Selbstbild zu stützen, um die positiven Kräfte gegen die der Selbstzerstörung einzusetzen.

Zusammenfassung

Anamnese, Diagnostik und Behandlung eines suizidgefährdeten Kindes müssen im Familienkontext stattfinden. Einige der diagnostischen Prozesse und Behandlungsformen richten sich auf den Zusammenhang des Familienlebens, andere auf die spezifischen zerstörerischen Prozesse im Kind. Bei der Risikoeinschätzung kommt der Anziehungskraft des Todes auf das Kind, seiner Fähigkeit zur Gefühlsäußerung, dem Entfremdungsgrad von der Familie und der familienspezifischen Problembewältigung zentrale Bedeutung zu. Andere wichtige Aspekte für die Diagnose und Beurteilung sind Beziehung der Eltern, Depression und suizidale Tendenzen bei den Eltern, die Rolle des Kindes in der Familie und das *unlösbare Problem*.

Die Behandlung richtet sich auf die Beziehung der Eltern und deren Verhältnis zu ihrem Kind und wird in variierenden Familiensettings durchgeführt. Die zentralen Aspekte der Therapie beziehen sich im wesentlichen darauf, zerstörerische Verhaltensmuster aufzufangen, das für das Kind unlösbare Problem zu klären, ausgleichende Erfahrungen zu vermitteln und die Erfüllung von Grundbedürfnissen zu ermöglichen. Die wichtigsten Techniken sind die Auseinandersetzung mit Todesphantasien, empathische Teilnahme bei der Erwägung des Suizids, die Differenzierung des Selbstbildes und die Stärkung positiver Persönlichkeitskräfte. Das übergeordnete Ziel besteht darin, den Konflikt zwischen Leben und Tod wieder in ein Gleichgewicht zu bringen.

Wir können uns nicht länger damit beschwichtigen, daß kleine Kinder unfähig seien, an Suizid zu denken, Suizidversuche zu unternehmen oder sich tatsächlich umzubringen. Auch wenn Kindersuizid verhältnismäßig selten ist, ist doch offenkundig, daß junge Kinder suizidale Gedanken haben und suizidales Verhalten zeigen. In der Tat ist es erschreckend festzustellen, wie frühzeitig Kinder von Gefühlen der Hoffnungslosigkeit und Hilflosigkeit bis hin zu völliger Verzweiflung und der Ergebung in den Tod erfüllt sein können.

In diesem Buch habe ich die Position vertreten, daß suizidales Verhalten von Kindern durch eine besondere Familienkonstellation entsteht – eine Konstellation, in der das Kind versuchen muß, ein unlösbares Problem zu lösen. Ich habe das im Rahmen des integrativen Konzepts des phänomenologischen Modells und seiner Bedeutung für die Diagnostik, die Therapie und in gewissem Maß auch für die Vorbeugung untersucht. Trotzdem bleiben viele zusätzliche Fragen über Kindersuizid offen: Haben die vernichtenden Umstände, die Kinder in den Suizid führen, auf alle Kinder dieselben Auswirkungen? Welche anderen dynamischen Prozesse finden außerdem statt? Welche Rolle spielen genetische, soziale und kulturelle Faktoren? Das größte Gewicht kommt der Frage zu, in welchem Zusammenhang suizidales Verhalten von Kindern mit Suizid in späterem Alter steht, vor allem in der Pubertät. In diesem Buch wurde die These vertreten, daß der gefährlichste Aspekt kindlichen suizidalen Verhaltens darin besteht, daß es einen Keim für suizidale Handlungen in späteren Jahren legt. Dieser Vermutung sollte noch vertiefend nachgegangen werden.

Das Wissen um selbstzerstörerisches Verhalten von Kindern weist auf eine weitere Dimension, die über das Problem des Suizid hinausgeht, nämlich den Umstand, daß sehr junge Kinder schon einen existentiellen Standpunkt gegenüber dem Leben und dem Tod einnehmen können. Sie beschäftigen sich mit Tod und mit Gefühlen über den Tod. Das Leben in dieser Welt bedeutet anscheinend ein kontinuierliches Dilemma für das junge Kind, genauso wie für den Jugendlichen und den Erwachsenen.

In der Entwicklungspsychologie wurde das tiefe Interesse des Kindes an Fragen über Leben und Tod unterschätzt. Wenn Kinder dazu fähig sind, bewußt einen Suizid oder suizidale Handlungen auszuführen, muß die Auseinandersetzung mit dem Tod eine wichtige Rolle in ihrer Entwicklung spielen. Diesem Punkt kommt mehr Bedeutung zu, als ihm bisher von Psychologen und Psychotherapeuten zugemessen wurde. In der Tat sollte die Bewertung suizidalen Verhaltens bei der Beurteilung problematischer wie auch unauffälliger Kinder zu den Standarduntersuchungen gehören, zusammen mit den anderen Persönlichkeits- und Verhaltensaspekten.

Viele, die sich heilend und helfend mit Kindern beschäftigen, mögen den Versuch, suizidale Kinder zu behandeln, als vergebliche Mühe betrachten. Ich hoffe, das Buch hat gezeigt, daß diese Meinung unbegründet ist. Wie in allen Bereichen der Psychotherapie kleiner Kinder, führt die therapeutische und vorbeugende Arbeit mit suizidalen Kindern doch sehr häufig zu einer nachhaltigen positiven Veränderung und Entwicklung. Diese Kinder reagieren auf ernsthafte, aufrichtige und vorurteilsfreie therapeutische Bemühungen mit anrührender Dankbarkeit.

Literatur

Ackerly, W.C.: Latency-Age Children Who Threaten or Attempt to Kill Themselves. Journal of the American Academy of Child Psychiatry 6 (1967): 242-261.

Alexander, I.E. u. *Adlerstein, A.M.*: Affective Responses to the Concept of Death in a Population of Children and Early Adolescents. Journal of Genetic Psychology 93 (1958): 167-177.

Alvarez, A.: Der grausame Gott. Eine Studie über den Selbstmord. Frankfurt: Fischer 1980.

Ambrosini, P.J.; Rabinovich, H. u. *Puig-Antich, J.*: Biological Factors and Pharmacological Treatment in Major Depressive Disorders in Children and Adolescents. In: *Sudak, H.S.; Ford, A.B.* u. *Rushforth, N.B.* (Hrsg.), Suicide in the Young. Littleton, Mass.: John Wright 1984.

Amir, A.: Suicide Among Minors in Israel. Israel Annals of Psychiatry and Related Disciplines 11 (1973): 219-269.

Anthony, S.: The Child's Discovery of Death. San Diego, Calif.: Harcourt Brace Jovanovich 1940.

Anthony, S.: The Discovery of Death in Childhood and After. New York: Basic Books 1972.

Baechler, J.: Tod durch eigene Hand. Berlin: Ullstein 1981.

Barraclough, B.M.: Differences Between National Suicide Rates. British Journal of Psychiatry 122 (1973): 95-96.

Battegay, R.: Autodestruktion. Bern: Huber 1988.

Beck, A.T.; Rush, A.J.; Show, B. u. *Emery, G.*: Cognitive Therapy of Depression. New York: Guilford Press 1979 [Dt.: Kognitive Therapie der Depression, hrsg. v. *Hautzinger, M.* Weinheim: Psychologie-Verlags-Union, 2. veränd. Aufl. 1986].

Bemporad, J.: Psychodynamics of Depression in Children and Adolescents. In: *Arieti, S.* u. *Bemporad, J.* (Hrsg.), Severe and Mild Depression. New York: Basic Books 1978.

Biener, K. et al.: Selbstmorde bei Kindern und Jugendlichen. Zürich: Verlag Pro Juventute 1984.

Bluebond-Langner, M.: The Private World of Dying Children. Princeton, N.J.: Princeton University Press 1978.

Böcker, F.: Suizide und Suizidversuche. Stuttgart: Thieme 1973.

Bojanovski, J. u. *Stubbe, H.*: Der depressive Mensch. Stuttgart: Enke 1982.

Bowlby, J.: Attachment and Loss, Bd. 1: Attachment. New York: Basic Books 1969 [Dt.: Bindung. Eine Analyse der Mutter-Kind-Beziehung. Frankfurt: Fischer 1980].

Bowlby, J.: Attachment and Loss, Bd. 2: Separation: Anxiety and Anger. New York: Basic Books 1973 [Dt.: Trennung. Psychische Schäden als Folge der Trennung von Mutter und Kind. Frankfurt: Fischer 1976].

Bowlby, J.: Attachment and Loss, Bd. 3: Loss: Sadness and Depression. New York: Basic Books 1980 [Dt.: Verlust. Trauer und Depression. Frankfurt: Fischer, 2. Aufl. 1987].

Breed, W.: The Negro and Fatalistic Suicide. Pacific Social Review 13 (1970): 156-162.

Brent, S.B.: Puns, Metaphors and Misunderstanding in a Two-Year-Old's Conception of Death. Omega 8 (1977): 285-295.

Canon, T.J.; Liebeskind, J.C. u. *Frenk, H.*: Neural and Neurochemical Mechanisms of Pain Inhibition. In: *Sternbach, R.A.* (Hrsg.), The Psychology of Pain. New York: Raven Press 1978.

Carlson, G.A.: Depression and Suicidal Behavior in Children and Adolescents. In: *Cantwell, D.P.* u. *Carlson, G.A.* (Hrsg.), Affective Disorders in Childhood and Adolescence: An Update. Jamaica, N.Y.: Spectrum Publications 1983.

Carlson, G.A. u. *Cantwell, D.P.*: A Survey of Depressive Symptoms in a Child and Adolescent Psychiatric Population. Journal of the American Academy of Child Psychiatry 18 (1979): 587-599.

Carlson, G.A. u. *Cantwell, D.P.*: Unmasking Masked Depression in Children. American Journal of Psychiatry 137 (1980): 445-449.

Carlson, G.A. u. *Orbach, I.*: Depression and Children's Attitudes Toward Death and Suicide. In: Proceedings of the American Academy of Child Psychiatry. Washington, D.C.: American Academy of Child Psychiatry 1982.

Chiles, J.A.; Miller, M.L. u. *Cox, G.B.*: Depression in an Adolescent Delinquent Population. Archives of General Psychiatry 37 (1980): 1179-1186.

Cohen-Sandler, R.; Berman, A. u. *King, R.*: Life Stress and Symptomatology: Determinants of Suicidal Behavior in Children. Journal of the American Academy of Child Psychiatry 21 (1982): 178-186.

Connell, R.H.: Suicide Attempts in Childhood and Adolescence. In: *Howells, J.C.* (Hrsg.), Modern Perspectives in Child Psychiatry. London: Oliver Boyd 1963.

Corder, B.F.: A Study of Social and Psychological Characteristics of Adolescent Suicide: Attempters in an Urban Disadvantaged Area. Adolescence 9 (1974): 1-6.

Crook, T. u. *Raskin, A.*: Association of Childhood Parental Loss with Attempted Suicide and Depression. Journal of Consulting and Clinical Psychology 43 (1975): 277-278.

DeVos, G.A.: Ethnic Adaptation and Minority Status. Journal of Cross-Cultural Psychology 11 (1980): 101-104.

Dorpat, T.L.; Jackson, J.K. u. *Ripley, H.S.*: Broken Homes and Attempted and Completed Suicide. Archives of General Psychiatry 12 (1965): 213-216.

Durkheim, E.: Suicide: A Study in Sociology. New York: Free Press 1951 [Dt.: Der Selbstmord. Frankfurt: Suhrkamp 1983].

Farberow, N.L.: The Role of the Family in Suicide. Paper presented at the 10th convention of the International Association of Suicide Prevention and Crisis Intervention, Paris, Juli 1981.

Farberow, N.L. u. *Shneidman, E.S.* (Hrsg.): The Cry for Help. New York: McGraw-Hill 1965.

Faust, V. (Hrsg.): Suizidgefahr. Stuttgart: Hippokrates 1984.

Fenichel, O.: The Psychoanalytic Theory of Neurosis. New York: Norton 1945 [Dt.: Psychoanalytische Neurosenlehre. Freiburg/Olten: Walter 1981/82].

Florian, V. u. *Kravetz, S.*: Fear of Personal Death: Attribution, Structure and Relation to Religious Belief. Journal of Personality and Social Ps·chology 44 (1983): 600-607.

Florian, V. u. *Kravetz, S.*: Children's Perception of Death: A Cross-Cultural Study Among Muslims, Druz, Christians and Jews in Israel. Journal of Cross-Cultural Psychology 16 (1985): 174-189.

Frederick, C.J.: An Introduction and Overview of Youth Suicide. In: *Peck, M.L.; Farberow, N.L.* u. *Litman, R.E.* (Hrsg.), Youth Suicide. New York: Springer 1985.

Freud, S.: The Ego and the Id. In: The Standard Edition of the Complete Psychological Works of Sigmund Freud, hrsg. u. übers. v. *J. Strachey*, Bd. 19. London: Hogarth Press 1953. [1. Auflage 1927]. [Dt.: Das Ich und das Es. GW, Bd. 13. Frankfurt: Fischer, 9. Aufl. 1987].

Furman, E.: A Child's Parent Dies. New Haven, Conn.: Yale University Press 1974 [Dt.: Ein Kind verwaist. Stuttgart, Klett-Cotta 1977].

Furman, E.: Some Difficulties in Assessing Depression and Suicide in Childhood. In: *Sudak, H.S.; Ford, A.B.* u. *Rushforth, N.B.* (Hrsg.), Suicide in the Young. Littleton, Mass.: John Wright 1984.

Gappmayer, A.: Adoleszenz und Selbsttötung. Schüler zeichnen aktuelle Suizidgedanken. Regensburg: Roderer u. Welz 1987.

Gesell, A. u. *Ilg, F.L.*: The Child from Five to Ten. New York: Harper & Row 1946.

Glaser, K.: Attempted Suicide in Children and Adolescents: Psychodynamic Observations. American Journal of Psychotherapy 19 (1965): 220-227.

Gould, R.E.: Suicide Problems in Children and Adolescents. American Journal of Psychotherapy 19 (1965): 228-246.

Green, A.H.: Self-Destructive Behavior in Battered Children. American Journal of Psychiatry 135/5 (1968): 579-581.

Grollman, E.A. (Hrsg.): Explaining Death to Children. Boston: Beacon Press 1967.

Haenel, Th.: Suizidhandlungen. Neue Aspekte der Suizidologie. Berlin: Springer 1989.
Haesler, W.T. u. *Schuh, J.* (Hrsg.): Der Selbstmord. Grüsch: Verlag Ruegger 1986.
Haider, I.: Suicidal Attempts in Children and Adolescents. British Journal of Psychiatry 114 (1968): 1113-1134.
Heilborn-Maurer, U. u. *Maurer, G.*: Nach einem Suizid. Gespräche mit Zurückbleibenden. Frankfurt: Fischer 1987.
Hendin, H.: Suicide Among the Young: Psychodynamics and Demography. In: *Peck, M.L.; Farberow, N.L.* u. *Litman, R.E.* (Hrsg.), Youth Suicide. New York: Springer 1985.
Henseler, H.: Narzißtische Krisen. Zur Psychodynamik des Selbstmords. Reinbek: Rowohlt 1974.
Heuer, G.: Selbstmord bei Kindern und Jugendlichen. Stuttgart: Klett-Cotta 1979.
Hömmen, Ch.: Mal sehen, ob ihr mich vermißt. Menschen in Lebensgefahr. Reinbek: Rowohlt 1989.
Holinger, P.C. u. *Offer, D.*: Toward the Prediction of Violent Deaths Among the Young. In: *Sudak, H.S.; Ford, A.B.* u. *Rushforth, N.B.* (Hrsg.), Suicide in the Young. Littleton, Mass: John Wright 1984.
Holyst, B.: Selbstmord – Selbsttötung. München: Schweitzer 1986.
Hussain, S.A. u. *Vandiver, T.*: Suicide in Children and Adolescents. Lancaster, England: MTP Press 1984.

Jacobs, J.: Adolescent Suicide. New York: Wiley International 1971 [Dt.: Ich weiß keinen Ausweg mehr. Hilfe für selbstmordgefährdete Jugendliche. Düsseldorf: Econ 1985].
Jaffe, Y.: Some Aspects of Childhood Depression (Hebräisch). Psychology and Counseling in Education 1/3 (1987): 215-225.
Jaffe, Y.; Feshbach, S. u. *Feshbach, N.*: Childhood Depression: Relationships with Self-Esteem, Aggression and Academic Achievement. Unveröffentlichtes Manuskript, University of California, Los Angeles 1983.
Jochmus, I. u. *Förster, E.* (Hrsg.): Suizid bei Kindern und Jugendlichen. Stuttgart: Enke 1983.
Jörns, K.P.: Nicht leben und nicht sterben können. Suizidgefährdung – Suche nach dem Leben. Göttingen: Vandenhoeck & Ruprecht, 2. Aufl. 1986.

Kane, B.: Children's Concept of Death. Unveröffentlichte Dissertation, University of Cincinnati 1978.
Kane, B.: Children's Conception of Death. Journal of Genetic Psychology 134 (1979): 141-153.
Kastenbaum, R.: The Child's Understanding of Death: How Does It Develop? In: *Grollman, E.A.* (Hrsg.), Explaining Death to Children. Boston: Beacon Press 1967.

Kastenbaum, R.: Death, Society and Human Experience. St. Louis: Mosby 1977.
Kastenbaum, R. u. *Aisenberg, R.*: The Psychology of Death. New York: Springer 1972.
Kazdin, A.E.: Assessment Techniques for Childhood Depression: An Empirical Appraisal. Journal of the American Academy of Child Psychiatry 20 (1981): 358-375.
Kazdin, A.E. et al.: Hopelessness, Depression and Suicidal Intent Among Psychiatrically Disturbed Inpatient Children. Journal of Consulting and Clinical Psychology 5/4 (1983): 504-510.
Kellerman, J.; Zeltzer, L.; Ellenberg, L. u. *Rigler, D.*: Psychological Effects of Illness in Adolescence. Journal of Pediatrics 97 (1980): 126-131.
Klein, M.: A Contribution to the Theory of Anxiety and Guilt. International Journal of Psychoanalysis 29 (1948): 114-123.
Koocher, G.: Talking with Children About Death. American Journal of Orthopsychiatry 44 (1974): 404-411.
Kosky, R.: Childhood Suicidal Behavior. Journal of Child Psychology and Psychiatry 24/3 (1983): 457-468.
Kovacs, M. u. *Beck, A.T.*: An Empirical-Clinical Approach Toward a Definition of Childhood Depression. In: *Schulterbrandt, J.G.* u. *Raskin, A.* (Hrsg.), Depression in Childhood: Diagnosis, Treatment and Conceptual Models. New York: Raven Press 1977 [1977a].
Kovacs, M. u. *Beck, A.T.*: The Wish to Die and the Wish to Live in Attempted Suicide. Journal of Clinical Psychology 33 (1977): 361-365 [1977b].
Kuitert, H.M.: Das falsche Urteil über den Suizid. Stuttgart: Kreuz 1986.

Lefkowitz, M.M. u. *Burton, N.*: Childhood Depression: A Critique of the Concept. Psychological Bulletin 85 (1978): 716-726.
Leon, G.R.; Kendall, P.C. u. *Garber, J.*: Depression in Children: Parent, Teacher, and Child Perspectives. Journal of Abnormal Child Psychology 8 (1980): 221-235.
Levi, I.D; Fales, C.H.; Stein, M. u. *Sharp, L.H.*: Separation and Attempted Suicide. Archives of General Psychiatry 12 (1966): 213-216.
Leviton, O.: Life and Death Attitudes of Parents of Children with Problems. Omega 8 (1971): 333-357.
Lewinsky-Aurbach, B.: Suizidale Jugendliche. Grenzen und Möglichkeiten psychologischen Verstehens. Stuttgart: Enke 1980.
Lonetto, R.: Children's Conception of Death. New York: Springer 1980.

McCarthy, J.B.: Death Anxiety: The Loss of the Self. New York: Gardner Press 1980.
McWhirter, L.; Young, V. u. *Mazury, Y.*: Belfast Children's Awareness of Violent Death. British Journal of Social Psychology 22 (1983): 81-92.
Malchau, J.F.: Drogen und Suizid als Überlebensoption. Untersuchung zur Affinität von direkt und indirekt selbstdestruktiven Handlungen Jugendlicher. Weinheim: Deutscher Studien Verlag 1987.

Maris, R.M.: Pathways to Suicide: A Survey of Self-Destructive Behavior. Baltimore: Johns Hopkins University Press 1981.

Marx, P.A. u. *Heller, D.L.*: Now I Lay Down for Keeps: A Study of Adolescent Suicide Attempts. Journal of Clinical Psychology 33 (1977): 390-400.

Mattson, A.; Seese, L.R. u. *Hawkins, J.W.*: Suicidal Behavior as a Child Psychiatric Emergency. Archives of General Psychiatry 20 (1969): 100-109.

Maurer, A.: Maturation of Concepts of Death. British Journal of Medicine and Psychology 39 (1960): 35-41.

Maurer, A.: Adolescent Attitudes Toward Death. Journal of Genetic Psychology 105 (1964): 75-90.

Melear, J.: Children's Conception of Death. Journal of Genetic Psychology 123 (1972): 359-360.

Menninger, K.: Man Against Himself. San Diego, Calif.: Harcourt Brace Jovanovich 1938 [Dt.: Selbstzerstörung. Zur Psychologie des Selbstmords. Frankfurt: Suhrkamp 1978].

Mitchell, M.C.: The Child's Attitude to Death. New York: Schocken Books 1967.

Motto, J.A.: Treatment Concerns in Preventing Youth Suicide. In: *Peck, M.L.; Farberow, N.L.* u. *Litman, R.E.* (Hrsg.), Youth Suicide. New York: Springer 1985.

Nagy, M.: The Child's View of Death. Journal of Genetic Psychology 73 (1948): 3-27.

Neubower, D.N.: Suicide in Children: An Analysis of 31 Cases. Paper presented at the 139th annual meeting of the American Psychiatric Association, Washington, D.C., 10.-16. Mai 1986.

Neuringer, C.: Changes in Attitudes Toward Life and Death During a Serious Suicidal Attempt. Omega 1 (1970): 301-309.

Novic, J.: Attempted Suicide in Adolescents: The Suicidal Sequence. In: Sudak, *H.S.; Ford, A.B.* u. *Rushforth, N.B.* (Hrsg.), Suicide in the Young. Littleton, Mass: John Wright 1984.

Orbach, I.: Suicidal Behavior in Young Children. Paper presented at the 11th convention of the International Association for Suicide Prevention and Crisis Intervention, Paris, August 1981.

Orbach, I.: Personality Characteristics, Life Circumstances and Dynamics of Suicidal Children. Death Education Supplement 1984, S. 37-52.

Orbach, I.: Assessment of Suicidal Behavior in Young Children: Case Demonstration. In: *Diekstra, R.F.W.* (Hrsg.), Suicidal Behavior Among Adolescents. Amsterdam: Martinus Nijhoff 1986.

Orbach, I.; Bar-Yosef, H. u. *Dror, J.*: Problem-Solving Strategies Among Suicidal Individuals. Unveröffentliches Manuskript, Bar-Ilan University, Ramat Gan, Israel 1987.

Orbach, I.; Feshbach, S.; Carlson, G. u. *Ellenberg, L.*: Attitudes Towards Life and Death in Suicidal, Normal and Chronically Ill Children: An Extended Replication. Journal of Consulting and Clinical Psychology 52 (1984): 1020-1027.

Orbach, I. u. *Florian, V.*: Attitudes Toward Life and Death in Religious and Nonreligious Boys and Girls. Unveröffentlichtes Manuskript, Bar-Ilan University, Ramat Gan, Israel 1986.

Orbach, I. u. *Glaubman, H.*: Suicidal, Aggressive and Normal Children's Perception of Personal and Impersonal Death. Journal of Clinical Psychology 34 (1978): 850-857.

Orbach, I. u. *Glaubman, H.*: Children's Perception of Death as a Defensive Process. Journal of Abnormal Psychology 88/6 (1979): 671-674 [1979a].

Orbach, I. u. *Glaubman, H.*: The Concept of Death and Suicidal Behavior in Young Children. Journal of the American Academy of Child Psychiatry 18/4 (1979): 668-678 [1979b].

Orbach, I.; Gross, Y. u. *Glaubman, H.*: Some Common Characteristics of Latency Age Suicidal Children: A Tentative Model Based on a Case Study Analysis. Suicide and Life-Threatening Behavior 4 (1981): 180-190.

Orbach, I.; Gross, Y.; Glaubman, H. u. *Berman, D.*: Children's Perception of Death in Humans and Animals as a Function of Age, Anxiety and Cognitive Ability. Journal of Child Psychology and Psychiatry 26 (1985): 453-463.

Orbach, I.; Rosenheim, E. u. *Hary, E.*: Some Aspects of Cognitive Functioning in Suicidal, Chronically Ill, and Normal Children. Journal of the American Academy of Child and Adolescent Psychiatry 26 (1987): 181-185.

Orbach, I.; Talmom, O.; Kedem, P. u. *Har-Even, D.*: Sequential Patterns of the Death Concepts in Children. Journal of the American Academy of Child and Adolescent Psychiatry 26 (1987): 578-582.

Orbach, I. et al.: Attraction and Repulsion by Life and Death in Suicidal and Normal Children. Journal of Consulting and Clinical Psychology 51 (1983): 661-670.

Otto, U.: Suicidal Acts by Children and Adolescents: A Follow-Up Study. Acta Psychiatrica Scandinavica Supplement 1977, S. 5-123.

Paulson, M.J.; Stone, D. u. *Sposto, R.*: Suicide Potential and Behavior in Children Ages 4 to 12. Suicide and Life-Threatening Behavior 8/4 (1978): 225-242.

Peck, M.: Youth Suicide. Death Education 6 (1982): 29-42.

Petti, T.A.: Depression in Hospitalized Child Psychiatry Patients: Approaches to Measuring Depression. Journal of the American Academy of Child Psychiatry 17 (1978): 49-59.

Pfeffer, C.R.: The Family System of Suicidal Children. American Journal of Psychotherapy 35 (1981): 330-341 [1981a].

Pfeffer, C.R.: Suicidal Behavior of Children: A Review with Implications for Research and Practice. American Journal of Psychiatry 138/2 (1981): 154-159 [1981b].

Pfeffer, C.R.; Conte, H.R.; Plutchik, R. u. *Jerrett, I.*: Suicidal Behavior in

Latency Age Children: An Empirical Study. Journal of the American Academy of Child Psychiatry 18 (1979): 679-692.

Pfeffer, C.R.; Conte, H.R.; Plutchik, R. u. *Jerrett, I.*: Suicidal Behavior in Latency Age Children: An Outpatient Population. Journal of the American Academy of Child Psychiatry 19 (1980): 703-710.

Pfeffer, C.R.; Plutchik, R. u. *Mizruchi, M.S.*: Suicidal and Assaultive Behavior in Children: Classification, Measurement and Interrelations. American Journal of Psychiatry 140 (1983): 154-157.

Pfeffer, C.R.; Zuckerman, S.; Plutchik, R. u. *Mizruchi, M.S.*: Suicidal Behavior in Normal School Children: A Comparison with Child Psychiatric Inpatients. Journal of the American Academy of Child Psychiatry 23 (1984): 416-423.

Phillips, D.P. u. *Carstensen, L.L.*: Clustering of Teenage Suicide After Television News Stories About Suicide. New England Journal of Medicine 315/11 (1986): 685-689.

Piaget, J.: The Construction of Reality in the Child. New York: International Universities Press 1954 [Dt.: Der Aufbau der Wirklichkeit beim Kinde. Stuttgart, Klett-Cotta 1975].

Pohlmeier, H.: Selbstmord und Selbstmordverhütung. München: Urban & Schwarzenberg, 2. Aufl. 1983.

Puig-Antich, J.: Major Depression and Conduct Disorders in Prepuberty. Journal of the American Academy of Child Psychiatry 21 (1982): 118-128.

Puig-Antich, J.: Affective Disorders. In: *Kaplan, H.I.* u. *Sadock, B.J.* (Hrsg.), Comprehensive Textbook of Psychiatry, Bd. 2. Baltimore: Williams & Wilkins, 4. Aufl. 1985.

Puig-Antich, J.; Chambers, W.J. u. *Tabrizi, M.A.*: The Clinical Assessment of Current Depressive Episodes in Children and Adolescents: Interviews with Parents and Children. In: *Cantwell, D.P.* u. *Carlson, G.A.* (Hrsg.), Affective Disorders in Childhood and Adolescence: An Update. Jamaica, N.Y.: Spectrum Publications 1983.

Reilly, T.P.; Hasazi, E.J. u. *Bond, L.A.*: Children's Conception of Death and Personal Mortality. Journal of Pediatric Psychology 8 (1983): 21-31.

Reimer, Ch. (Hrsg.): Suizid. Berlin: Springer 1982.

Reiner, A. u. *Kulessa, Ch.*: Ich sehe keinen Ausweg mehr. München/Mainz: Kaiser/Grünewald, 3. veränd. u. erw. Aufl. 1981.

Reiner, J.D.: Genetic Factors in Depression. American Journal of Psychotherapy 38 (1984): 329-340.

Richman, J.: Family Determinants of Suicide Potential. In: *Anderson, D.B.* u. *McLean, L.J.* (Hrsg.), Identifying Suicide Potential. New York: Human Sciences Press 1971.

Richman, J.: Symbiosis, Empathy, Suicidal Behavior and the Family. Suicide and Life-Threatening Behavior 8/3 (1978): 139-149.

Richman, J.: Family Therapy of Attempted Suicide. Family Process 18 (1979): 131-142 [1979a].

Richman, J.: Suicide and the Closed Family System. Paper presented at the 10th

International Congress for Suicide Prevention and Crisis Intervention, Ottawa, Canada Juni 1979 [1979b].
Richman, J.: The Family Therapy of Suicidal Adolescents: Promises and Pitfalls. In: *Sudak, H.S.; Ford, A.B.* u. *Rushforth, N.B.* (Hrsg.), Suicide in the Young. Littleton, Mass.: John Wright 1984.
Richman, J. u. *Pfeffer, C.*: Figure Drawings for the Assessment of Suicide Potential in Children. Paper presented at the 9th International Congress for Suicide Prevention and Crisis Intervention, Helsinki, Finnland 1977.
Rie, H.E.: Depression in Childhood: A Survey of Some Pertinent Contributions. Journal of the American Academy of Child Psychiatry 5 (1966): 653-685.
Rochlin, G.: The Loss Complex: A Contribution to the Etiology of Depression. Journal of the American Psychoanalytic Association 7 (1959): 299-316.
Rochlin, G.: How Younger Children View Death and Themselves. In: *Grollman, E.A.* (Hrsg.), Explaining Death to Children. Boston: Beacon Press 1967.
Rosenthal, P.A. u. *Rosenthal, S.*: Suicidal Behaviors by Preschool Children. American Journal of Psychiatry 141/4 (1984): 520-525.
Ross, C.: Teaching Children the Facts of Life and Death. In: *Peck, M.L.; Farberow, N.L.* u. *Litman, R.E.* (Hrsg.), Youth Suicide. New York: Springer 1985.
Roy, A.: Family History of Suicide. Archives of General Psychiatry 40 (1983): 971-974.

Sabbath, J.C.: The Suicidal Adolescent – The Expendable Child. Journal of the American Academy of Child Psychiatry 38 (1969): 211-220.
Salk, L. et al.: Relationship of Maternal and Prenatal Conditions of Eventual Adolescent Suicide. Lancet 16 (1985): 624-627.
Scharl, A.E.: Regression and Restitution to Object Loss. Journal of the Psychoanalytic Study of the Child 16 (1961): 451-470.
Schechter, D.M.: The Recognition and Treatment of Suicide in Children. In: *Shneidman, E.S.* u. *Farberow, N.L.* (Hrsg.), Clues to Suicide. New York: McGraw-Hill 1957.
Schieber, M.: Suizidversuche und Suiziddrohungen im Kindes- und Jugendalter. Dissertation, Tübingen 1979.
Schilder, P. u. *Wechsler, D.*: The Attitudes of Children Toward Death. Journal of Genetic Psychology 45 (1934): 405-451.
Schobert, K.: Der gesuchte Tod. Warum Menschen sich töten. Frankfurt: Fischer 1989.
Schotte, E.D. u. *Clum, A.G.*: Suicidal Ideation in a College Population: A Test of a Model. Journal of Consulting and Clinical Psychology 50 (1982): 690-696.
Shaffer, D.: Suicide in Childhood and Early Adolescence. Journal of Child Psychology and Psychiatry 15 (1974): 275-291.
Shaffer, D. u. *Fisher, P.*: The Epidemiology of Suicide in Children and Young Adolescents. Journal of the American Academy of Child Psychiatry 20 (1981): 545-565.

Shafii, M. et al.: Psychological Restructuring of Completed Suicide in Childhood and Adolescence. In: *Sudak, H.S.; Ford, A.B.* u. *Rushforth, N.B.* (Hrsg.), Suicide in the Young. Littleton, Mass.: John Wright 1984.
Shaw, G.R. u. *Scheklum, R.F.*: Suicidal Behavior in Children. Psychiatry 28/2 (1965): 157-168.
Shneidman, E.: Voices of Death. New York: Harper & Row 1982.
Shneidman, E.: The Definition of Suicide. New York: Wiley 1985.
Smith, K.: An Ego Vulnerability Approach to Suicide Assessment. Paper presented at meeting of the Society for Personality Assessment, San Diego, Calif., März 1983.
Smith, K.: An Ego Vulnerability Approach to Suicide. Paper presented at a seminar on suicide in adolescents, Karl Menninger Institute, Topeka, Kans. 1984.
Sonnek, G.: Krisenintervention und Suizidverhütung. Wien: Facultas 1985.
Speece, M.W.: Research Plan: Preliminary Investigation – A Study of Young Children's Death and Death-Related Experiences. Unveröffentlichtes Manuskript, Wayne State University 1982.
Speece, M.W. u. *Brent, S.B.*: Children's Understanding of Death: A Review of Three Components of the Death Concept. Child Development 55 (1984): 1671-1686.
Spitz, R.A.: The First Year of Life. New York: International Universities Press 1965.
Stanley, E.J. u. *Barter, J.T.*: Adolescent Suicidal Bexavior. American Journal of Orthopsychiatry 40/1 (1970): 87-96.
Stork, J.: Suizidverhalten und Depression bey Adoleszenten. Paris 1972.

Teicher, J.D. u. *Jacobs, J.*: Adolescents Who Attempt Suicide. American Journal of Psychiatry 122 (1966): 1248-1257.
Tishler, C.L.: Intentional Self-Destructive Behavior in Children Under Age Ten. Clinical Pediatrics 19/7 (1980): 451-453.
Toolan, J.M.: Suicide and Suicidal Attempts in Children and Adolescents. American Journal of Psychiatry 118 (1962): 719-724.
Toolan, J.M.: Suicide in Children and Adolescents. American Journal of Psychotherapy 29 (1975): 339-344.
Topol, P. u. *Reznik, M.*: Perceived Peer and Family Relationship, Hopelessness, and Locus of Control as Factors in Adolescent Suicide. Suicide and Life-Threatening Behavior 12/3 (1982): 141-150.
Tucker, S. u. *Cantor, P.*: Personality and Status Profiles of Peer Counselors and Suicide Attempters. Journal of Consulting Psychology 22 (1975): 423-430.

Van Hellmuth, E.: The Child's Concept of Death. Psychoanalytic Quarterly 34 (1965): 499-516.
Van Praag, H.M.: Biological Suicide Research: Outcome and Limitations. Biological Psychiatry 21 (1986): 1305-1323.

Weinberg, W.A.: Depression in Children Referred to an Educational Diagnostic Center: Diagnosis and Treatment. Journal of Pediatrics 83 (1972): 1065-1072.

Weller, A.; Florian, V. u. *Tenenbaum, R.*: The Concept of Death - Masculine and Feminine Attributes. Omega.

Wellhöfer, P.R.: Selbstmord und Selbstmordversuch. Stuttgart: G. Fischer 1981.

Wolfersdorf, M.G. u. *Wedler, H.*: Beratung und psychotherapeutische Arbeit mit Suizidgefährdeten. Regensburg: Roderer u. Welz 1988.

Worden, W.J.: Grief Counseling and Grief Therapy. New York: Springer 1986.

Yalom, I.D.: Existential Psychotherapy. New York: Basic Books 1980 [Dt.: Existentielle Psychotherapie. Köln: Edition Humanistische Psychologie 1989].

Zeligs, R.: Children's Experience with Death. Springfield, Ill.: Thomas 1974.